本书出版得到 2022 年山东省社会科学规划项目"应用型本科高校院系治理的数字化转型研究"（22CJYZ03）的资助

应用型本科高校院系治理的数字化转型

张国强　孙　聘　王晓红　著

中国财经出版传媒集团
中国财政经济出版社
北京

图书在版编目（CIP）数据

应用型本科高校院系治理的数字化转型／张国强，孙聘，王晓红著．——北京：中国财政经济出版社，2024.1

ISBN 978-7-5223-2693-1

Ⅰ.①应… Ⅱ.①张… ②孙… ③王… Ⅲ.①高等学校-学校管理-研究-中国 Ⅳ.①G647

中国国家版本馆 CIP 数据核字（2024）第 034204 号

责任编辑：彭　波
封面设计：卜建辰
责任印制：史大鹏
责任校对：胡永立

应用型本科高校院系治理的数字化转型
YINGYONGXING BENKE GAOXIAO YUANXI ZHILI DE SHUZIHUA ZHUANXING

中国财政经济出版社 出版

URL：http：//www.cfeph.cn
E-mail：cfeph@cfeph.cn

（版权所有　翻印必究）

社址：北京市海淀区阜成路甲 28 号　邮政编码：100142
营销中心电话：010-88191522
天猫网店：中国财政经济出版社旗舰店
网址：https://zgczjjcbs.tmall.com
中煤（北京）印务有限公司印刷　各地新华书店经销
成品尺寸：170mm×240mm　16 开　15.75 印张　223 000 字
2024 年 1 月第 1 版　2024 年 1 月北京第 1 次印刷
定价：68.00 元
ISBN 978-7-5223-2693-1
（图书出现印装问题，本社负责调换，电话：010-88190548）
本社图书质量投诉电话：010-88190744
打击盗版举报热线：010-88191661　QQ：2242791300

前 言

"十四五"时期,中国将全面进入数字经济时代,新技术革命与互联网变革引发组织形态、组织与社会关系发生全方位、突显式变化,应用型本科高校院系治理质效提升面临瓶颈。大数据、互联网等新技术变革对高校院系加强资源整合、信息发布、统一协调、精准施策所起的作用日益凸显。传统的院系结构以学科划分为基础,以专业教育为中心,学科界限比较分明,难以使组织及其成员在获取、加工、利用和共享知识上更为便利,促进学科交叉融合、专业集群散射拓展、制度转型全方位改革和质量标准多元化提升。高校院系从人才培养目标修订、专业调整、资源配置、课程设置、师资培养到招生、教学、实践、就业等环节急需由单一化向复合化转型。

"转型"意味着"范式"转变。"范式"转变是由于科学技术的发展不断推动新的问题、新的方法产生和变化。"互联网+"如影随形的结合能力产生虚拟时空,方便人们展开缺场交往、共享传递经验和制造新的认同,并依赖于其技术粘性实现对社会生活的"再结构""再组织"。我们可以通过网络整合组织管理资源、教育教学资源、社会需求资源、社区家庭资源,形成跨界融合、责任分担、利益共享、共生发展、平台运转的现代化治理生态系统,解决当前高等教育面临的新问题。

另外,实现转型还需要高校院系从外部环境(产教融合)、中层趋势(学科融合)和内在逻辑(知识融合)三个方面找出支撑自身始终保持顽强生命力并不断进化成为一个融合型组织的主要动力,打破传统的已经不适合当前形势的职能型、封闭式、纵向化的直线式组织体系，"跳出教育看教育"，进行资源整合，以实现跨界融合。实现跨界融合必须强调系统思维，必须从国家、社会发展需求的角度推进教育治理和改革。在这个过程中，治理结构扁平化、治理主体多元化有效丰富、完善了治理资源供给系统，并且，通过技术赋能院系治理、统合治理资源，使得院系治理成为一个高度聚合的系统。

设施不足的问题可以通过加大基础设施投资、建立多边合作机制、共享优质教育资源的方式来解决。但是，高校教师数字化转型能力，特别是信息与通讯技术（ICT）能力的提高需要分阶段进行。高校院系治理应立足高校院系基层组织的传统形态，在发挥作为实体型组织（院系）标准化、规模化、效率化和专业化基础上，克服其封闭式、有边界、纵向化、层级化弊端，构建高校新型组织形态：虚拟型组织（研究中心、项目组、师生学习共同体、学习型社团），实行市场化资源配置，呈现开放性、无边界、横向化、扁平化特点；智慧型组织（跨学科组织、交叉学科组织），实施动态匹配整合创新，能够自感知、自协调、自调整、自优化、自循环、自治理；共生融合型组织（学科-专业-产业链、协同创新共同体、产教联盟），实现多方参与共创共享，真正做到平台式运行、跨界式融合和共生式发展。

融合型高校基层组织需要围绕社会需求，更广泛地链接和集合，不断地整合各类资源，促进资源彼此交互，在技术和规则的保障下，实现需求的自感知、自满足、自调整、自迭代、自循环。后疫情时代的高校院系治理更需要强调需求与服务的精准化、个体化，形成以需求为中心、以服务为导向的治理目标，引入市场机制、社群机制等多元治理机制，推动共生融合成为院系治理的必然选择。融合型高校基层组织作为组织模仿生态智慧的结果，其典型特征就是多"物种"存在，组织成长由以往的线性转变为非线性，众多"物种"之间交互上演，"跨界融合"成为组织常态。融合型高校基层组织是一个基于共同价值创造和跨域价值网络的共生系统，其价值主体彼此"开放边界、相互支持、共创价值、互补发展"。

我们应该立足新时代的历史方位与中国国情，从新时代中国特色社会主义理论中汲取理论资源，审思中国高校院系治理现代化问题。在借鉴西方知识社会学理论、自组织理论和高校组织治理理论的基础上，分析中国高校院系治理能力现代化进程中面临的诸多挑战与机遇，探索构建我国高校院系治理能力现代化的实现路径，形成科学、高效、现代化治理体系。

疫情防控加速了高校院系治理共同体的建设步伐。院系治理共同体适应数字时代要求，在强调各治理主体能力提升的同时，特别注重整体性治理功能的发挥。在疫情防控的过程中，传统的管理结构、管理方式暴露出诸如部门壁垒、信息闭塞、效率低下等缺点，已经不能适应当前的要求。急需我们构建责权清晰、沟通顺畅、相互信任、协商高效、具有高度共识和凝聚力的"五位一体"院系治理网格化格局。一是坚守"为党育人、为国育才"初心使命，落实立德树人根本任务，树立"开放""人本"和"创新"的科学治理理念；二是优化治理结构，实现职能转换，助力学科交叉融合、协同创新；三是构建体现大学章程的机制体制，实现权力运行的规范化、科学化、民主化；四是实施党政同责、协商共治、民主管理的参与型治理模式；五是推进基于"大数据、云计算和互联网+"的治理方式改革，大力催生学术生态和共同体构建。"五位一体"的治理体系中治理理念是关键，治理结构是基础，治理机制是保障，治理模式是载体，治理方式是手段，五位一体、综合施策，形成治理的网络化格局，加快高质量高等教育体系建设。

目 录

第一章　大学的历史使命 …………………………………… 1

　　第一节　大学产生前之高等教育 ………………………… 1
　　第二节　大学的兴起与演进 ……………………………… 11

第二章　大学的分类发展 …………………………………… 21

　　第一节　大学分类的体系 ………………………………… 21
　　第二节　西方大学的分类发展 …………………………… 36
　　第三节　中国大学的分类发展 …………………………… 39

第三章　院系的形态转型 …………………………………… 42

　　第一节　中世纪院系 ……………………………………… 42
　　第二节　新的大学及院系组织模式 ……………………… 47
　　第三节　中国大学学院制度 ……………………………… 52
　　第四节　院系调整后的组织形态 ………………………… 55
　　第五节　20世纪80年代后的学院制改革 ……………… 59
　　第六节　面向未来的院系组织新形态 …………………… 61

第四章　大学治理的制度环境 ……………………………… 65

　　第一节　党委领导下的校长负责制 ……………………… 65

第二节 教职工代表大会制度 …………………………………… 73
第三节 党政联席会议制度 ……………………………………… 76
第四节 学术委员会制度 ………………………………………… 83
第五节 应用型大学（学院）治理制度 ………………………… 89

第五章 教育数字化转型发展 …………………………………… 96

第一节 数字全球化背景 ………………………………………… 96
第二节 教育数字化转型 ………………………………………… 100
第三节 教育治理数字化转型 …………………………………… 104

第六章 院系治理数字化转型路径 ……………………………… 111

第一节 智慧型院校 ……………………………………………… 112
第二节 院系数字画像 …………………………………………… 117
第三节 虚拟跨学科组织 ………………………………………… 120

参考文献 …………………………………………………………… 122

附录 ………………………………………………………………… 135

第一章 大学的历史使命

我们将要讨论的当下教育治理的问题，对于正处其中或者将要步入其中接受教育的大多数人来说，既是当前急需又关乎未来教育走向，其价值之大超乎想象。但是，这并不意味着它就能够为我们及时地确定目标，制订方案，创造出一个教育理论，让当前的需要和倾向主宰我们的教育。今天的问题是我们讨论的重点而不是起点，这个问题越是接近现实的本质、越是触动人类的灵魂，我们越是需要回到产生这一问题的历史起点，去描绘它、说明它。

第一节 大学产生前之高等教育

大学产生之前的高等教育究竟什么样？这个命题有一个前提就是大学是高等教育的一种特殊形式，高等教育除了大学这种形式外，在其之前还存在其他形式，这些还不能被称为大学的高等教育在中西方都有，但是表现形式需要我们在众多历史纪录中进行辨析。首先，为了便于开展中西方的对比，就需要把我们的概念进行界定。大学指的是肇始于中世纪欧洲的西方大学，以及由此一步步演进而来的遍布全球的现代大学。高等教育指的是有别于中等教育或初等教育，以探究和传播高深知识为基础的教学研究、人才培养活动。其次，教育是个充分体现过程性、整体性、系统性的活动，任何静止的、片面的、僵化的历史片段都无益于对高等教育的理解和把握，所以我们要从大学产生之前的东西方不同的高等教育形式在历史上的不同表现入手，探究大学的起源与发展问题，思考大学治理中的具体问题，从这个意义上来说我们的所有历史，不论它是东方的还是西方的，一切都是当代史。

任何国家高等教育的产生与发展，都会受到当时社会生产力发展水平的影响，以及与这种生产力水平相适应的生产关系的影响。但是，这并不表明经济发达的国家就一定具有同样发达的教育思想。中国的高等教育实践历史悠久，教育思想博大精深。之所以现代大学起源于中世纪的欧洲，是由于当时的社会历史情况所致。社会历史本身是由多种因素、多种层次、多种联系组成的复杂整体，这些社会历史因素的影响并不必然导致大学的产生，而是当大学自身的发展达到足以接受这些影响的程度时，我们所谓的生产劳动、社会结构、阶级关系等各种社会因素才能发挥真正的现实作用。同理，高等教育在中国的发展就与西方不同，在西方起到重要作用的教会，在中国的高等教育中就没有什么影响。

一、东方与西方

中国进入春秋战国时代之后，社会结构发生巨变，在士农工商的社会结构中，代表古代知识阶层的士大量出现，成为最早的高等教育教师。诸子百家在这一重要的历史转折时期创造了系统的知识。恰如余英时所说，"哲学的突破"为古代知识阶层兴起的一大历史关键，文化系统从此与社会系统分化而具有相对的独立性。这里的"哲学的突破"也就是雅斯贝尔斯所说的"轴心时代"人类思想的飞跃（陈洪捷，2022）。当时的诸子之学可谓是当时的高深知识的集成。以诸子百家为代表的士阶层既是各种思想流派的创造者，也是古代私学的创立者。孔子就是士阶层最为杰出的代表，是我国古代私学最早的创立者，按照我们前面的界定，他也是我国最早的高等教育教师。孔子号称弟子三千，贤人七十二。学生数量之大可见一斑。孔子主张"有教无类"，教育的对象不分贵贱、不分地区，冲破了种族、地域和阶级的界限，适应了当时文化下移的潮流和士阶层的兴起。教育的内容主要是"六艺"中的诗、书、礼、乐，重视以"仁"为核心的道德教育，也传授自然科学等知识。教育的目的是培养政治人才，故有"学而优则仕"一说。可见，私学是中国高等教育的早期制度形态。

战国齐威王（公元前356年至公元前321年）时期，"稷下学宫"已经在春秋时代私学的基础建立起来，随其带有浓厚的私学痕迹，组织化程度有限，但在当时已是世界上首所由官方举办、私家主持的特殊形式的高等教育机构。稷下学宫的学者被誉为稷下学士，各国学者闻名而来，师生数量多达"数百千人"。校舍规模宏大，"开第康庄之衢，高门大屋尊崇之"，稷下学宫定期举办教学活动，从课堂纪律到饮食起居都有严格的规章制度，是具有讲学、著述、育才等教育学术功能和兼有咨政议政作用的一个官办的学术机构和政治顾问团体。稷下学宫最大的特点就是包容百家、来去自由的游学制度和思想自由、"不治而议论"的学术氛围，任何人都拥有相当的独立和自由。自汉代以来，汉武帝创立官学教育制度，中央官学（太学）主要培养高层次人才，这些人才通经致用、进入朝廷以贯彻统治阶级的治国理念。地方官学则主要培养地方官吏，实现其教化功能。无论是官学还是私学，都以传播经学为主，成为教化传播和为国家培养后备人才的主要渠道（杜俊燕、秦进才，2020）。

西方的高等教育起源于古希腊的哲学教育。公元前7世纪，在位于小亚细亚的伊奥尼亚地区，产生了希腊最早的一个哲学流派——米利都学派，同时也促成了希腊高等教育思想的产生。毕达哥拉斯较早提出了明确的教育思想，涉及了希腊教育思想的众多基本问题，为希腊自由教育理论的出现播下了种子。苏格拉底认为知识、智慧和道德内在一致，随后把理性、发展智慧和培养道德作为教育的最高目标。他理解的教育即是一种非功利的、旨在促进人自身发展的自由教育（张斌贤等，1994）。此后，自由教育的基本内容，即以社会和人文学科为主的课程体系，由亚里士多德确定下来，成为全部古典自由教育理论的基础，一直影响至今。从公元前3世纪起，希腊文化和教育开始影响罗马的高等教育（文法学校、修辞学校）的课程设置、教学内容和教学目的。从公元前2世纪中叶起，罗马教育的目的发生了重大改变——从培养农民和军人转向培养政治家。西塞罗认为,全部教育的最高目的是培养政治家,而只有优秀的雄辩家才能成为真正的政治家(张斌贤等,1994)。文法学校就是为培养雄辩家做准备的。文法自然是最主要的课程,包括正确说话的艺术和正确书写的艺术。还有直接培养雄辩家的雄辩术学校,除了有核心课程雄辩术课以外,还开设辩证法(逻辑)、伦理学、物理学(自然哲学)等课程。罗马教育的一个重大转折是对教育目的和功能的认识逐渐从某一社会角色的培养过渡到人本身的教育,从而承担起传递西方古典教育的历史使命(张斌贤等,1994)。它继承、传播、践行了博大精深的希腊教育思想,注重实际、强调组织管理、重视道德培养的特点与西塞罗、塞涅卡、昆体良和普鲁塔克等一样对后世的影响深远,成为西方教育传统的重要组成部分。

欧洲出现的第一个有组织的教育体系是在查理大帝的影响下从8世纪末开始出现的,国家的关注成为其他一切均应从属的目标,世俗的权力促成了一场教育的更新。这种教育的首要特征就是它力求涵括人类知识的总体,要以人类知识的总体教育学生。它继承了基督教对待知识统一性与真理统一性的态度,认为除非教学是百科全书式的,否则它就无法起到教育的作用。"教学是由一套完全形式性的学科组成的,目的是要促进对思想的最一般形式的思考(逻辑),或者可以先去思考观念在表达时所采取的那些甚至更为外在的形式(语言)"(爱弥儿·涂尔干,2003)。那些以人的心智、思想的机制乃至表达思想的机制为研究对象的所谓"三科"(trivium)(包括文法、修辞、辩证法)面向人类的心智,形成了所谓的古典教育,较为接近我们今天的基础教育或者中等教育;那些以物为主题的被称作"实际技艺"(artes reales)或"物理学"(physica)的"四艺"面向实在世界中的事物,形成了实科教育或专科教育,是一种较为高等的教育。三科四艺的经院学问的存在本身,就是因为它是某些相互作用的特定社会力量的结果,经过了经验的考验而非什么随意的产物。

为了能够更好地理解当下,预见未来,我们现在必须研究我们的历史,这为教育理论的研究奠定了最为坚实的基础。越是回到历史越是体会到没有什么经久不变的教育形式，一切都在流变之中。

二、教会与教育

在基督教学校出现之前，无论是在希腊还是在罗马，学生们都从不同的老师那里接受各不相同的指导，这些老师之间互不联系，各自以自己的方法在自己的家里教授学业，毫无共同的教育动机和目标可言。学生们通过这种教育获得的知识相互隔离，如果说有什么关联的话也只是形式上的关联。然而，基督教学校的情况与此形成了鲜明的对比。基督教学校接管了孩子整个人，他甚至无须为了满足其他生活需求而不得不离开学校。

在中世纪早期，基督教会成为文教事业的主要传承者，主教座堂和修道院成为当时重要的教育、学术机构和图书收藏地。中世纪的君主也曾经试图恢复公立的学校系统，但是由于与古罗马文教传统的长期断裂，中世纪的世俗权力终究未能建立起完整的教育体系。只是在亚平宁半岛（今意大利）和高卢地区（今法国）的一些深度罗马化的城镇中，还零星存有城市学校（张弢，2013）。随着新兴的各国政府提供了更多的人身安全，城乡的经济也能支持人们献身于思维活动，在基督教教会的努力下，陆续出现了一些修道院学校（Monastic School）、大主教学校（Cathedral School）和教区学校（Parish School）。这些教育机构的主要目的除了僧侣修炼外，就是培养神职人员。起源于僧院制度的修道院学校是当时最主要的、水平最高的教会学校，它的学生分为两类：准备充当僧侣的自愿献身者，他们一律住校，故又称"内学"或"内舍生"；学成后不准备充当僧侣者，他们都是走读，所以又称"外学"或"外舍生"。修道院学校的教育目的是培养学生具有"服从、贞洁、安贫"的品质。"服从"是虔敬上帝，尊崇院长；"贞洁"指终身不婚；"安贫"指安于贫穷的生活。大主教学校设在各主教的管区内，直接由主教管理，学生为贵族和高级僧侣子弟，学校的组织与修道院学校相似，目的是培养较高级僧侣，学校条件较好，学科内容也比较完备。一些古老的大学就是由大主教学校脱胎而成。教区学校,出现较晚,设在村落教堂的门房或神职人员的家中,规模很小,设备简陋,以一般居民的子弟为对象,收取一定的学费。用拉丁语教授读书、识字和初步宗教知识,以及唱赞美诗等,不重视算术,只有少数教区学校才教计算。

在12世纪的文化复兴到来之前,教会基本上垄断了西欧的教育。每个教区的教育事务受该教区的大教堂管理,新晋教师在得到了来自当地教会的许可之后才能在该教区内授课。授予执教许可的权限被教会所垄断。1179年,第三次拉特兰会议(也称为第11次教会全体大会)于罗马的教宗座堂拉特兰教堂召开。亚历山大三世为规范执教资格,颁布教令,对教育原则、教师薪俸、颁发执教许可等事项予以明令:"皆因神之教会如慈母般尽责照顾身体与灵魂之需要,因此,每处主教座堂均应向一位教师(magister)提供充盈的教会俸享(beneficium)一份,此教师既应培养本座堂之教士也应无偿教授贫穷之士,以免那些其父母不能提供资助的贫穷之士被剥夺求学与上进之机会;由此,教师之需得偿,求知之路得畅。余之教堂以及修道院若已有此俸享之先例,均应恢复。严禁任何人再续弊习,以颁发执教资格(licentia docendi)为由向教师收取任何钱物,抑或拒绝合格教师获取资格之请求。任何违反此项法令之人,必将失去其教会俸享。凡出卖执教资格以满足贪恋之人,切勿使其在神之教会中享有收益,唯此乃正当之举措"(张弢,2013)。此令在一定程度上推动了教育的重振乃至中世纪大学的兴起。

三、官学与私学

与西方不同,中国的教育从来没有受到各种宗教的深刻影响,虽然在不同的历史阶段佛教、基督教也曾在中国传播、流行。宗教对中国的教育理想、教育观念的影响极其微弱,反而是"学而优则仕"的思想一直在充当着中国古代的教育理想。这在中国的教育实践中体现为,在官学与私学的交替演进中,"学在官府"或明或暗地占据上风。

汉武帝罢黜百家独尊儒术之后,官学在大约一个世纪之内缓慢发展。直到东晋末年，教育制度都很少创新。这一时期，教育内容统一于儒家六经，官学与私学并行，在永平年间，私学盛过官学，展现出一副"其服儒衣，称先王，游庠序，聚横塾者，盖布之于邦域矣。若乃经生所处，不远万里之路，精庐暂建，赢粮动有千百，其著名高义开门受徒者编牒不下万人"（《后汉书·儒林传·赞》）的景象。游学之士学无常师，博采众长，贯通古今，形成了"不专守一经、墨守章句"的文化传统和精神，把过去官学经文博士以师法、家法授受的门户之见彻底打破（何立平，2002）。到南北朝，文、史、儒、玄、佛、道乃至科学教育多元并存，以文学艺术为主要内容的教育结构彰显出多元融合的教育思想。至隋唐官学复兴，分别出现在隋初、唐贞观、开元年间，学校尽毁于安史之乱。理学在宋理宗时被钦定为官学教育内容，历元明清经久不变、危而不衰。清朝的情况是地方官学盛于中央官学，少数民族教育盛于汉语教育。

宋以后私学以书院教育的形式再度复兴。书院具有官学缺少的学术师承关系，以及著名学者标宗立意四处讲学的传统。书院的游学与讲学加强了社会的学术交流与传播，使书院成为学术新思潮的文化传播基地和培育以教育讲学著述为志业者的人才培育基地。书院也改变了高深学问探求仅以个人努力为主的局面，历代书院传承发展各自学派，发挥自由思想，推动学术争鸣，其主要学术思想兴起传播无不与私学书院紧密关联。文化传承还体现在书院的另外两项功能中。一是祭祀，祭祀作为书院三大功能（讲学、藏书、祭祀）之一，就很好地体现了不同学术流派的传统与特色，一般在书院中尊奉的是该书院提倡的学术流派的代表人物。其目的是标榜学派学风，激励后学继承发扬学术思想特色（何立平，2002）。二是藏书，各地书院大多收藏经史百家之书，以供师生研习讲诵之用。例如，宋代较为著名的书院藏书楼有：嵩阳书院藏书楼、岳麓书院御书阁、鹤山书院尊经阁、丽泽书院遗书阁、溪山书院崇文阁、白鹿洞书院云章阁、扎溪书院明经阁、龙山书院六经楼等。书院不仅藏书，还以此为基础刻书，宋版书中就有所谓"书院本"。由此可见，书院还为我们的文化出版事业贡献了力量。

四、教育的创新

姜国钧、杜成宪（2005）通过对教育名人、教育思想创新点、教育制度创新点等要素的数据统计，对中国古代教育周期进行了划分（春秋战国秦汉周期、魏晋南北朝隋唐五代周期、宋元明清周期），并对各周期教育结构的整体特征进行了概括。他们认为每一个教育周期都是从某一特定的教育思想创新点的出现而开始的，新教育思想逐渐被人们接受并得以发展，一般可以较稳定地维持几个世纪。但是在其稳定期内，这种教育思想发展创新较少。同时，一般情况下，特定的教育思想只有在特定的教育制度的保障下才能够得以发展和演进，当一种创新教育思想被人们广泛接受之后，体现这些新思想的新制度就势在必行，新教育思想一旦被制度化，教育规模就会不断扩大。实际上，钱穆就认为中国古代思想史即是一部教育思想史，对我们认识我国古代教育具有借鉴意义。"从先秦到清朝，学术思想经历了三个发展创新期和三个结集综整期。先秦子学，学术之始变，为'阶级之觉醒'；魏晋清谈，学术再一变，为'自我之发现'；宋明理学，学术又一变，为'大我之寻证'（钱穆，1997）"。这也与前面我们对我国私学起源和国学兴衰的论述相一致。

孔子开创了儒家学派的教育思想，掀起了中国历史上也是世界历史上第一波私学教育高潮。他提出的"学而优则仕"的思想针对奴隶社会的世袭制，具有进步意义，为后世学校教育和科举制度产生深远影响（董远骞，1998）。孔子与学生的关系亲密、感情深厚，知行合一、学行结合，为后世书院中的师生关系树立了典范。秦到汉武帝初年出现了中国历史上第一个教育制度创新的高潮。秦灭六国统一思想和法度，实行以法为教、以吏为师的文教政策。汉武帝创建太学，至唐宋以降，为布衣平民打开了进入上层社会、成为政府官僚的大门，与产生于隋唐的科举制一道打破了阶级桎梏。但是，同时由于太学在经济上依靠国家的供养，因而在教学内容上都是以儒家经典为官方教学内容。后虽有不同的儒经传本，代表不同的学术流派，可是只有适合统治阶级要求的经学研究才能进入太学教授。加之太学注重师承和家法，严重束缚了思想发展，最终，太学也成为官僚体制的附属，使得这种高等教育机构变成依附于政治的组织机构。

书院教育是最具有中国特色的高等教育形式。唐宋之后的书院在组织管理形式、讲学制度方式等方面受佛教禅林精舍和道家精神的影响。宋代理学思想就是融合佛道于儒家思想为基础。实际上，在此之前的两汉经学、魏晋南北朝玄学思想也都与私学密切相关。书院的教学方法与"学在官府"之灌输式教学不同，注重运用启发诱导、学思结合和学行结合、社会实践的方法。书院教学的特点之一是"游学"，游学居无定所，四处漫游。就是在日常生活中接受老师的教诲和熏陶，也叫作从学、从游。书院好似一池水，师生恰似一群鱼，鱼在水里游，大鱼就是先生，小鱼就是学生，大鱼在前面游，小鱼在后面跟，游着游着，小鱼就变成大鱼，这个时候教育就成功了（陈平原，2005）。书院教学的特点之二是讲会制度（讲学），讲学就是针对不同观点可以自由讲论，可以讽议朝政、臧否人物，对当时的社会风气产生了很好的影响。"宋朝风俗淳厚、气节高尚是与书院讲学大有关系的"（熊明安，1983）。我们今天谈论的教育的创新，在历史上至少也是经过了数百年的发展和流变后，对比时代的环境而言的，虽然它与我们所期望的教育的样子还有距离，但是已经为我们未来的大学孕育了种子。

欧洲中世纪的教育最为显著的特点就是其宗教化、神学化，这同时也带来了教育发展的保守性和缓慢性。但是，其与希腊、罗马时代教育的最大不同在于，一个是统治者的教育、少数人的教育，另一个是作为传播教义、培养信仰工具的教育，没有等级限制的教育。它建立起了中世纪最早的教育机构，修道院学校、主教学校、教区学校、中世纪大学等，与希腊、罗马教育相比，它具有更大的普遍性和开放性。

公元7世纪，西欧正处在文化荒芜的"黑暗时代"，教会垄断了学校教育，教育成为基督教信仰的手段，教育事业相对衰微。这一时期，欧洲大陆对希腊、罗马文化的了解十分有限。基督教会和教士在文化教育事业中发挥了独特的作用。神学家兼教育思想家奥古斯丁认为世俗知识可为基督教信仰所用，通过学习文法、修辞、辩证法、几何、音乐、数学、天文等"自由学科"，有助于认识永恒的存在，认识上帝的至真、至善、至美（张斌贤等，1994）。伊西多的《词源学》拓展了学校教育的内容，首次把"七艺"的前三科定名为"三学"（Trivium，也译作三科），把后四科定名为"四学"（Quadrivium，也译作四艺），使作为中世纪学校的主要课程"七艺"定型化（张斌贤等，1994）。对于前面我们提到的公元8世纪查理大帝时期的文化复兴起到了直接的推动作用。另外，由于托马斯·阿奎那的努力，亚里斯多德的哲学、物理学逐渐被教会接受，把理性的发展作为教育事业的重要职能，成为中世纪后期西欧学校的重要教学内容，对西欧高等教育的发展及14世纪后人文主义教育的兴起起到了重要的推动作用。公元11世纪发生的宗教战争至少向我们揭示了当时社会的两个特点，这对我们理解大学机构的特征具有十分重要的意义。一是"就文明而言，当各个共同体中积聚起一种活力，一心想要找到一个出口，找到某些消耗自己的手段，与此同时却又不存在任何非解决不可的迫切之事，能够理直气壮地吸纳这种活力，恰恰要到这样的时候，会出现一个文明富有创造的年代。"二是"它对于来自各个阶层，各行各业的人的高度流动性所起的促进作用，想必至少和上面那点一样多"（爱弥儿·涂尔干，2003）。正如涂尔干所说，"再没有什么别的领域，会比精神生活和学术生活更明显地体现出世界主义了"（爱弥儿·涂尔干，2003）。

　　大学之前的高等教育，中国主要是培养官吏，欧洲主要是培养政治家和教士。科举制是一种选官制度，对中国高等教育的发展起到了一定的促进作用，也直接影响了官学教学内容的选定，形成儒家经典在教育中的主导地位。在西方，希腊、罗马时期教育的主要目的是培养政治家，中世纪之后转向培养教士。道德教育和信仰教育成为其教育的主要内容。中国的书院制承继了私学开放包容的传统，形成了自由讲学、学术争鸣、师生关系融洽的特点，其所蕴含的中华传统文化精神具有深远的社会历史意义。欧洲中世纪的人将世界理解成一个整体，所以才能把理性与信仰相调和,"否则,便难以想象从黑暗时代文化教育的荒芜到中世纪后期经院哲学和大学的兴起这种虽然缓慢,然而是重大的变迁"(张斌贤等,1994)。

第二节 大学的兴起与演进

任何事物的产生、发展与消亡都是遵循着一定的规律进行的,这个规律就是自然规律,超出这个规律的现象就不是科学研究所探讨的对象了。人类的产生、发展与消亡同时还遵循着社会规律,这也是不以人的意志为转移的。想要研究今天的大学,就不得不从它的产生、发展的过程中去探寻促使其产生、影响其发展的这些规律,以及在其演进的过程中它们凝结成的大学发展的基本逻辑。那么,大学的兴起与发展究竟是遵循着一种什么样的逻辑展开的呢?要回答这个问题还得从现代大学起点说起。

现代的大学肇始于 12 世纪的西方大学,这些大学早期以行会的形式存在。行会就是一种利益共同体,与其他各行各业的行会一样,最初的大学就是学生或者教师为了共同的利益而组织起来的。为什么要组织起这样的行会呢?为什么这样的行会组织最先在欧洲兴起而不是其他地方呢?换做其他的组织或机构是否也可能发展至今呢?回答清楚这些问题,大学兴起与发展的逻辑理路就会逐渐显现。

一、现代大学兴起于欧洲

西方大学出现之前,教会垄断了整个欧洲的知识和教育,控制着社会的意识形态。严重的封建割据和高度的分权使欧洲四分五裂,"只有一种机构遍布整个西方,能从西方各地接到讯息,并把自己的代理人派遣到西方各地。这个机构就是基督教会"(R. R. 帕尔默等,2010)。也正是中世纪的基督教会为教师行会组织或者学生行会组织的滋生提供了温床,使他们得以聚集在教会的周围,以从事社会分工中的精神劳动和教学为职业,以当时兴起的西欧中世纪城市中小生产者的互助组织——行会为自己的组织形式,凭借理性主导的探索知识的精神冲动,服务于城市中的工商业者对世俗知识的大量需求。之所以组织成这样的行会是为了自卫和自我管理。之所以在欧洲兴起是因为欧洲当时由于手工业的发展和商业贸易的繁荣,为西欧城市的兴起奠定了经济基础,为市民社会在欧洲的形成搭建了社会基础。11世纪发生的宗教战争客观上也促进了商业和交通的发展,东西方文化的交流与融合,为欧洲中世纪的学术复兴铺平了道路。行会体现出市场性和商品性,市民社会则体现出法制性与自由,由此培养出社会的责任意识和自由平等观念,使市民借此维护自身利益,摆脱来自教会与世俗权力的限制。在此过程中,种种城市管理与服务机构急需大量法律、政治、经济、宗教等专门人才,教师行会应运而生。由此可知,中世纪大学在其成立之初就是其社会环境的组成部分和具体体现(瓦尔特·吕埃格,2007)。虽然,这些大学从未把自己的目标确定为为宫廷或市政当局培养专门人才,但是,其满足了当时广大社会群体的求知兴趣这一点却是事实,这也使大学成为除了教会以外唯一可以在欧洲社会永久性存在的独立机构。

　　按照罗伯特·伯恩鲍姆的说法,这是一种自我控制型的学会组织模式,而领导人的作用主要在于协调,使各成员约束自己的行为,服从团体的价值观念和规范(罗伯特·伯恩鲍姆,2003)。大学精神是大学的一种办学理念和价值追求,它建立在对教育本质、办学规律和时代特征的深刻认识的基础之上。大学颁发的"教学资格证"的普遍有效性,使探索和传播知识这一普遍价值在大学中得到了很好的制度安排。1852年牛津学者纽曼在其著作《大学的理念》中,明确地提出大学的目的在传授学问而不在发展知识,大学是一个提供博雅教育(liberal education)、培育绅士的地方。19世纪大学运动时的美国大学受德国创造性研究观念的影响逐渐成为培养青年人成为专业的和自觉的研究人员的地方,出现了坚持研究和注重真正学问的研究生院。20世纪50年代,以大学自治和学术自由的传统受到挑战为代价,大学成为为国家经济与社会发展提供科学研究成果和人力培训的重要机构（W. F. 康纳尔，1991）。由此可见，大学的理念经历了从定位为"教育的机构"到"研究中心"，到"与社会直接联系为社会服务"的演变，大学教师也从最初的"知识的传授者"发展为"学问的研究者"和"社会的服务者"。大学教师发展的内容从威斯特（William H. Bergquist）和菲利普斯（Steven R. Phillips）（1975）的教学发展、组织发展和个人发展逐渐增加到沃克森与艾锐伯（Wilkerson and Irby, 1998）的新教师的专业适应、教学发展、领导发展和组织发展，甚至包括毛里斯（Millis, 1994）的生涯发展和个人健康与生长以及布里格特和特里普（Blignaut, A. S. and Trollip, 2003）规定的掌握教学技能和在线课程活动（吴振利，2010）。

从以上分析可以看出，"从一开始，教育就受到探索真理的基本冲动与众人获得实际训练的需要之间张力的支配。相应地，尽管非其所愿，学校却形成了新的学术等级，改变了整个社会结构，使社会更为充实、更加复杂"（瓦尔特·吕埃格，2007）。西方大学在社会逻辑和学科逻辑双重作用下逐步从中世纪大学发展到现代大学。在不同的历史阶段，社会逻辑和学科逻辑所发挥的作用彼此制约、相互调节，构成了一个耦合系统。在大学发展演进的过程中，制约大学外部环境的社会逻辑与制约大学内部结构的学科逻辑共同控制着那些由破坏性的变化趋势带来的影响。大学就像是一个教育的器官，一旦这个器官的某个系统功能耦合遭到破坏，以这个系统功能为输入的其他子系统的结构就会发生变化，这种变化反过来又会影响其功能，整个器官就会趋向一种新的功能耦合。从长久来看，一个器官的所有子系统的所有功能的所有方面都能耦合是不可能的，当有一些功能不能耦合时，就会出现功能异化，那些没能完全耦合的功能就可能造成这个器官结构的畸变（张国强，2019）。"从主教座堂学校到中世纪的大学，再从后者到耶稣会学院，然后又从后者到我们自己的公立中学（lycées），其间肯定曾经发生过许多转型。这是因为，无论在什么时代，教育的器官都密切联系着社会体中的其他制度、习俗和信仰，以及重大的思想运动"（爱弥儿·涂尔干，2003）。大学和社会之间互相影响，彼此作用。

我们需要观察这一机构在历史的进程中是如何运作的，从而勾画出它的演变轨迹。只有在历史中，"它们才会通过所产生的效果的积累而展现自身"。正因为如此，"要想真正地理解任何一项教育主题，都必须把它放到机构发展的背景当中，放到一个演进的过程当中，"从而看清其旨在实现的教育理念。我们必须回溯到创建这一机构的时候，才能理解大学何以分划为各个院系，理解各种考试和学位制度。文学院、医学院、神学院和法学院是中世纪大学的四种典型学院，这些并非社会所急需的"技术"学科或者应用性学科，这种脱离对获得实际生活必需品的直接关注，转而投入对人类事物和宇宙神圣原理的学术研究，恰恰表明了这些学科的存在对某些社会要求所具有的重要价值。机构的外在形式一旦形成，就会借助某种惯性的力量，或是由于适应了新的情势，而长久延续下来。这不奇怪，因为教育组织的功能就在于义化传递，但有时，在特定时期里，教育组织也会经历激烈的变迁（爱弥儿·涂尔干，2003）。教育就是在维持这种保守和传统，时而又经受过度的革命的过程中逐渐成长起来。

二、中国现代大学的发端

太学一般被视为中国古代国立高等学府的发端。公元前124年，汉武帝采纳董仲舒在《对贤良策》中提出"养士之大者，莫大乎太学。太学者，贤士之所关也，教化之本原也"的建议（孟宪承，1996），创建太学。太学的创办以为政府选拔官僚为旨归，学习内容以儒家经典为主体，形成了"学而优则仕"的权力本位教育，凸显了教育的政治功能，也带来了"布衣卿相"（赵翼，1963）"汉代本无士庶之别"（郑樵，1995）的局面。但是，太学的教师与学生是享有国家俸禄的公职人员，他们更多的是承担了国家教育管理的职能。隋代以后太学改为国子监，"监"就是督察监管。至唐代实行国子学、太学、四门学三级制，太学不再是最高学府，国子学地位最高。四门学生员的入学资格为

"庶人之俊异者"（欧阳修、宋祁，1975），为布衣庶民子弟入学打开了一扇窗户。宋初沿用唐制，后国子学走向太学化，太学仍为最高学府，隶属于国子监。太学校门敞开，"广开来学之路"（潜说友，1990），"孤寒之士"纷纷进入太学。元代有国子学而无太学，明清时又回归太学。

中国的私学盛行始于西汉（吕思勉，1985），宋代以书院的形式重现了汉代私学的隆盛。当然，宋代的书院或多或少地依靠官方的支持，也并非纯属私学，多少具有亦官亦私的性质。之所以形成这样的局面，一是因为宋代实行科举制，举凡"诵文书、习程课，未有不可为吏者也"，众多学子群起而趋之，但在他们备考期间一般都会依靠"讲学自给"，况且在众多举子中科举登第者极少，于是"开门教授""为童蒙师"就成了他们的兼职，"以受束修之俸"。这在客观上为书院提供了教师资源。二是书院不以应试中第为目的，没有强烈的功利性；书院向包括"工商杂类"在内的社会各阶层广泛开放，具有较强的平民性（张邦炜，2016），这又很好地满足了当时社会各界民众求知者的需求。书院教授的主要内容是理学，是敢于质疑、思想解放的产物，被称为"新儒学"。理学最终也没能逃脱成为统治阶级笼络人才、钳制思想的工具，宋理宗将其定为正统学说，使其沦落为禁锢思想的精神枷锁。但是，书院制对弥补现代大学的缺陷还是有一定借鉴意义的。在现代大学中，如果把书院精神与西方现代大学制度结合，可以创造一个有精神、有理想、有血有肉的高等教育体制（陈平原，2005）。

虽然汉代、宋代在政治、文化等方面出现了明显的平民化倾向，但是市民社会在当时还未形成。直到晚清时期，商会作为近代中国具有代表性的市民社会组织，在城市生活的各个领域发挥影响、逐渐兴起。随着中央集权对地方管辖的日渐衰微，新型工商业组织开始接管地方社会的部分治理工作，形式各异的民间社团也以合法的形式出现在社会生活的方方面面。民间社会中的"士绅群体"联合城市民族资产阶级和官僚买办资产阶级构建起一个民间社会，在社会中开始酝酿出一种新兴的市民意识，催生出市民社会的雏形。"新学"成为当时救亡图存、改良社会的一把钥匙，就连那些曾受传统教育熏陶的学者，也在"新学"旗帜下接受了新人文主义的启蒙，成为近代中国的新知识阶层。他们在与政法权力抗争的过程中，通过报刊媒介和各种社团传播新思想、新观念，中国的现代大学也随之产生。

中国现代大学的发展受西方影响很深。中国第一所现代大学"北洋公学"（天津大学的前身）是在1895年建立的，次年"南洋公学"（西安交通大学和上海交通大学的前身）成立。1898年，又建立了"京师大学堂"（北京大学的前身）（许美德，1999）。京师大学堂是中国近代第一所国立大学，既是当时国家的最高学府，也是国家最高教育行政机构，是我国第一所由中央政府建立的综合性大学。1912年5月3日京师大学堂改称北京大学，近代启蒙思想家、翻译家和教育家严复出任北大首任校长。他按照近代西方学术体系和高等教育通行模式来整顿大学课程，将传统的"经科""格致科"并入现代的"文科""理科"，同时强调大学要"保存一切高尚之学术，以崇国家之文化"，贯通东西、兼收并蓄、以成其大。

在中国最早出现的现代化大学已经超越了欧洲中世纪大学传授知识进行职业培训的阶段，课程是按照现代西方普遍实施的训练方针设置的，教师队伍具有学贯中西的背景，能超出本科课程继续进行学习和研究（费正清，1994）。1917年，蔡元培担任北大校长，提出"思想自由，兼容并包"的改革方针，中国高等教育发展模式进入多元化时期，西方高等教育理念的核心即学术自由和大学自治的观念，通过蔡元培的理论倡导和身体力行才第一次较全面地被国人所认识和接受。民国时期的中国大学在大学制度、民政制度和知识共同体制度的设计上体现了"大学独立、学术自由、教授治校、学生自治、通才教育、文体并重"的核心理念。特别是"自主招生、破格取材、转系转学、公费留学、高薪养教"等制度至今仍具有现实意义。"破格"就是破除格套（制度），本身是在高层次上对制度的扬弃。例如，"北大有一种特别规定，入学考试如果有一两门惊人的出色，则即使总平均不及格，仍旧可以录取的。"转系转学也是尽可能人尽其才，避免一考定终身或者学非所好。为确保言论自由和人格独立，民国大学的教授待遇均较高，如清华的教授就有带薪休假制度（刘超，2009）。"在民政制度方面，民国时期我国只有区区2000多名教授，但高水平大学至少有二三十所，全国大学平均水平亦不低。如此的师资规模，之所以能维持如此的办学水平，重要的一点乃是环境的宽松，特别是教师的自由流动。这在制度上得益于当时有较好的知识共同体制度，而没有单位制度和户口制度"（刘超，2009）。谢泳谈到其在研究西南联大教授时，最留意大学教授的自由流动问题，觉得这是使旧日大学教授的生存状况和精神状态始终保持最佳的一个基本前提。所谓自由流动，一是迁徙的自由，二是择业的自由。这种自由流动的权力并非教授所独有，之所以要强调这种权利对大学教授的重要性，是因为大学教授有关怀社会、主持公道、批评政府，通过写文办报来伸张正义的责任，这一切决定了大学教授是一个主体性极强的群体，同时也决定了他们生存环境相对多变，比起其他阶层来难于长期在一个地方待下去，如果不能自由流动，对他们来说实在太痛苦了（谢泳，1998）。

由于中国现代化大学出现在民族危机加深和社会矛盾激化的关键时期，新型知识阶层大规模吸收西方具有科学民主思想的"新学"，希望通过学习西方先进的文化制度和科学技术来改良社会、救亡图存，他们对传统价值核心从怀疑逐渐走到对它给予彻底否定。所以在前面提到的"北洋公学""南洋公学"等都具有满足新兴行业和产业发展对新兴专业人才需求的实用性质，大学的定位从单纯的"教育机构""研究中心"兼顾了"与社会直接联系为社会服务"的目的，属于我们今天界定的应用型高校。由此可见，我国应用型高校是与我国高等教育的兴起和发展同生共长、一脉相承的。但是，应用型高校的内涵随着时代的发展是在不断变化的。

三、应用型大学应时而生

进入21世纪，中国高等教育大众化进程快速发展。根据《2021年全国教育事业发展统计公报》，全国共有高等学校3012所。普通本科学校1238所（含独立学院164所），比上年减少11所；本科层次职业学校32所，比上年增加11所；高职（专科）学校1486所，比上年增加18所；成人高等学校256所，比上年减少9所。高等教育在学总规模4430万人，比上年增加247万人。高等教育毛入学率57.8%，比上年提高3.4个百分点。我国高等教育已经进入普及化时代，成为高校数量超3000所的全球3个超大规模的高等教育系统之一。同时，由于社会需求更加多样，高等教育面临的问题更加复杂。

高校的分类评价、目标管理、质量标准、特色建设等问题变得日益突出。对高校进行科学分类是高校有序发展的前提和实现高校高质量发挥发展的基础。我国高教泰斗潘懋元先生创造性地把我国高校分为三类：第一类是综合性研究型大学，其学习层次是"本科（学士学位）—硕士（学位）—博士（学位）"，主要培养各类研究型高级专门人才；第二类是多科性或单科性专业性应用型大学或学院，其学习阶梯是"本科（学士学位或文凭）—专业硕士（学位或文凭）—专业博士（学位或文凭）或进入研究型博士"，主要以各行各业的专门知识为主，培养应用性高级专门人才；第三类是多科性或单科性的职业性或技能型高校，其培养路径是"专科（副学士学位或文凭）—职业本科（学士学位或文凭）—进入专业硕士"，"以各行各业实用性职业技术为主，培养生产、管理、服务第一线专门人才"（潘懋元，2005）。这种分类没有照搬西方已有的分类方式，如美国的卡内基高校分类法、加州高等教育总体规划高校分类法、欧洲高等教育机构分类法（U-Map）。而是参照联合国教科文组织1976年制定并在其后多次修订的《国际教育标准分类法》，根据我国高等教育系统发展的具体实际对我国高校进行分类。应用型本科高校属于第二类，大多为新建本科高校，这类高校多是以专科学校升级本科为主，优质教育资源不足，缺少应用型人才培养经验，服务地方的意识不强，因此很难得到外部资金的支持。这类高校急需根据地方经济社会发展的需求和产业结构变化的情况，改革课程体系与教学内容，改变过去单一的精英教育培养目标，而是从培养学生能够适应社会人才市场多样化实际需要的知识、能力、素质入手，走与社会需求紧密结合的应用型发展道路。当然，这种分类方式是一种规范性分类方法，是价值决断的结果（应然状态），旨在规划高等教育的有序发展。应用型本科高校应具备四大特点：一是以培养应用型人才为主；二是以培养本科生为主；三是以教学为主；四是以面向地方为主（潘懋元，2007）。

中国教育发展战略学会高等教育专委会学术委员会主任周光礼教授利用二维象限，分别以培养方向、学科专业覆盖面、服务面向维度为横坐标，以培养层次、科研面向、服务性质维度为纵坐标，从高校人才培养、科学研究和社会服务三大功能视角建构了具有内在一致性的三种高校分类体系，具体如图1-1、图1-2和图1-3所示。

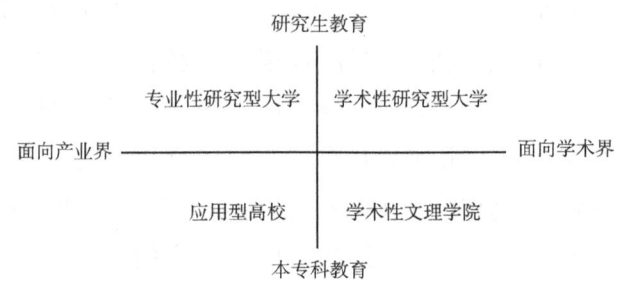

图1-1 高校分类（人才培养）

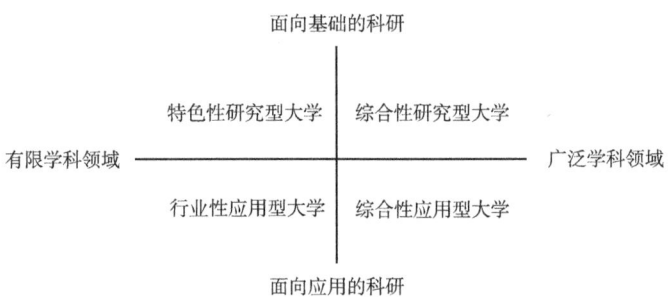

图1-2 高校分类（科学研究）

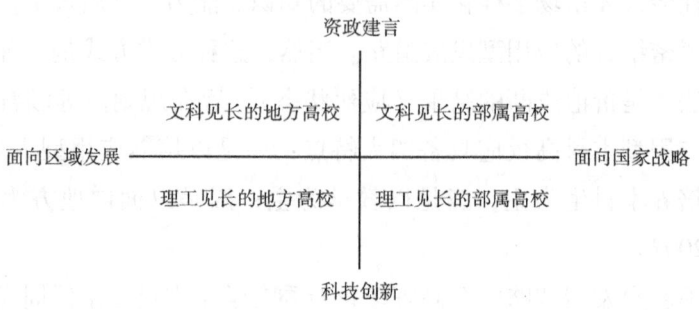

图 1-3　高校分类（社会服务）

资料来源：（周光礼，2022）。

这是一种多元多维描述性分类框架，可以从不同维度客观、动态地反映高校发展的复杂性和多样性，坚持"用户导向"反映高校职能取向，为上述规范性的高校分类更好地发挥其管理评价功效奠定基础、提供支持。无论是政府、企事业单位还是高等学校自身，作为高等教育治理中的重要利益相关者，都可在这种描述性分类体系的基础上，根据自身需要选择分类标准，形成满足自己需要的高校分类体系（周光礼，2022）。应用型本科高校可以在以上三个分类体系中根据自身人才培养的主体功能、主干学科专业的覆盖面和服务社会的价值取向自主选择自身定位，实现多元共治，接受社会监督。

第二章 大学的分类发展

应用型大学的产生是大学分类发展的结果,是高等教育大众化过程中,大学为满足社会需求而多样化发展的必然产物。大学的发展和演进是在社会逻辑和学科逻辑双重作用下逐步展开的。在不同的历史阶段,由于社会逻辑和学科逻辑所发挥的作用此消彼长,既相互制约又彼此协调。大学这个教育的"器官",已经俨然成为社会必不可缺的最为关键的系统,为避免这个系统功能耦合遭到破坏,其他以此系统功能为输入的子系统的结构会随着社会的发展而发生变化,这种变化反过来又会影响大学的功能,大学就会趋向一种新的功能耦合。大学功能的变化促使大学分类发展,并最终导致应用型大学的产生。

第一节 大学分类的体系

大学分类的目的是为解决大学在促进人的自身发展和服务经济社会发展过程中更好地完成人才培养任务、满足社会需求和实现自身发展的问题。大学分类是个大学自身发展的问题,是随着大学功能的变化而不断完善的过程。大学分类的体系因为各国大学发展的具体阶段、大学内外的环境因素的不同而不同。

一、大学图分类体系

面对大众化教育阶段大学如何满足不断涌现的社会需求的问题,面对高等教育快速发展过程中如何促进大学多样化、高质量发展的问题,面对高等教育资源相对有限与如何合理配置教育资源相矛盾的问题，欧洲委员会（European Commission）于2002年资助了一项政策研究项目——欧洲高校分类项目（European Classification of High Education Institutions），并于2005年、2008年提交、出版了研究报告，于2010年建构起被称为大学图（U-map）的欧洲高校分类体系。这个体系是以利益相关者理论为基础建立的，旨在客观地描述各类大学发展现状及其服务社会的水平和能力。

大学图分类体系将高等教育利益相关者（高校、学生、政府、研究人员和工商业界）纳入项目开发的全过程，各利益相关者以组织或者代表的身份全程参与项目的开发与设计。大学图的形成经历了确定分类范围、分类维度、分类指标、通过参考国家数据库和问卷调查检测数据可靠性和即时性以及通过分类工具绘制和比较各类高校现状五个阶段。在不同阶段各利益相关者通过各种形式在不同程度上参与设计，如参加利益主体小组讨论例会、咨询委员会例会、借助网络平台等形式在线收集意见建议，100所欧洲高校参与了个案研究和分类草案的测评，所有参与者都可对草案提出修改、反馈意见，并建立了长效的咨询机制以保证各学校、学生联盟、就业单位、政策制定者等参与讨论、审议，反馈数据的有效性和可靠性，最后形成一个有6个维度23个指标为标准的大学图分类体系（见表2-1）。大学图采用统计学四分位法来呈现和比较各类高校，通过发现工具（finder）和比较工具（viewer）来呈现大学的基本概况和比较分析各高校的不同指标（见表2-2）。

表2-1　　　　　　　　　大学图分类维度和指标

维度	指标	数据说明	备注
学科专业	学位水平	每年授予的学位数（不同层次分计）	包括副学士、学士、硕士、博士以及其他文凭和证书
	学科领域	本科学位项目涉及的学科领域数	依据ISCED97八大学科
	学位面向	普通培养项目、专业资格认证项目、职业培训项目毕业生比例	专业资格认证项目与社会需求有直接的联系
	教学投入	每年教学活动投入占总支出的比例	强调教学活动的优先性

续表

维度	指标	数据说明	备注
学生	成人学生	30岁以上学生占所有注册生比例	所有层级人数
	非全日制学生	非全日制项目学生占所有注册生比例	数量越多，大学对社会的开放程度越大
	远程学习学生	远程教育项目的学生占所有注册生比例	
	学生规模	所有注册学生数	基本指标
科学研究	出版物	经同行评审的出版物数/专职教研人员数	科学界定出版物等级
	博士产量	博士论文/专职教研人员数	博士论文是重要研究成果
	科研投入	每年科研活动投入占总支出的比例	强调科学研究的优先性
知识转化	开设公司数	三年平均创设公司数（每1000名专职教研人员）	数量越多，大学知识转化能力越强
	专利数	获专利数（每1000名专职教研人员）	衡量创新能力的传统指标
	文化活动	由学校或学院联合组织的展览、音乐会、演出数（每1000名专职教研人员）	未经注册或对公众开放的正式活动
	知识转化收入	许可协议、商业和公共机构合同、版权、捐赠等收入占总收入比例	
教育国际化	学位留学生	攻读学位的外国学生占所有学位项目注册生比例	比例越高，大学国际影响力越大
	项目派入留学生	国际交换项目派入留学生占总注册生比例	说明学校的国际化程度
	项目派出留学生	国际交换项目派出留学生占总注册生比例	
	外国专职教师	外教占所有教研人员比例	包括交换项目教师
	国际来源收入	非国内来源收入占收入比例（除学费）	比例越大，国际化倾向越强
地方服务	毕业生本地就业人数	毕业后两年学生本地工作比例	说明大学参与地方发展程度
	本地生源学生数	本地生源招生数占招生总数比例	依据学生家庭住址
	地方来源收入	地方/地区来源收入占总收入比例	说明大学与地方联系程度

表2-2　　　　　　　　大学图指标四分位值域

序号	指标	第四分位	第三分位	第二分位	第一分位
1	学位水平	博士为主（5%以上博士学位）	硕士为主（25%以上硕士学位）	学士为主（40%以上学士学位）	副学士为主（5%以上副学士学位）
2	学科领域	专门（≤3）	较广（3~6）	综合（>6）	
3	学位面向	普通培养项目为主（毕业生≥1/3）	资格认证项目为主（毕业生≥1/3）	职业培训项目为主（毕业生≥1/3）	混合型（两类项目毕业生≥1/3）
4	教学投入	较大（≥40%）	一般（10%~40%）	较少（1%~10%）	无（0）
5	成人学生	较多（≥20%）	部分（10%~20%）	少量（5%~10%）	无（<5%）
6	非全日制学生	较多（≥20%）	部分（10%~20%）	少量（5%~10%）	无（<5%）
7	远程学习学生	较多（≥20%）	部分（10%~20%）	少量（5%~10%）	无（<5%）
8	学生规模	超大型（≥30000）	大型（15000~30000）	中型（5000~15000）	小型（少于5000）
9	出版物	较多（≥2）	一般（1~2）	较少（0.1~1）	无（<0.1）
10	博士产量	较大（≥1.5）	部分（0.75~1.5）	少量（0.7~0.75）	无（<0.1）
11	科研投入	较大（≥40%）	一般（10%~40%）	较少（1%~10%）	无（0）
12	开设公司数	较多（≥10）	一般（5~10）	较少（1~5）	无（<1）
13	专利数	较多（≥10）	一般（5~10）	较少（1~5）	无（<1）
14	文化活动	较多（≥100）	一般（50~100）	较少（0~50）	无（0）
15	知识转化收入	较大（≥40%）	一般（11%~40%）	较少（1%~10%）	无（0）
16	学位留学生	较多（≥7.5%）	一般（2.5%~7.5%）	较少（0.5%~2.5%）	无（<0.5%）
17	留学生（派入）	较多（≥2%）	一般（1%~2%）	较少（0.5%~1%）	无（<0.5%）

续表

序号	指标	第四分位	第三分位	第二分位	第一分位
18	留学生（派出）	较多（≥2%）	一般（1%~2%）	较少（0.5%~1%）	无（<0.5%）
19	外国专职教师	较多（≥15%）	一般（5%~15%）	较少（1%~5%）	无（0）
20	国际来源收入	较多（≥10%）	一般（5%~10%）	较少（1%~5%）	无（0）
21	毕业生本地就业人数	较大（≥10%）	一般（5%~10%）	较少（1%~5%）	无（0）
22	本地生源学生数	较大（≥10%）	一般（5%~10%）	较少（1%~5%）	无（0）
23	地方/地区来源收入	较大（≥10%）	一般（5%~10%）	较少（1%~5%）	无（0）

资料来源：陈凡等（2012）。

大学图为大学与社会建立起更为密切的联系，形成基于利益共同体视角的兼顾利益各方共同发展的良好局面，既满足了社会各方的不同需求，又保证了高校多样化分类发展。大学图关注学生的个性化发展、能力提升和就业竞争力，促进大学与工商业界开展合作为社会培养合格劳动力，引导国家和地方政府通过资源配置和质量评估推动高校发展，使类型、层次、特色不同的高校各安其位、各负其责、合理竞争、分类发展。大学图围绕着利益主体的学校分类体系更加贴近社会需求。

二、卡内基分类体系

20世纪六七十年代，美国高等教育开始向大众化转变，高等教育系统在机构数量和规模结构上都开始发生变化，主要表现为高等教育机构规模和数量不断扩大，高等教育机构的使命、定位和主要职能等方面也开始发生分化。各高等教育机构为了争取联邦政府资助，争相朝着以研究为主的研究型大学发展，"同质化"发展倾向严重，需要对高等教育系统中层级和类别进行划分，已引导各高等教育机构科学定位，分类发展。在这种情况下，卡内基教学促进基金会（Carnegie Foundation for Advancement Teaching）于1971年首次在基金会报告中使用了卡内基高等教育机构分类（见表2-3），并于1973年首次公开出版，1976年、1987年、1994年、2000年、2005年和2010年分别进行了修订。目前使用的版本是2010版。40多年来，卡内基分类体系的版本不断变化，但目的始终保持一致，就是"提供一个能够全面反映美国高等教育多样性、比现有分类方法更有意义的同质分类，旨在支持相关的政策研究"（毛道伟等，2008）。这一分类体系是当前高等教育界广泛采纳的分类体系。

表2-3 1971年卡内基高等教育机构分类

高等教育机构类别	所包含的高等教育学校类型
博士学位授予机构	十分重视研究的大学
	中度重视研究的大学
	中度重视博士学位授予的大学
	有限重视博士学位授予的大学
综合型学院	综合型院校——选择1
	综合型院校——选择2
文理学院	文理学院1
	文理学院2
两年制学院和机构	包含所有的高等学校类型
专门学院和其他专门学校	神学院，圣经学院，和其他提供宗教学位的学校
	医学院和医学中心
	其他的健康专门学校
	工程技术学校
	工商管理学校
	美术、音乐和设计等艺术学校
	法律学校
	教师学院
	其他专门机构

资料来源：赵婷婷，汪乐乐. 高等学校为什么要分类以及怎样分类——加州高等教育规划分类体系与卡内基高等教育机构分类的比较 [J]. 北京大学教育评论，2008，24（4）：166-178，192.

卡内基分类体系是一个描述性分类体系，其创建的目的是为满足政策分析的需要，为进行高等教育研究的个人和组织提供必要的帮助，为唤起民众对美国高等教育机构之间的差异的关注。2005年版增加了本科生教育项目、研究生教育项目、在校生结构、本科生特征、规模与设置等5个相互独立的分类，与传统的分类框架一同构成综合性分类，提供了社区服务分类和本科生教育调查与支持等2个由高等教育机构自行选择是否参与的分类，共同构成选择性分类（朱永东等，2017）。但是，其将美国高等教育机构主要划分为博士学位授予机构、硕士学位授予机构、学士学位授予机构、副学士学位授予机构、专门领域机构和部落学院的基本框架没有变（见表2-4）。

表2-4　　　　卡内基基本分类结构框架变化情况

1973年版	1976年版	1987年版	1994年版
博士学位授予机构	博士学位授予机构	博士学位授予机构	博士学位授予机构
研究型大学Ⅰ类	研究型大学Ⅰ类	研究型大学Ⅰ类	研究型大学Ⅰ类
研究型大学Ⅱ类 博士学位授予大学Ⅰ类 博士学位授予大学Ⅱ类	研究型大学Ⅱ类 博士学位授予大学Ⅰ类 博士学位授予大学Ⅱ类	研究型大学Ⅱ类 博士学位授予学院和大学Ⅰ类 博士学位授予学院和大学Ⅱ类	研究型大学Ⅱ类 博士型大学Ⅰ类 博士型大学Ⅱ类
综合性大学和学院 综合性大学和学院Ⅰ类 综合性大学和学院Ⅱ类	综合性大学和学院 综合性大学和学院Ⅰ类 综合性大学和学院Ⅱ类	综合性大学和学院 综合性大学和学院Ⅰ类 综合性大学和学院Ⅱ类	综合性硕士学位授予大学和学院 硕士学位授予大学和学院Ⅰ类 硕士学位授予大学和学院Ⅱ类
文理学院 文理学院Ⅰ类 文理学院Ⅱ类	文理学院 文理学院Ⅰ类 文理学院Ⅱ类	文理学院 文理学院Ⅰ类 文理学院Ⅱ类	学士学位授予学院 学士学位授予学院Ⅰ类 学士学位授予学院Ⅱ类
两年制学院	两年制机构	两年制社区学院、初级学院和技术学院	副学士学位授予学院

续表

1973年版	1976年版	1987年版	1994年版
专业学院和其他专门机构 神学院 医学院 其他独立医疗卫生学院 工程技术学院 工商管理学院 艺术、音乐和设计学院 法学院 师范学院 其他专门机构	专门机构 神学院 医学院 其他独立医疗卫生学院 工程技术学院 工商管理学院 艺术、音乐和设计学院 法学院 师范学院 其他专门机构	专业学院和其他专门机构 神学院 医学院 其他独立医疗卫生学院 工程技术学院 工商管理学院 艺术、音乐和设计学院 法学院 师范学院 其他专门机构	专门机构 神学院 医学院 其他独立医疗卫生学院 工程技术学院 工商管理学院 艺术、音乐和设计学院 法学院 师范学院 其他专门机构
—	非传统研究机构	公司创办机构	部落学院和大学

2000年版	2005年版	2010年版
博士/研究型大学 博士/研究型大学—广博型 博士/研究型大学—集中型	博士学位授予大学 研究型大学—极强研究活动 研究型大学—强研究活动 博士/研究型大学	博士学位授予大学 研究型大学—极强研究活动 研究型大学—强研究活动 博士/研究型大学
硕士学位授予学院和大学 硕士学位授予学院和大学Ⅰ类 硕士学位授予学院和大学Ⅱ类	硕士学位授予学院和大学 硕士学位授予学院和大学—较大 硕士学位授予学院和大学—中等 硕士学位授予学院和大学—较小	硕士学位授予学院和大学 硕士学位授予学院和大学—较大 硕士学位授予学院和大学—中等 硕士学位授予学院和大学—较小
学士学位授予学院 学士学位授予学院—文理类 学士学位授予学院—普通类 学士/副学士学位授予学院	学士学位授予学院 学士学位授予学院—文理学科 学士学位授予学院—多学科 学士/副学士学位授予学院	学士学位授予学院 学士学位授予学院—文理学科 学士学位授予学院—多学科 学士/副学士学位授予学院

续表

2000 年版	2005 年版	2010 年版
副学士学位授予学院	副学士学位授予学院 副学士学位授予学院—公立、乡村、小型 副学士学位授予学院—公立、乡村、中型 副学士学位授予学院—公立、乡村、大型 副学士学位授予学院—公立、城郊、单校区 副学士学位授予学院—公立、城郊、多校区 副学士学位授予学院—公立、城市、单校区 副学士学位授予学院—公立、城市、多校区 副学士学位授予学院—公立、特殊用途 副学士学位授予学院—私立、非营利 副学士学位授予学院—私立、营利 副学士学位授予学院—公立、附属于大学的 2 年制学院 副学士学位授予学院—公立、4 年制、主要授予副学士学位 副学士学位授予学院—私立、非营利、4 年制、主要授予副学士学位 副学士学位授予学院—私立、营利、4 年制、主要授予副学士学位	副学士学位授予学院 副学士学位授予学院—公立、乡村、小型 副学士学位授予学院—公立、乡村、中型 副学士学位授予学院—公立、乡村、大型 副学士学位授予学院—公立、城郊、单校区 副学士学位授予学院—公立、城郊、多校区 副学士学位授予学院—公立、城市、单校区 副学士学位授予学院—公立、城市、多校区 副学士学位授予学院—公立、特殊用途 副学士学位授予学院—私立、非营利 副学士学位授予学院—私立、营利 副学士学位授予学院—公立、附属于大学的 2 年制学院 副学士学位授予学院—公立、4 年制、主要授予副学士学位 副学士学位授予学院—私立、非营利、4 年制、主要授予副学士学位 副学士学位授予学院—私立、营利、4 年制，主要授予副学士学位

续表

2000 年版	2005 年版	2010 年版
专门机构 神学院 医学院 其他独立医疗卫生学院 工程技术学院 工商管理学院 艺术、音乐和设计学院 法学院 师范学院 其他专门机构	专门领域机构 神学院 医学院 其他医疗卫生学院 工程学院 其他技术相关学院 工商管理学院 艺术、音乐和设计学院 法学院 其他专门领域机构	专门领域机构 神学院 医学院 其他医疗卫生学院 工程学院 其他技术相关学院 工商管理学院 艺术、音乐和设计学院 法学院 其他专门领域机构
部落学院和大学	部落学院	部落学院

资料来源：朱永东，张振刚. 卡内基高等教育机构分类的演变及启示 [J]. 高教探索，2017，166（2）：5-12.

分类结构框架的变化使我们看清数量庞杂的美国高等教育机构的发展变化情况，不同分类版本都关注高等教育机构的本质属性，2005年版分类体系包括综合性分类和选择性分类，更好地满足了社会需求（见表2-5）。

表2-5　卡内基基本分类中各类型数量变化情况

版本 类型	1973版	1976版	1987版	1994版	2000版	2005版	2010版
博士学位授予大学	4	4	4	4	2	3	3
硕士学位授予学院和大学	2	2	2	2	2	3	3
学士学位授予学院	2	2	2	2	3	3	3
副学士学位授予学院	1	1	1	1	1	14	14
专门领域机构	9	9	9	9	9	9	9
非传统研究机构	0	1	0	0	0	0	0

续表

类型＼版本	1973 版	1976 版	1987 版	1994 版	2000 版	2005 版	2010 版
公司创办机构	0	0	1	0	0	0	0
部落学院	0	0	0	1	1	1	1
小计	18	19	19	18	18	33	33

资料来源：朱永东，张振刚．卡内基高等教育机构分类的演变及启示［J］．高教探索，2017，166（2）：5－12．

分类标准也在这个过程中有所变化。以博士学位授予大学的分类标准为例，2005 年、2010 年版本舍弃了办学使命指标，并用研究活动指标取代了联邦资助指标，能够更加全面地评价大学的科研活动，具有鲜明的导向性（见表 2－6）。

表 2－6　　卡内基基本分类中博士学位授予大学的分类标准

版本	指标	分类标准
1973 版	联邦资助	研究型 I 类：至少 2 年排前 50 名； 研究型 II 类：至少 2 年排前 100 名； 博士型 I 类：无要求； 博士型 II 类：无要求。
1973 版	学位数量	研究型 I 类：授予 50 个及以上 Ph.D.（如果在同一校园有医学院则包括 M.D. 在内）； 研究型 II 类：授于 50 个及以上 Ph.D.，或 1960～1961 年至 1969～1970 年期间 Ph.D. 累计授予量排前 50 名（无须满足联邦资助要求）； 博士型 I 类：授予 40 个及以上 Ph.D.，或授子 20 个及以上 Ph.D. 且获得过联邦资助 300 万美元及以上； 博士型 II 类：授子 10 个及以上 Ph.D.。
1976 版	联邦资助	研究型 I 类：至少 2 年排前 50 名； 研究型 II 类：至少 2 年排前 100 名； 博士型 I 类：无要求； 博士型 II 类：无要求。

续表

版本	指标	分类标准
1976版	学位与学科数量	研究型Ⅰ类：授予50个及以上Ph.D.（如果在同一校园有医学院则包括M.D.在内）； 研究型Ⅱ类：授予50个及以上Ph.D.且25%及以上是Ph.D.，或1965~1966年至1974~1975年期间Ph.D.累计授予量排前60名（无须满足联邦资助要求）； 博士型Ⅰ类：在5个及以上学科授予40个及以上Ph.D.，或在5个及以上学科授予20个及以上Ph.D.且获得联邦资助300万美元及以上； 博士型Ⅱ类：授予20个及以上Ph.D.（不考虑学科），或在3个及以上学科授予10个及以上Ph.D.。
1987版	联邦资助	研究型Ⅰ类：获得3350万美元及以上； 研究型Ⅱ类：获得1250万~3350万美元； 博士型Ⅰ类：无要求； 博士型Ⅱ类：无要求。
1987版	办学使命	研究型Ⅰ类：提供各种学士学位项目，且致力于通达博士学位的研究生教育，坚持研究优先； 研究型Ⅱ类：同研究型Ⅰ类； 博士型Ⅰ类：提供各种学士学位项目，且致力于通达博士学位的研究生教育； 博士型Ⅱ类：同博士型Ⅰ类。
1987版	学位与学科数量	研究型Ⅰ类：授予50个及以上Ph.D.； 研究型Ⅱ类：授予50个及以上Ph.D.； 博士型Ⅰ类：在5个及以上学科授予40个及以上Ph.D.； 博士型Ⅱ类：在1个及以上学科授予20个及以上Ph.D.，或在3个及以上学科授予10个及以上Ph.D.。
1994版	办学使命	各类型：同1987版。
1994版	联邦资助	研究型Ⅰ类：获得4000万美元及以上； 研究型Ⅱ类：获得1550万~4000万美元； 博士型Ⅰ类：无要求； 博士型Ⅱ类：无要求。
1994版	学位与学科数量	研究型Ⅰ类：授予50个及以上博士学位（包括任何领域的Ph.D.、Ed.D.、S.J.D.和Dr.P.H）； 研究型Ⅱ类：授予50个及以上博士学位； 博士型Ⅰ类：在5个及以上学科授予40个及以上博士学位； 博士型Ⅱ类：在3个及以上学科授予10个及以上博士学位，或在1个及以上学科授予20个及以上博士学位。

续表

版本	指标	分类标准
2000版	办学使命	各类型：提供广泛的学士学位项目，且致力于通达博士学位的研究生教育。
	学位与学科数量	广博型：在15个及以上学科授予50个及以上博士学位（包括任何领域的Ph. D.和其他博士水平的学位，如Ed. D.、S. J. D.和Dr. P. H等，但不包括第一职业学位）； 集中型：在3个及以上学科授予10个及以上博士学位，或授予20个及以上博士学位。
2005版	学位数量	各类型：授予20个及以上博士学位（不包括J. D.、M. D.、Pharm. D和D. P. T.等第一职业学位和专业博士学位）。
	研究活动（总体和人均指标）	极强研究型：1项及以上表现"很高"； 强研究型：1项及以上表现"高"，且没有1项表现"很高"； 博士/研究型：没有1项表现"高"。
2010版	学位数量	各类型：授予20个及以上研究型博士学位（不包括J. M.、M. D.、Pharm. D.、Aud. D.和D. P. T等第一职业学位和专业博士学位）。
	研究活动（总体和人均指标）	极强研究型：1项及以上表现"很高"； 强研究型：1项及以上表现"高"，且没有1项表现"很高"； 博士/研究型：没有1项表现"高"。

资料来源：朱永东，张振刚. 卡内基高等教育机构分类的演变及启示［J］. 高教探索，2017，166（2）：5-12.

需要特别指出的是，自从 2005 年卡内基分类体系推出了高校自主选择的社区参与分类以来，社区参与分类已经进行了 5 轮。这 5 轮发布的时间分别是 2006 年、2008 年、2010 年、2015 年和 2020 年。卡内基教育促进基金会用"社区参与"这一概念来诠释大学与社会关系、表征大学社会服务职能（李瑞琳等，2021）。社区参与分类为在社区参与服务社会领域做出贡献的高校提供了特殊的分类平台。

三、《国际教育标准分类法》分类体系

1975 年，联合国教科文组织制定并颁布的第一个版本的《国际教育标准分类法》（ISCED）在第 35 届国际教育会议上获得批准并实施。

1997年，联合国教科文组织颁布《国际教育标准分类法》第二个版本，在联合国教科文组织第29届大会上获得批准并实施。《国际教育标准分类法》中的第三级教育是高等教育阶段。以1997年版为例，第三级教育（高等教育）阶段在纵向上分为两个阶段，这两个阶段的序号分别为5和6，序号为5的这一阶段相当于我国高等教育的专科、本科和硕士研究生教育阶段，序号为6的这一阶段相当于我国高等教育的博士生教育阶段。第三级教育（高等教育）阶段在横向上又将序号为5的这一阶段分为5A和5B两个类别。其中，5A类是理论型的，按照学科分设专业，这一类型相当于我国的普通高等教育高校；5B类是实用性、技术型的，按照学科分设专业，相当于我国的高等职业教育院校，适应具体职业的。5A类又可进一步细分为5A1和5A2两种类型。其中，5A1类按学科分设专业，为研究做准备，一般学习年限为4年以上，以培养学术型专门人才为目标，可以获得第一级学位（学士学位）、第二级学位（硕士学位）证书，相当于我国高等教育的学术型学士和学术型硕士；5A2类则是按行业分设专业，为从事高科技、高技术要求的专业教育，学习年限一般为2~3年，亦可延长至4年或者更多，以培养工程型、应用型专门人才为目标。序号为6的这一阶段相当于我国高等教育的博士研究生阶段（见图2-1）。

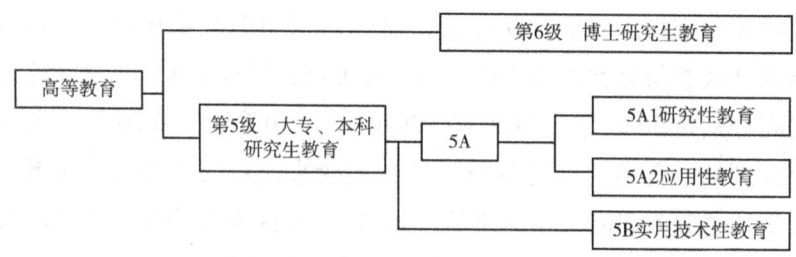

图2-1　联合国教科文组织《国际教育标准分类法》关于高等教育的分类

资料来源：江小明. 关于高等教育分类及应用型大学定位问题的一点认识［J］. 高等理科教育，2005（3）：6-10.

《国际教育标准分类法》分类体系关于高等教育的分类主要是根据人才类型和人才培养目标进行的分类，在第三级教育（高等教育）阶段中，除了序号为 6 的博士研究生阶段外，序号为 5 的这一阶段实际上被分为研究型、应用型、实用技术型三种类型，学历层次为硕士研究生、本科生、专科生三种层次。按照这种分类方法，主要实施 5A1 型教育的高等教育机构相当于我国的研究型大学，这类学校的人才培养目标主要是培养学术型、研究型人才；主要实施 5A2 型教育的高等教育机构相当于我国的应用型院校，这类院校的人才培养目标主要是培养应用型专门人才；主要实施 5B 型教育的高等教育机构相当于我国的实用型、职业技术院校，这类院校的人才培养目标主要是培养实用型、技能型、职业技术人才。《国际教育标准分类法》的分类体系为我们提供了一个按教育类型划分高等院校的清晰的分类方法，从而把我们的大学分为研究型大学、应用型大学、实用型技术院校。在这个分类体系中，我国"新建地方大学"找到了"应用型大学"这个恰当的分类位置这也与教育部三个 100 所重点院校的建设计划相符。这种分类方法有利于现阶段我国高等学校的分类建设与发展，对我国高校类型的划分具有较大的借鉴意义（江小明，2005）。

潘懋元教授认为"联合国教科文组织的分类既考虑到美国等发达国家，也考虑到发展中国家，主要以培养人才职能来分类，并兼顾年限长短与学位高低，所以它提出的分类比较普遍适用"（潘懋元，2005）。2011 年联合国教科文组织根据世界教育系统的新进展，又修订并发布了《国际教育标准分类法》的新版本。《国际教育标准分类法（2011）》关于高等教育类型和层次的划分更为精细，普通型与职业型、学术型与专业型的培养性质更加清晰，大专、本科、硕士、博士的培养层次也更加明朗（刘亮，2017）（见图 2-2）。

《国际教育标准分类法（2011）》将 1997 版的 5、6 两个序号的阶段细分为 5、6、7、8 四个序号，分别代表相当于大专层次（短线高等教育）、相当于学士或等同水平、相当于硕士或等同水平、相当于博士或等同水平。这里需要特别提及《国际教育标准分类法（2011）》从第 2 级到第 5 级教育分出普通型和职业型教育，普通教育为升学做准备，职业教育面向劳动力市场为就业做准备，双轨并行。《国际教育标准分

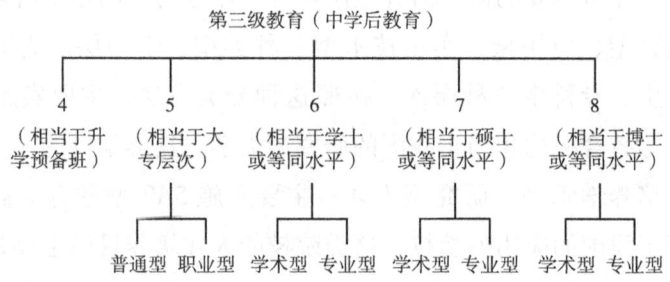

图 2-2 联合国教科文组织《国际教育标准分类法（2011）》关于高等教育的分类

资料来源：刘亮. 我国应用型高等教育新探：概念与历史——基于《国际教育标准分类法（2011）》的视角［J］. 河北师范大学学报（教育科学版），2017，19（6）：106-111.

类法（2011）》从第 6 级到第 8 级教育用学术型和专业型进行分类，用以代替在等级之间的转变点时的普通和职业型，将第 5 等级与第 6、第 7、第 8 等级有效衔接，但不能简单地理解为专业教育就是学士或等同水平的职业教育（魏亚等，2019）。但是，这种分类"实际上反映了人们对于在实施学术型高等教育的普通高校之外，在大专层次的基础上建立起一个独立、连贯和完整的专业型高等学校教育体系的强烈诉求"（刘亮，2017）。综合 1997 年版和 2011 年版主要调整内容可以看出，《国际教育标准分类法》在逐渐淡化分层更加细化分类，应用型大学逐渐从研究型大学和技能型学院等不同高等教育机构中脱颖而出，成为一类特征明显、社会急需、未来可期的大学类型。

第二节 西方大学的分类发展

大学分类发展早在各类分类体系颁布之前就已经开始，这也是大学演进的必由之路。雅思贝尔斯认为（2007），"有三件事情是大学必须要做的：职业训练、整全的人（the whole man）的教化和科学研究。所有这三个方面都是一个活生生整体的必备要素。倘若将他们割裂开来，大学的精神就会枯萎凋敝。"

大学的生存和发展是以经济为基础的，特别是随着大学办学规模的扩大和社会对大学要求的提高,大学必然需要越来越多的资金来维持学校的生存和发展。中世纪的大学财政来源主要靠学生的学费、罚款和教会以及国王、公爵或市民的捐赠。从 15 世纪起,来自市政当局的资金逐渐增多,作为交换,市政当局对大学的干涉和控制也在持续地削弱着大学的自治性。大学中出现了学科日益分化、与职业密切相关的趋势。

中世纪后期,大学经历了一段时期的衰落。16 世纪末,英国的格雷沙姆学院开设了一些与社会需要紧密相关的课程以适应当时社会对人才的实际需要。学院还允许其教师以提供咨询和举办讲座的形式直接服务于社会。英国传统大学从 19 世纪 70 年代开始为工人提供高等教育,揭开了高等教育通向中下层民众的大学推广运动的序幕,通过改变文化状况促进本国工业化发展和现代化进程。法国大革命期间也出现了一批高等专科学校,把划分精细的职业培训与理论教学相结合,开始向社会开放。进入 19 世纪后,德国进行了一系列教育改革,洪堡创立的柏林大学,希望通过教学与研究相结合,振兴国家。在建立新大学和改革旧大学的同时,一批工业专门学校也模仿法国的高等专科学校纷纷建立起来,其中不少后来成为工业大学,为德国成为技术强国发挥了作用。但是,高等学校社会服务职能最早是在美国提出的。建立于 1848 年的威斯康星大学将大学社会服务作为第三种职能明确提出。大学在政府的鼓励之下逐渐转变为由市场需求引导的机构,开始关注国家的命运、市场的需求。

大学的社会服务职能从 16 世纪以后在欧洲萌芽,到 19 世纪末 20 世纪初在美国产生,是社会发展的必然趋势。大学在经历了世俗化、国家化的演变过程后,必然会进入市场化的大潮中,从社会的边缘走入社会的中心。在国家意志的强力推动下,20 世纪 40 年代以后,世界各国的大学都开始更加直接地参与到社会服务之中,特别是经过第二次世界大战和"冷战"的考验,大学与社会之间的关系桴鼓相应,彼此相依,互促互进。自 20 世纪 60 年代起,高等教育开始出现大众化的趋势,越来越庞大的高等教育费用使大学自身难以承受,又加上 70 年代中期以来,西方主要国家为应对经济危机而相继采取压缩高等教育经费、控制财政支出的做法，更加重了大学的财政困难，大学只能自谋生路获取经费。这一过程又因为知识经济的到来，大众化、全球化、国际化浪潮的推动，而使大学与社会和市场的互动更进一步加强。大学既是知识经济的动力源，也因知识经济的影响而不得不进行自我调整。不过，克拉克·克尔在《大学的功用》一书中表达了他对于这种变化的乐观态度，他认为现代大学的功能在诸多方面都是无与伦比的，而且，大学从与社会的互动中增强了自我发展能力。当然，他也指出，这种变化使大学付出了一定的代价，庞大复杂的社会与市场所形成的网络限制了大学自治，学术自由也会由于经费上过度依赖政府而面临困境，大学的中立立场和核心价值难免会受到质疑和产生动摇（周玲，2006）。

在美国，教育在市场经济、商品生产的全新体系的推动下，挣脱了阶级结构、贵族特权及广泛认同价值观的束缚，散发出了新的活力。以下我们以美国为例就这一问题展开讨论。美国大学源于最初在一个没有古老城市、没有中世纪传统的殖民地上建立起的一些规模很小的文理学院，如建立于1636年的哈佛学院、1693年的威廉和玛丽学院以及1701年的耶鲁学院等。这些学院当然也是经过批准获得特许的法人，由院外人士建立起来的董事会是这些学院的实际控制机构。在董事会中，由地方名流组成的董事们是"公众利益"的代表。他们雇佣一个校长或少数教授来对学校进行直接管理。一般情况下，董事会是由创办该校的团体建立的一个组织机构，董事会在物质和精神上与学院密切联系，对他们所雇佣的人施加政策上的影响，按照董事们的意愿把权力委托给校长或教授们。在这一点上，与欧洲教师组成行会，实行社团原则，并想方设法与世俗和教会权对抗的欧洲传统完全不同。当然它也与有着悠久传统的英国大学迥然不同。如果说英国大学更为接近政府的话，那么美国大学更接近市场。

在意大利的博洛尼亚大学、法国的巴黎大学、英国的牛津大学历经几百年兴衰之后，美国的第一所研究型大学——约翰·霍普金斯大学才在1876年建立起来。美国的其他院校（如哈佛大学、耶鲁大学等）最初都是文理学院，直到19世纪才逐渐发展成为真正意义上的大学。同时，更具大众性的公立大学也由于著名的《莫雷尔赠地法》的通过，先是在中西部，后是在加利福尼亚州建立起来的。它们是现代开放性大学的先驱（范德格拉夫等，2001）。它们形式多样，大学、州立学院、社区学院，在目的、课程和学术性质等方面各不相同，形成了各种类型院校之间及其内部之间的多样化特点，并且相互之间都有竞争，最终构成了规模庞大的美国高等教育体系。

第三节　中国大学的分类发展

中国大学是在不断适应中国国情的背景下发展演进的。民国时期之前的学堂教育为适应学习西方先进知识的需要，在教育机构体系方面逐渐完成了由单一向系统的转变，既有京师大学堂、山西大学堂这样的综合性学堂，又有法政、船政、商业等实业性学堂。这说明在中国现代大学产生之前，我们的近代高等教育系统已经初步具备了普通与职业教育的双轨建构。1912年10月，由当时的国民政府教育部颁布的《大学令》明确规定：大学以教授高深学术、养成硕学闳材、应国家需要为宗旨。由学堂到大学的转变标志着中国高等教育机构迈出了向现代化转变的至关重要的一步。1913年1月，其又公布《大学规程》，对大学预科做出安排，在形式上实现了高等教育系统的完整化。这两个法令的出台为大学改革和实践奠定了法理基础。中国高等教育机构的全面而持续回应社会发展的需求不但体现在我国大学近代演进中，在新中国成立后的快速发展中同样如此，只是在回应机制中，高等教育机构大多处于被动回应的状态，这也是高等教育的发展总是滞后于社会变革的需求的必然规律，但是中国高等教育机构在演进中对社会的强力回应是恒常的（张东亚，2018）。

新中国成立初期（1949~1957年）到开始全面建设社会主义时期（1958~1966年）这17年是现代中国高等教育史的开端，应用型高等教育在1949年后的这17年中逐步确立起来，前期主要是仿效苏联的高等教育模式及其实践，后期则开始偏离苏联模式凸显出激进式变化以适应中国国情的需要，那时的高校在本科层次实行专业性技术型人才和学术性理论型人才的并列培养（刘亮，2017）。教育部第一次全国高等教育会议在 1950 年 6 月召开，这次会议指出，今后高等教育的发展方针是"以理论与实际一致的教育方法，为培养具有高度文化水平的、掌握现代科学和技术成就的、全心全意为人民服务的、高级的国家建设人才而努力"，会议特别强调在执行该方针时既要努力克服脱离实际的教条主义偏向，又要防止轻视理论学习的狭隘实用主义或经验主义的偏向（马叙伦，1950）。1950 年 8 月，《高等学校暂行规程》《专科学校暂行规程》相继颁布，对高等学校和高等专科学校的办学宗旨和人才培养任务方面做出明确规定：大学（专门学院）要"以理论与实际一致的教育方法，培养具有高级文化水平，掌握现代科学和技术成就，全心全意为人民服务的高级建设人才"为目标（刘光，1990），"适应国家建设的需要，进行教学工作，培养通晓基本理论与实际运用的专门人才，如工程师、教师、医师、农业技师、财政经济干部、语文和艺术工作者"（高奇，1992），大专要"以理论与实际一致的教育方法，培养能掌握现代科学和技术成就，全心全意为新民主主义建设服务的专门技术人才"为目标（刘光，1990），"培养通晓基本理论并能实际运用的专门技术人才，如工业技师、农业技师、药剂师、财政经济干部、文艺工作者等"（李均，2005）。1952 年，国家通过院系调整，重点培养工业建设人才和师资，建立了以专门学院为主的大学体制，加强工科类专门人才的培养。

1995 年 11 月，经国务院批准，原国家计委、原国家教委和财政部联合下发了《"211 工程"总体建设规划》，国家开始实施"211 工程"。随后的 1998 年 5 月，在庆祝北京大学建校 100 周年大会上，时任国家主席江泽民代表和中华人民共和国中央人民政府向全社会宣告："为了实现现代化，我国要有若干所具有世界先进水平的一流大学。"教育部决定在实施《面向 21 世纪教育振兴行动计划》中，重点支持北京大学、清华大学等部分高等学校创建世界一流大学和高水平大学，并以江泽民同志在北京大学100周年校庆的讲话时间（1998年5月）命名为："985工程"。经过二十多年的努力，国家先后建设了112所"211大学"、39所"985大学"。2017年1月，经国务院批准，教育部、财政部、国家发展和改革委员会联合印发《统筹推进世界一流大学和一流学科建设实施办法（暂行）》，并于同年9月，发布《关于公布世界一流大学和一流学科建设高校及建设学科名单的通知》，确定国内42所大学（A类36所，B类6所）的建设目标为世界一流大学。95所世界一流学科建设高校，共计465个世界一流学科建设学科（其中自定学科44个）。这137所国家战略重点建设高校均以中国特色、世界一流为指向，鼓励和支持高水平建设，扶持特殊需求，以学科建设为龙头，积极探索世界一流大学建设的中国道路和中国模式。这些研究型高校以加强学术创新培养复合型人才为己任，是国家战略重点建设高校。

在推进国家战略重点建设高校建设的同时，国务院办公厅于2010年12月发布《关于开展国家教育体制改革试点的通知》，要求"探索高等学校分类指导、分类管理的办法，落实高等学校办学自主权"。国家还相继出台了鼓励地方普通本科高校向应用型转变的支持性政策。作为我国高等教育的一个重要组成部分的应用型高校得到国家和地方教育行政部门越来越多的认同，新建本科院校转型发展热情高涨，同时，专业研究生教育也开始快速发展，应用研究型、应用技术型、职业技能型等与应用型相关的分类名称也被越来越多地应用到地方高等学校分类中，逐步形成与研究型相对应的应用型分类结构框架，普通本科高校在分类发展中大多进入了应用型发展的快车道。2017年2月，教育部在《关于"十三五"时期高等学校设置工作的意见》中也明确提出：以人才培养定位为基础，我国高等教育总体上可分为研究型、应用型和职业技能型三大类型。

第三章 院系的形态转型

中世纪形成了教师任教许可证制度、学位制度、大学中的院系制度、入学和结业制度等。这些教育史上重要的创造一直沿用至今。现代西方教育在思想上更多受益于古希腊、古罗马，在组织制度上，则更多受益于中世纪（张斌贤等，1994）。

第一节 中世纪院系

在中世纪，教授某个特定主题的学术群体组成教授会。其现代英语为"faculty"，该词源自拉丁语中的"facultas"，其原意为才能，即教授某种科目的能力；在13世纪之前，"facultas"仅是"scientia"的一个同义词，两者都是指某一个特定的学问分支，逐渐地人们开始把这个名词理解为致力于教授某个特定主题的学术群体，这就是我们现在院系的前身。

一、中世纪院系组织形态

当然，教师法团的出现要早于教授会的出现。教师法团早在12世纪下半叶就出现了。教授会与教师法团的差别在于，它是围绕着特定的研究兴趣而建立起来的共同体，这也就是说院系的形成就是各种教师共同体因专业不同而发生分化的结果。然而作为一个由个人组成的社团的教师法团，是不考虑具体专业的。一般在欧洲中世纪大学里有神学（faculty of theology）、法律（faculty of law）、医学（faculty of medical）和艺科（faculty of arts）四个教授会。例如，巴黎大学就是由四个院系组成的，即神学院、法学院、医学院和艺学院。教授会的权力是颁发本学科的教学许可证，规定本学科的教学纪律，并负责推选一位"主任"（decanus）作为该教授会在大学中的代表来参与大学的管理。由教授会推选出的负责人在各个大学里的称呼并不相同，他们的权限范围也有区别。facultas一词后来成了实施专业教育的教学组织单位的代名词，译作学科或系、院。教授会与同乡会的区别就在于：教授会旨在通过组织教学、管理学术事务和抵制来自教会与政府的干扰来实现自治，同乡会（特别是学生同乡会）旨在通过相互帮助、共同行动来满足彼此生活方面的要求（爱弥儿·涂尔干，2003）。

这些学生有贵族，也有平民，来自社会的不同阶层。对知识的渴求使他们相互吸引，生活在一起。由于多同出一地，就自然地组成了"同乡"的群体组织。其中的贫寒学子先是租住在学校周边的"会馆"中，后有慈善人士的捐助为他们提供了免费的寄宿会馆（学舍），这种免费寄宿的会馆就是最初的学院。作为一个群体组织，学院有自己的负责人，通常称为院长（dean），是学院教师集会的主席，负责管理和教学、辩论和考试工作。这里需要说明的是，在中世纪，一所大学合法的行政权力属于"全体集会"（general assembly），全体集会由教师、教师和学生或者仅有学生三种形式构成，此外，在学院、学舍和同乡会这些同等水平的大学组织中的集会也具有同等民主的性质。院长听命于大学，并且在有些情况下听命于宗教机构的控制。学生们在学院里不仅可以接受教育，还找到了吃住的地方，寄宿学校的原则由此得以确立。学院的设立大大方便了前来上课的教师和不得不四处去听课的学生，使学生们接受的训练更为正规。院长必须与自己的学生一起听课，解答他们提出的问题，一起读书、做练习，甚至一起娱乐，加之师生之间的年龄差距并不大，这也导致了相互之间的亲密关系。涂尔干称学院是一种自然的产物、环境的产物，"很少能够找到这样一种重大的机构，它的形成是如此完全地起因于纯粹自生的进化力量，起因于和产生生命体的过程相类似的有机生长"（爱弥儿·涂尔干，2003）。

虽然说四大学院是中世纪的产物，其组织形式、结构、功能与目前我们现实中的院系有所不同，但在本质上，其以研究和传递高深文化为主要职能，涉及的基本关系是教师和学生，活动的基本方式是课程教学，组织的基本目的是培养社会未来的成员等，这些明显区别于其他人类活动的根本性质和关系不会变，而且会以不同的形式被强化、深化。这也是我们为什么坚持从院系的起源来探讨院系治理问题的原因，我们认为院系发展的过程就是历史与逻辑的统一过程，在这个过程中出现的不同思想、概念、范畴等，实际上是其在不同发展阶段上社会现实状况在人们认识中的反映，是从一个特定视角对教育发展的抽象。

二、中世纪学院的结构与功能

中世纪大学固守四大学院模式的事实，既无法通过社会对应用知识的需求得到解释，也无法通过对不同类型知识的学术分类或学科分类本身得到解释。某些学科的存在本身就表明了它们对当时某些社会要求的价值，是当时的学者探索高深知识欲望的结果。建筑学、航海学、机械制造和开采矿业都是中世纪社会所必需的学科，这些技术学科更多地直接指向实际的职业技术，如果考虑社会需要的话，这些学科都应该成为大学的学科，而不是较为不实用的艺、法、医、神四种学科。也正是因为这些实用学科的缺席，才使得四大学院可以从中发展起来。学院大多曾被赠予财产（土地、庄园、建筑及各种圣俸），得以摆脱对获得生活必需品的直接关注，专为获得和传授科学的知识而存在。这也保证了学院将来可以尽可能地保持物质上的自足和财政上的独立性。特别重要的是，"学者获得闲暇的机会对于学院学科的发展具有相当重要的作用"（瓦尔特·吕埃格，2007）。

学院的最初形态要从组成学院的教师与学生的民族国家、宗教信仰、阶级地位与学科归属来分析。学院的形成与大学一样，纯属在原生态下自然生长而成。如前所述，中世纪的欧洲无论从经济社会的发展，还是从社会结构的演变，抑或是智识运动的盛行，都为大学的诞生铺平了道路。博洛尼亚大学作为最早的大学确切的诞生时间已无可考证,但是这所学生大学无疑来源于不同民族国家的学生所组成的"同乡会"(最早的同乡会是1191年成立的伦巴底同乡会)(瓦尔特·吕埃格,2007)。可以说其原初形态就是由不同国家的学生所组成的学生行会。他们的目的也相当朴素,因为寄人篱下,所以来自同一民族与国家的学生为了相互保护自然而然地集结在一起。这样的组织结构与目标,其实与当时其他非学术行会组织别无二致。当时意大利行会的管理人员被称作"执政人",于是博洛尼亚大学也就如法炮制,自主选出自己的执政人,亦未主动寻求权力机构的认可。因为,全体大学成员包括执政人都是通过宣誓来厘清相互之间的权利义务,执政人的治理权力来源于由全体成员自愿遵守的大学章程。之所以被称为学生大学,是因为博洛尼亚的法学教授受雇于学生,可以说是学生及其执政人的劳工。执政人任期两年一届。与之形成对比的是法国的巴黎大学,被称为教师大学,其教师与学生都被视为神职人员,且公职人员享有全部的学者特权。前者以法学著称,后者执神学牛耳,其原因稍后阐述。早期的大学都没有专属于自己的固定建筑,教室和学院都是租用民宅或教师的私人房产。

博洛尼亚诸学院的组织结构与大学一样,其内部治理实行的是民主管理制度。学院执政人由大家投票选举产生,每年换届。与巴黎和牛津的学院建制相比,虽然其规模与重要性要小得多,但为帮助贫困学子解决求学问题的慈善性质与它们一样。西班牙学院是其中的典范,"出身贫寒"是其遴选学者的首要条件。学院成员皆毕业于人文博艺学科,所有的学生都修习法律,院内并无教师。学院的规章制度要比同时期的巴黎、牛津的合议制章程更为严苛,要求大家保持"修道院般的静默",并经常诵读《圣经》(海斯汀·拉斯达尔,2011)。由于对民事法和教会法的研究,博洛尼亚赢得了对世俗社会的广泛影响,彰显出非凡的世俗气质和对实践的高度重视。这一切与巴黎大学所形成的兼具哲学理性与神学信仰的思辨精神形成了鲜明的对比。

实际上,学院制度滥觞于巴黎大学。学院的创始不过是为那些生活无法自给自足的贫寒学子提供住宿和膳食。这种朴素的想法与前面提到的同乡会的创设是一样的普遍自然。创设者采取了一定的措施以避免自己的善意被个别游手好闲之徒利用，但是，最初并没有什么内部监督与指导的制度来约束其成员。如果说其创设理念有所渊源的话，那就是它无疑受到了当时托钵修会学院的引导，"修道院生活堪称是与学术要求最匹配的生活方式"（海斯汀·拉斯达尔，2011）。后来声名鹊起的索邦神学院成立之初就是为修习神学的学生提供帮助的，它的包容与大气超脱了狭隘的地域限制，吸引了来自四大同乡会的神学学生。神学系科的教师也是全院的院长。巴黎盛行将不同的系科完全区分开来，对于那些同时包括不同系科学生的学院来说，虽然各系科也拥有自己的教师，但是高阶系科教师掌管着整个学院的事务。由此可见，巴黎大学的建院理念是创建一个教师监管的学生团体。相比之下，牛津诸学院更像是一个内部自治的社团，各学院低年级的成员都被托付给院内的艺学硕士，后者负责时刻与修习人文博艺的学生保持联系、给予指导。在牛津，大学教学制逐渐让位给各学院的导生制。值得一提的是，直到 19 世纪还在牛津盛行的"各学院独立办学模式"被在巴黎大学 15 世纪就已开始的"各学院间的交互办学模式"所替代，成为一种将学院教学与纯粹的专业发展或大学制度相结合的最具实践意义的模式（海斯汀·拉斯达尔，2011）。

牛津诸学院中，最古老的默顿学院最具代表性。沃尔特·德·默顿用多年积蓄资助 11 位文学学士继续攻读文学硕士学位，并将自己萨里郡马尔登的领主府邸和庄园转让给了一群学者，创办了默顿学院（默顿学者屋舍）。屋舍由舍监负责管理，他既不是学生的老师或辅导员，也不和同学们住在一起。根据 1274 年学院创始人颁布的一项新章程，舍监被赋予学院领导者的地位。舍监规定每二十位学者中选出一位品行端庄的学者担任"廿长"，每十人选一位"什长"，而且每个宿舍都要选出一名高年级生负责管理，维持纪律、强化学习。这就是英国广为流传的"导生制"的发轫之初。根据学院章程，学院空缺的管理职位由舍监和 7 位高年级学生共同推选产生，甚至还采用"减免饮食"使选举者因饥饿而尽快达成一致的方法来统一意志。默顿开创了学院财政不受外部监管的先例，这就避免了像巴黎诸学院由于外部监管疏漏而造成学院资产损失的情况。后来，医学博士吉尔伯特·卡莫担任牛津校长时，开启了校长指导学生屋舍规章制度的时代。校方颁布了明确的管理条例，规定各屋舍负责人要采取切实有效的措施，保证学社的学生们潜心钻研学术问题。牛津屋舍最终实现了从学生群体临时租赁的私人旅社转变成社会和官方认可的大学机构（海斯汀·拉斯达尔，2011）。默顿学院的另一亮点不得不说，其"四合院结构"建筑模式堪称后世学院建筑的典范。

第二节　新的大学及院系组织模式

法国大革命前，虽然，大学的结构和组织方式大同小异，传统的四个学院或者五个学院（即国家法和教会法各自组成一个单独的学院）大学传播着同质化的知识，但是，欧洲各大学的统一性16世纪初期以后却受到冲击，17世纪以来大学的民族化降低了国家的重要地位，有些大学努力在已有学院结构和课程中增加科学变革中的"新知识"本身就意味着结构和组织的变化（瓦尔特·吕埃格，2007）。这种变化是如此之缓慢，在欧洲的诸多地区，直到19世纪初，中世纪的大学结构还在延续。同时，新的大学模式也开始萌芽，对传统大学进行了根本性变革。

一、专门学院的出现

这种新旧交替是伴随着民族国家的世俗化和官僚化而展开的，大学管理逐步变成了国家教育政策的一部分。新大学中，以专门学院为代表的法国模式执行严格的官僚行政管制，将科学价值封闭在中央集权的框架内，通过对教师的聘任、招生、课程设置、学位授予，以及学术活动和职业的意识形态导向，直接干预大学事务，实现大学职业的专业化。

与法国不同，德国模式所彰显出来的科学精神，力图将传统大学的法人自治、教师的教学科研自由和学生的学习自由相结合，实现科学学科的专业化和大学学者社会地位的改变。这些改变在习明纳（Seminar）、实验室和科研机构的研究中可以感觉到，也能在教授们通过专业期刊、国内国际学术会议和科学学会交流观点和成果的过程中体会到。科学学会的成立是知识发展过程中逐步分化的重要标志。随之而来的是，知识生产和传播就被大学和科学学会垄断了。

如此，便催生出一种教育机制，认为对人口的社会特质进行管治，就是通过对那些塑造着人格的社会环境、规训和关系进行精心计算的管理。以福柯（Foucault）"管治工程"的理念来看这一机制，就是大学的"管治工程化"以一种机缘巧合的方式，将政治计算的工具和精神代入各个学术机构和学科规训中去。亨特（Ian Hunter）的《充当一种志业的人格》从历史、精神、政治三个方面驳斥了人文学科声称自己体现了促成人性的发展的自由教育，他指出，人格的培育没有单一（完整）的形式，自由民教育被功能性地整合到社会空间去，以及其功能能被计算的程度，本身是历史上机缘巧合的事情，其本身便是具有功利实效的职业教育。只是历史上其中一种培育人格的方式，这种人性化的培育工作十分巧合地将责任交付给作为一些学术科目的人文学科，但这丝毫不表示人文学科高于（或低于）其他学术科目，具有更为崇高的地位。这种争论出现的背景是大学教育活动越来越以技术、可计算的知识、可计划的经济成果来评价。那些与"知识为本"和"价值增多"的工业生产有关的学科，如工程、电脑及资讯科学、商业研究及经济学、亚洲研究等成为优先选择。这种表面上十分功利主义的做法是否"科学"呢？韦伯认为，现代知识不是建基于人格和体验而是由各种方法、技巧和其他实践方式所组成的。这些东西的配置将生活的更大领域纳入可计算的范围，将他们置放到（度量）进步的纯技术性目标之下。学者们把个别学科作为从事该学科的志向，成为一份可以吸引他们道德献身精神的职业，就要接受由该学科所设定的道德和各种技巧所模塑出来的人格。这种人格是由地位、才能、权力、性格等构成的特别组合，是历史上机缘巧合和复杂多变的各种文化制度决定的,其特征存在于超个体的实体或者制度中(华勒斯坦等,1999)。这也说明了为什么大学教师在大学与学科中更加忠诚于学科,大学教师共同体的分类也主要是基于学科的不同或者是研究问题的不同。

在1800年前后风靡一时的法国模式,随着19世纪知识的发展逐渐失去了吸引力。新兴民族国家的新大学大多采用德国模式。但是,科学学科的分化、教师和职员的剧增、新的行政管理职责的出现,以及大学发展所必需的建筑,都需要国家和市政当局的投资。大学在与政府的关系中努力保持其法人和自治的特性,大学管理的自治受到了来自校外,特别是政府的一系列制约和束缚。除了在教学和科研上的依附性外,大学对国家的依附还体现在政治和意识形态上,宗教和意识形态上"正统"的代价是牺牲思想自由(瓦尔特·吕埃格,2013)。法国的专业学院为学生的现代职业发展做准备,毕业生以专业知识和技术见长,这与大学的教育理念是相违背的。教学人员层级化和将现代技术整合进大学所带来的问题,德国模式也开始遭遇危机。大学学习开始了向现代职业转向。

二、大学的职业化转向

职业化是从业者的期望、国家政策和顾客愿望结合在一起,与新大学的体制相互作用的结果,它并非科学化过程的自然结果(瓦尔特·吕埃格,2013)。在大学将传统学问改造为现代科学的过程中,知识发现的增殖促使哲学知识逐渐分解,知识沿着学科分界、围绕实际问题和特殊方法被广泛地组织起来,在大学的教授教席制度、专业期刊、国际会议和科学学会组织中得到很好的体现。传统的系科被打破,全新的交叉领域在应用研究中蓬勃发展,成为学术生活的新生力量。同时,研究型大学获得了新生,成为现代社会的核心动力。首先,大学教学成为一种全职工作,而不仅是教师获得高等神职的跳板。教师的工作也从过去的照本宣科转向基础性研究和出版。其次,认证考试成为培训与实践间的重要纽带，通过提高入职门槛，调控着培训与就业之间的关系，资格证也成为获得专业地位的一个重要环节。最后，课程的重点从自由教育转向科学教育，对实践培训的要求也变得更加细致，"虽然在需要教授的科学专业知识的数量方面，大学和职业还能达成某种程度的一致，但它们在科学教育性质及其讲授场所方面则存在利益冲突"（瓦尔特·吕埃格，2013）。

19世纪初，牛津和剑桥依然是一流的大学，固守着人文教育的古老传统，逐渐从18世纪的停滞中苏醒过来，与欧洲大陆的大部分大学提供人文教育和职业教育不同，职业教育还在校外进行。19世纪中期后，英国大学才逐渐将培训重新纳入高等教育中。随着大学学院、国王学院、伦敦学院的建立，新大学的引入使英国大学系统更加多样化，虽不要求学生寄宿，但也授予"校外学位"（瓦尔特·吕埃格，2013）。课程也从古典学科扩展到自然科学、历史、法学和外语。城市大学通过整合各类专业机构实现了迅速扩张。1919年成立的大学拨款委员会（University Grants Committee）负责分配政府拨款，成为大学的主要财政来源。在这个过程中，英国模式的基本特征，学科等级森严、高度重视人文教育、实行导师制和保留学院制并没有改变。如前所述，自然科学的分化导致了哲学院中百科全书式课程的消亡。新的研究领域的发展带来综合技术学院、农学院等专业学院的发展，自然科学从普通教育中的辅助性学科发展成一个个独立学科，学院的等级也从过去的预备学院发展成文学院。在这方面各国的表现并不一样，如果说法国模式主要是专业取向、德国模式以科学研究为主的话，英国模式的特点就是将数学和其他自然科学视为全面教育的基本要素。许多系统性、原创性的研究基地，像剑桥大学的卡文迪什实验室、柏林大学的物理研究所，带给我们众多科学发现的成果。

北美最初的殖民地学院保留了古典大学学院的课程和寄宿制，职业教育被排除在大学和学院之外。英国模式在这里得以延续，在19世纪的大部分时间，美国的州立大学都恪守牛津和剑桥的传统课程，严格学生的德行要求。私立学院一旦获得特许状就成为自治团体，由董事会起草学院内部运营和结构的章程和议事程序。学院治理是通过董事会来实现的。其结构为一个强大的由外行组成的董事会，一个行使权力的校长和一群无法有效表达意见的教职工群体（瓦尔特·吕埃格，2013）。院长由校长推荐并对校长负责，不同的学科组成不同的系，系主任由院长指派。寄宿制在有些学院保留下来，如哈佛引入的"住宿制"（house system）和耶鲁的"寄宿学院"（residential colleges）（瓦尔特·吕埃格，2013）。因为学院的目标是提供基础教育，通过磨练心智和强化品行，就没有提供职业准备课程。19世纪50年代前后，受德国模式的影响，美国各大学都建立起研究生院，同时也促成了美国农工学院理念的传播。1862年《莫里尔法案》颁布后，赠地学院的出现把大学服务社会的理念树立起来，成为众多亚非国家模仿的新模式。美国大学整合英国和德国模式，又创造性地提出选课制。大学的管理者充分认识到教学与科研相统一的重要性，以文理学院为基础、专业学院为辅助，较好实现了传统与现代的对话，为科学研究提供了必要的设备和场所，为人文社科提供了所需的图书馆。因为美国大学是按学系以及教授任命的灵活性发展起来的，在引入习明纳时，拒绝了德国的讲席教授制度。不同于德国的由讲席教授控制的研究所，美国的研究所都是跨学科和跨系的研究所，多样化的研究得以在这里开展。

新大学的组织形态从以上叙述可窥一斑，随着民族国家的世俗化和官僚化，新的大学组织也趋向世俗化、官僚化和专业化。美国的大学老师与德国相比，更多的是来自中下阶层，法国和意大利的大学教授更像是政府的官僚，19世纪90年代的大不列颠和第一次世界大战后的德国，大学与企业开始密切联系，促进了教育结构的多样化。科学时代代替了哲学时代，不仅仅"知识就是力量"，而且由一套来自经验原则和行为规范所组成的职业知识被认为比专门知识更重要，成为实践的基础。如何把经过历史沉淀所形成的古典知识、学科分化后的自然科学知识和现代社会需要的职业知识组织在大学的课程中，如何把分属不同学科、隶属不同教学、科研组织的大学教师凝聚成一个学术共同体，实现教学和科研相统一的初衷，如何借助新的技术力量，突破时空和地域的界限，创造一种灵活高效的院系组织，随时应对国家的需要和社会的关切，成为所有国家大学组织的目标追求。

第三节 中国大学学院制度

如前所述，随着"北洋公学""南洋公学""京师大学堂"的建立，中国效仿西方模式开启了中国现代大学建设的新征程。西方大学的学院制模式也随之在中国落户。1912年正式发布的管理院校的《大学令》规定，大学由文学院和理学院实施高等教育，可另设商科、法科、医科、农科、工科等现代职业学科。任何高等教育机构要取得大学资格，必须有文学院、理学院，或文学院和法学院和/或商学院，或理学院和/或医学院、农学院或工学院等至少三个学院。这就明确地规定了教授使用知识的专业学院与大学之间的区别（许美德，1999）。以创建于1919年的最主要的私立高等教育机构——天津的南开大学为例，张伯苓在考察了美国的高等教育制度之后将南开大学改组为三个学院：文学院由政治、历史和经济三系组成；理学院设数学、物理、化学和生物四系；而商学院包括财务管理、银行、统计和商业四系（费正清，1994）。

对大学内部管理行政机构的设置，新法令也做了明确的规定。大学设"评议会"，成员由各系主任及教授代表组成，负责本校的课程设置、教学及内部管理、学生毕业分配及教师的职称晋升等事宜。虽然新法令没有明确提出大学自治和学术自由的问题，但当时的北大校长蔡元培从其人本主义观点出发引申出教育独立的主张，"大学的事务，都由大学教授所组织的教育委员会主持。大学校长，也由委员会举出"（陈学恂，2009）。仿照德国大学模式，为促进教学和科研的发展，他创建了附属大学的研究所。

到1922年，仅北京就有40所现代高等教育机构。它们吸收了英国、法国和美国模式，并进行了自由组合，包括效法美国文理学院的基督教传教士学院。上海的圣·约翰大学由文理学院、神学院、医学院、市政工程学院和一个研究生院组成。另外，像北京协和医学院、辅仁大学等传教士学院把医学和现代科学引入中国。1929年7月26日，中华民国政府教育部颁布《大学组织法》和《大学规程》规定："大学分文、理、法、教育、农、工、商、医各学院"。并且明确规定："凡具备三学院以上者，始得称为大学"。另外，还指出了"大学各学院或独立学院各科，得分若干学系。"这标志着我国大学学院制的确立，学院正式成为大学的学科组织机构，下设学系，简称学院制。这形成了我国大学"校—院科—系"三级组织结构。

实行学院制的大学，内部治理涉及的组织结构形式和权力运行机制会逐渐发生了变化。大学学科建制从"科—门""科—系"建制演变为"院—系"建制，进一步反映了西方大学模式的影响。之前的大学管理主要依赖"科"，而在这之后，大学的管理主要依赖学院。中华民国政府颁布《大学组织法》还规定："大学各学院各院长一人，综理院务，由校长聘任之"；"大学各学系各设主任一人，办理各该系教务，由院长商请校长聘任之"。院务会议由各学院院长、系主任、事务主任组成，计划并审议学院学术及其他一切事宜。各系设系教务会议，主席由系主任担任，成员为全系教员，与院务会议一样计划并审议系内学术及设备事宜。实际上，学院在大学的组织管理中发挥着承上启下的作用，院级组织在当时并没有多少实权，介于校长和系主任之间，起着转承与协商的作用。真正意义上成为大学基层学术组织反而是学系，直接处理教学、科研等具体事务。这就把过去由学校统一管理教务所形成的教学管理权力下放到各学院中，使学院成为管理实体单位，自主地负责学院的教务工作，形成"院—系"二级管理模式。中国近现代大学的学科建制经历了京师大学堂时期的科一级管理，到北京大学时期的"校—系"二级管理，再到东南大学时期"校—科—系"三级教学管理模式，最终演变为学院制的"院—系"二级管理模式。

以中央大学为例，从1928年11月15日《中央大学本部组织大纲》的规定可看出，中央大学学科建制就是这种"院—系"建制：

"理学院设算学系、物理学系、化学系、地学系、生物学系、心理学系；

文学院设中国文学系、外国语文系、哲学系、史地学系、社会学系；

法学院设政治学系、法律学系、经济学系；

教育学院设教育学系、师资科、艺术专修科、体育专修科；

医学院设基本系（内分解剖科、生理化学科、生理科、药理科、病理科、细菌及寄生虫学科、卫生科）、临床系（内分内科、外科、小儿科、妇科及产科）；

农学院设植物农艺科、动物农艺科、农产制造科；

工学院设机械工程科、电机工程科、土木工程科、化学工程科、建筑工程科、矿冶科、染织科；

商学院设银行科、会计科、工商管理科、国际贸易科。（南京大学校庆校史资料编辑组，1982）"

这里需要说明的是，在系这一层级上区分了基础学科和应用学科的不同，农、工、商、医学院属于应用学科范畴，所以只设科不设系；文、理学院属于基础学科范畴，设系不设科；法学院和教育学院在学科属性上既涉及学术性又涉及应用型，所以既设科又设系。1932年后院下设科全部改为系，真正实现了"院—系"建制（斯日古楞，2017）。有学者把民国时期大学院系治理模式概括为蔡元培时期北大的基于民主合议的"教授共治"模式、梅贻琦时代清华的基于学科本位的"权威控制"模式和罗家伦时期中央大学的基于集权原则的"科层介入"模式三种典型模式（李良立、陈廷柱，2021）。北京大学借助"评议会""教授会"两个民主管理制度保证专业权威和民主精神。清华大学强调学系自主运作实现"院虚系实"的学系治理。中央大学集上层集权控制与基层学术共治实现"权力与知识"共谋。学院制诞生的过程本身说明了院系基层组织在获得了组织性的表达途径后，学术自由与大学自治的理念便获得了力量。民国时期的大学学院制也呈现出基础学科设置普遍而全面，但应用学科设置不均衡的总体特征（斯日古楞，2017）。

第四节 院系调整后的组织形态

近代以来，中国高等教育政策借鉴国外经验，大体经历了英国学者大卫·菲利普斯提出的"跨国吸引、决策、实施、内化/本土化"四步，但在整个过程中实际情况更为复杂。前面已经提及，在清末和民国时期，中国效仿西方模式开启了中国近现代大学建设的新征程。在模仿欧美和日本高等教育政策的基础上，中国现代高等教育政策蹒跚起步，具有比较明显的西化色彩。但是，这些政策还没有充分地内化/本土化就被新中国的高等教育政策所取代（李均，2015）。

第二次世界大战后，美国采取"杜鲁门主义"导致"冷战"开始，形成了以美苏为代表的资本主义与社会主义两大阵营和两种意识形态的对抗。以美国为代表的资本主义阵营不断强化对新中国的遏制与封锁，以苏联为代表的社会主义阵营积极争取新中国联合对抗美英集团。这一时期的中苏关系主要以合作为主。苏联自然而然地成为中国学习借鉴的榜样，"跨国吸引"成为历史的必然选择。1950年6月爆发的朝鲜战争加剧了国内紧张局势，为了巩固政权、清除美国影响，国家加快了对各阶层、各行业的改造进程。"以俄为师"是由于当时特殊的历史背景和迅速建设新中国现代工业的现实需要。苏联经验因其意识形态上与我们的一致性、快速推动苏联工业化进程的有效性，对中国具有巨大吸引力，所以我们对学习借鉴苏联高等教育体系也产生了强烈渴望。第一次全国教育工作会议于1949年底召开，明确提出了"以老解放区新教育经验为基础，吸收旧教育有用经验，借助苏联经验，建设新民主主义教育"的教育改革方针。在这样的历史背景下，我们迅速地做出学习借鉴苏联高等教育经验的重大决策，因为需求强烈时间紧迫，在准备并不充分的情况下便在全国实施大规模的院系调整，继而引发了有史以来规模最大、影响巨大的高等教育变革。"20世纪50年代的院系调整速度之快、程度之深、力度之大、范围之广、影响之巨，在中国百年高等教育史上几乎无出其右"（包丹丹，2013）。

1949年，全国共有高等学校205所，其中由中国人自主创办的私立大学61所，教会学校21所（其中接受美国津贴的17所），教会学校占总数的9.7%。私立学校在校生人数比例高达38%。私立学校存在办学经费来源各异、投入不足、办学质量参差不齐的问题，同时，部分受国外教会资助的高校，出于不同的原因和目的，在不同程度上受到教会组织的操控，沦为美西方势力的文化渗透工具，宣传西方文化和殖民思想。加之当时的大学集中了大多数高级知识分子，他们中很多人受过西方教育，倾向于英美自由主义思想，其中不乏"亲美、崇美、恐美"思想。所以巩固新生政权、清除美西方影响、开展经济建设，必须使作为知识分子的大学教师思想认识与国家一致。引导高级知识分子认同马克思主义，消除西方资产阶级思想在大学中的影响，这就必须对高等教育进行调整和改革。

全国性的院系调整发轫于1952年上半年。5月，教育部对全国高校院系调整工作提出的调整方针是"以培养工业建设人才和师资为重点，发展专门学院，整顿和加强综合大学"（何东昌，1998），调整的原则是：高等学校的内容和形式按大学、专门学院与专科院校三类分别调整充实。院系调整以京津地区率先进行，华北、东北、华东三个地区进行得比较彻底，涉及全国3/4的高校，在全国相继新设钢铁、地质、航空、矿业、水利等专门学院和专业，并把私立大学全部改为公立。经过两轮调整，于1953年底基本结束（见表3-1），带有战略性转移的院系调整则在1957年底结束。全面的院系调整将高等教育纳入为经济建设培养专门人才的快车道，加速培养工程技术和科技专业人才，提高教育效率和改变过去不均衡的教育布局状态。20世纪后半叶中国高等教育系统的基本格局初步形成。

表 3-1　　　　　　　　1949~1954 年各类高等院校数量

年份	1949	1950	1951	1952	1953	1954
综合大学	49	50	47	22	14	14
工业院校	28	27	36	43	38	40
农林院校	18	17	15	28	29	29
医药院校	22	26	27	31	29	28
师范院校	12	12	30	33	33	39
政法院校	7	3	1	3	4	4
财经院校	11	12	19	12	6	5
语文院校	11	6	8	8	8	8
艺术院校	18	18	18	15	15	14
体育院校	2	2	1	2	4	6
其他院校	27	20	4	4	1	1
合计	205	193	206	201	181	188

注：其他院校指多科合设的院校、民族学院。

由于新中国成立初期，以英美为首的西方列强对我国实行全面封锁，不仅在经济上进行限制和封锁，在科技、文化、教育上也极力遏制新中国的发展。中国不得已"以俄为师"，学习苏联模式进行高等教育调整和改革，改变了新中国成立初高等教育混乱的状况，为经济建设培养了大批专业人才，发挥了重要作用。但是，学习苏联经验几年后，中苏关系恶化，学习苏联模式所带来的各方面的问题开始暴露，我们开始反思苏联模式，结合自身实际探索中国自己的高等教育道路，因而进入大卫·菲利普斯的内化/本土化阶段。

院系调整后，高等教育培养模式由受欧美影响的"通才教育"转变为苏联的"专才教育"，高校的办学主体从"多元主体"转变为以政府为主体的"单一主体"，加强了党对教育事业的领导，明确了教育部对高校实行统一领导（郑璐，2011）。过去"校—院—系"三级管理的学院制改为"校—系—教研室/专业"三级管理体制，取消了院级管理单位，系成为大学管理的基本单位。系下设教研室/专业，教研室/专业既是基层教学单位，又要担负政治任务，党支部设到教研室/专业一级。

系下设教研室/专业为此次改革的显著特征。根据国家在一段时期内的经济社会发展需求，由国家提前制订好四年或五年的专业教学计划，各专业据此设置培养目标。专业课程的数量、学时、开设顺序及其在此过程中的所有教学环节都由国家来逐一详尽规定。在任何高校专业类别与课程规划都是一一对应的，任何人选择了专业便选择了专业对应的所有课程。所有学生都是按专业统一的教学计划执行的。没有选修课，只有必修课，基础课在前，专业课在后，课程体系设计因文科、理科、工科等各门类下的专业口径划分不同而宽窄不一（王为洋、朴雪涛，2022）。

专业成为中国大学的主要教学单位，而不再是过去的学院或系。日常教学管理等都由以专业划分的教研室负责组织实施，学生的教学计划、课程安排也以专业为基本单位来开展，同专业的学生的课程、生活在同样的教室和宿舍，所有教学计划、实习安排从一入学就已经定好，所有课程都是必修课，由国家直接为专业分配名额，同一专业的学生接受的都是同样的教育，高等教育的课程便成了统一教师和学生生活的一种框架。通过这种安排，国家可以直接对各高校的专业进行监控（包丹丹，2013）。我们以同济大学的城市规划专业的设置为例，来说明院系调整后专业化人才培养的过程。1952年同济大学"都市计划与经营"专业教研室设立，后改为城市建设教研室，1956年改为城市规划教研室，使规划课程教学和理论研究工作更为系统（李文墨，2020）。通过减少市政类和工程类课程，加强"建筑设计""城市计划"及"造园"景观设计等方面的培养，对苏联"城市建设与经营"专业模式的教学大纲进行调整，以体现同济大学近代都市计划教育的延续性，并将施工实习改为城市现状调查和规划实践。另外，在早期沿用苏联专家编写的教材基础上，以苏联著作为蓝本，自20世纪50年代自编教材陆续出版。新中国成立以来第一次统编教材《城乡规划》1961年出版，开始系统构建本土化中国城市规划理论。

但是这种专业设置片面追求专和细，其后果就是培养出的人才知识面过窄，难以胜任综合性岗位需求。同时，由于对综合性大学的拆分，把文理、理工进行分割，严重阻碍了在综合大学内新兴学科和交叉学科的发展,以及错误地认为社会学、法学、政治学、经济学等人文学科属于"资产阶级",使得人文社会学科受到极大弱化,高校中的人文教育和人文精神出现严重衰落。教学计划、教学大纲的统一化束缚住了高校知识分子们的创新思维,不利于交流学术思想与繁荣学术研究(郑璐,2011)。

第五节　20世纪80年代后的学院制改革

1985年,《中共中央关于教育体制改革的决定》(以下简称《决定》)颁布,开启了教育改革的伟大征程。《决定》提出要扩大高等学校在招生招录、专业调整、科研合作、干部任免、经费使用、国际交流等方面的办学自主权。大学在新的时代背景下,开始重新施行学院制,拉开了大学学院制改革的序幕。20世纪80年代至90年代初期,改革主要集中在部分原部(委)所属大学,选取个别学科领域进行试点推行。当时推行学院制的部(委)属大学有大连理工大学、中国人民大学、华中理工大学、青岛海洋大学、北京师范大学、西安交通大学、清华大学、浙江大学、东南大学、吉林大学、山东大学、厦门大学。改革高校内部管理体制,试行校长负责制、教师聘任制和岗位责任制,启动后勤社会化改革。恢复了"大学—学院—学系"的组织形式。

1993年,《中国教育改革和发展纲要》(以下简称《纲要》)颁布,提出实现教育现代化的战略目标。《纲要》分析当前教育形势、做出未来总体谋划,明确高等教育体制改革仍然是高等教育政策的重点。高等教育体制改革面临的最主要的宏观背景就是社会主义市场经济体制的建立,这一宏观背景促使教育改革在广度和深度上都是前所未有的,逐步建立起以"共建、调整、合作、合并"为主题的宏观管理体制改革政策,高等教育体制改革以院校合并为重点,掀起了第二次"院系调整"的浪潮。开始推行招生"并轨"、缴费上学、自主择业等在高等学校招生、就业制度方面的改革,推动人事分配制度在高校内部管理体制方面的改革和教学改革。同年，国家教委发布《关于进一步深化普通高等学校教学改革的意见》，明确"在高等教育的改革和发展过程中，体制改革是关键，教学改革是核心"（李均，2015）。

20世纪90年代中期后，高校大规模合并集中出现，带来高校新一轮院系调整的出现，各高校纷纷取消与各专业相对应的教研室，设系负责各专业的教学、科研和管理工作，改行学院制。进入21世纪，大部分新建地方本科高校开始尝试进行学院制改革。由于地方高校办学规模迅速扩大，本科专业急剧增多，服务地方的任务异常艰巨，积聚在校级层面的具体行政管理任务需要通过"分权"的方式下放到下一级单位，学院制如何实施成为新建本科院校改革的一项重要课题。学院制改革的目的主要是理顺教学科研组织管理体制，以更好应对经济社会发展对大学提出的全方位需求。根据学校的办学特点和实际情况，确定校、院、系的管理职能，缩减管理跨度、降低管理重心、规范管理行为、激发组织活力。首要的问题是设置哪些学院和如何在校、院、系之间进行权力分配，也就是管理分权的问题。

以新建地方本科高校为例，学院设置多是以过去的系级建制为基础，升格成为学院，缺乏与管理变革所适应的具体措施，其实质是学系规模的扩大，校系两级的管理关系没有发生实质性变化。一方面，过去由学校进行管理的事务性工作下放到学院，但财权、物权、人事权、决策权依然集中在学校，学院的办学积极性得不到有效激发，权责不清的现象比较严重。另一方面，校级职能部门管理服务教学科研的管理的服务意识还没确立。学校所有事务的决策权还控制在强大的校级行政体系中，呈现出"学校—职能部门—学院"的管理架构（褚照锋、蔡亮，2022）。因此普遍存在学院设置不规范、忽视学科布局与办学特色相协调等问题。有学者做过统计，中国大学的学院设置整体偏多，与美国大学基本上是设置8~10个学院相比，"985工程"大学是20个左右，而"211工程"大学是16个左右，地方院校是17个左右，学院数量整体偏多（宣勇，2016）。在院系治理层面存在权力过分集中在校级层面，院系层面的权力运行顶层设计欠缺，自上而下的制度产生方式使其学院发展内生动力和自主性不足。党政联席会议制度运行存在内在冲突，行政权力占主导地位，学术委员会参与决策的机制不明确，学术权力受到挤压。

以山东省某地方新建本科高校为例，设置本科学院 18 个，都是在过去各专业系、教研室的基础上，通过合并、整合及新增专业扩大规模的方式建立起来的。学院名称基本上是以一级学科（如法学院）或二级学科（如美术学院、音乐学院）命名，学院设置的学科层次较低，不利于不同学科门类的交叉融合和跨学科研究。另外，各学院内部设置专业学系科学性不够，各学科之间缺乏必要的内在联系，难以彰显学科的内在特征，形成强势学科和特色学科品牌。学院设置必然进行管理机构和人员的调整，但是，由原来的二级管理转变为三级管理，机构设置和人员重组并未有实质性突破，多出一个院级机构反而带来人员膨胀、效率低下，并未实现资源的有效整合。三级管理体制的权责边界没有进行清晰的界定，反而套用企业管理的岗位绩效管理模式，各学院、各系之间利益调整阻力加大，既难以实现"院为实体"也难以实现优势互补、交叉融合（袁祖望，2005）。

第六节 面向未来的院系组织新形态

1983 年 9 月 8 日，邓小平同志为北京景山学校题词："教育要面向现代化，面向世界，面向未来"。"三个面向"的要求明确了我国在新的历史时期迎接和适应新技术革命的总对策，是当代中国各级各类教育改革与发展的总的战略指导方针。党的二十大报告也指出，教育、科技、人才是全面建设社会主义现代化国家的基础性、战略性支撑，要深入实施科教兴国战略，坚持教育优先发展，加快建设教育强国。从邓小平"三个面向"重要思想，到党的二十大"两个大计"重大论断的提出，既一脉相承又与时俱进，共同构成中国特色社会主义教育理论，是我们构建新时代中国现代化大学治理体系的理论基础和基本遵循，也是我们进一步探讨在应用型本科高校构建面向未来的新型院系组织的理论依据。

院系设置及治理受学科内外制度的引导和规范,是学科制度化的产物。图3-1A区域代表学科共同体信守的规范体系与价值理念,由学科共同体共同建构,遵循学术逻辑,属于学科的内在制度;B区域代表学科准入制度、考评制度、资助制度等支持学科发展的政策供给系统,由政府及社会组织构成,遵循行政逻辑,属于学科的外在制度;C区域代表学科发展需要面向包括知识生产、创新人才、社会服务、国家战略等复杂问题的外部功能区,由多元主体共同构建,遵循需求逻辑。A区域相对封闭,B区域时常波动,C区域多元诉求,区域之间双向互动。C区域多元诉求迫使A区域不能固守单一学科领域,不断追求知识边界,形成多样化学科体系、多学科交叉融合及与之相对应的院系组织。潜在的知识边界意味着院系间学科壁垒的存在。由于C区域的多元诉求透过B区域的政策供给系统过滤并投射到A区域,因而掌握资源配置的B区域对院系设置与治理至关重要。B区域的政策供给出现偏差,不但A区域与C区域互动受阻,而且还会引起A区域内部不适。因此,未来我国院系改革应建立在从知识生产变迁视角重新认知学科内涵的基础上,优化学科外在制度体系,推动高校与院系层面构建学科内在制度(褚照锋,2020)。

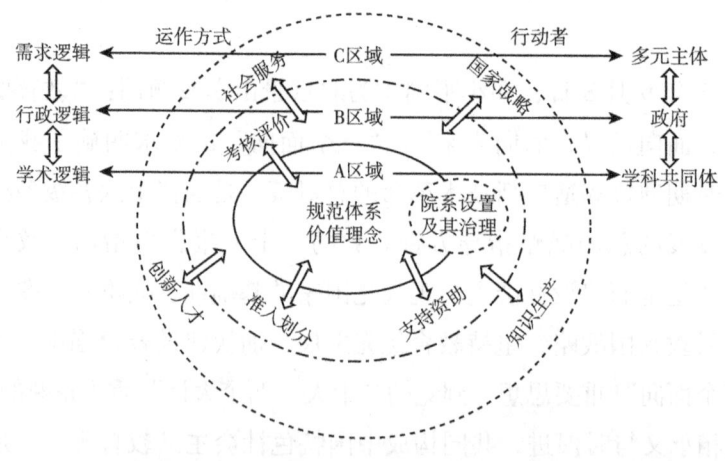

图3-1 学科制度与院系设置及治理的结构关系

在知识生产变迁中，知识边界由清晰转向模糊，知识融合成为知识创新生产的趋势。其结果是知识生产模式转型自内向外带动大学组织变革，大学组织形态变革是知识生产模式转型的外在表现。传统的知识生产方式是以学科为中心的知识生产模式Ⅰ，逐渐被具有知识生产的应用性、跨学科、异质性以及质量控制多元性等特征的知识生产模式Ⅱ所代替。继而又有学者提出知识生产模式Ⅲ，以适应从要素驱动、效率驱动转向创新驱动的经济发展，知识创新网络、创新集群等核心概念应运而生（公钦正等，2022）。知识生产的动力机制从单/双螺旋（个人—学者）到三螺旋（大学—产业—政府）、四螺旋（学术界—产业—政府—公民社会）不断升级（褚照锋，2020）。促使院系学科增容进而构建跨学科、多样化的学科组织，以学科知识与院校组织交叉形成的矩阵结构为内在逻辑，开展学科布局调整以及由此引发的组织变革。

院系设置与院系治理旨在促进学科发展。在新的历史背景下，学科发展不再局限在单一学科的发展和单纯学科门类的齐全，而是拓展为注重学科生态结构的融合与发展。规范调整院系结构要充分考虑高校整体发展格局，以学科战略和服务国家经济社会发展为引领，明确高校的办学定位与办学理念，大力推动交叉学科发展，打造小规模灵活性高端科研平台，整合部分学科资源优化院系结构，加强内涵建设，科学减少院系数量。

院系设置与院系治理旨应突破传统形态，立足应用型本科高校院系的传统形态，在发挥作为实体型组织（院系）标准化、规模化、效率化和专业化基础上，克服其封闭式、有边界、纵向化、层级化的弊端，构建应用型高校新型组织形态。构建虚拟型组织（研究中心、项目组），实行市场化资源配置，呈现开放性、无边界、横向化、扁平化特点，打破传统组织界限，实现跨越时空边界共事，通过网络互动技术手段将个人与个人、群体与群体、个人与群体等彼此联结成组织形态。组织目标一致，组织结构松散，组织运转灵活，组织资源共享。虚拟组织可高效整合各成员的核心能力和理想资源，避免重复投资，形成竞争实力，对市场需求快速响应，以实现既定目标和项目任务。未来的智慧型组织（跨学科组织、交叉学科组织），实施动态匹配整合创新，能够自感知、自协调、自调整、自优化、自循环、自治理；共生融合型组织（学科—专业—产业链、协同创新共同体），实现多方参与共创共享，真正做到平台式运行、跨界式融合和共生式发展。

第四章　大学治理的制度环境

20世纪70年代,西方学界掀起了复兴制度主义的理论思潮,众多学术流派应运而生,其中的重要流派之一就是新制度主义社会学。迈耶(Meyer)和罗恩(Rowan)作为新制度主义的奠基者将制度研究与组织研究合流,认为制度因素是社会分析最恰当的出发点,有些组织的生存取决于体现高度制度化环境的仪式(沃尔特·W. 鲍威尔等,2008)。斯科特(W. Richard Scott, 2001)认为制度定义"包括为社会生活提供稳定性与意义的规制性、规范性和文化—认知要素,以及相关的活动与资源。"所有的组织都面对技术环境和制度环境两种不同的环境。技术环境从技术角度看待组织运行,其原则为效率最大化,要求组织结构及运行程序满足效率最高;制度环境涉及组织共享的观念及规范,支撑稳定、秩序化的组织生活,建立普遍接受的符号体系及其共同意义(W. 斯科特,2002)。本章主要讨论我国大学院系治理的制度环境,技术环境问题将在第五章探讨。

第一节　党委领导下的校长负责制

1949年新中国成立后,国家陆续出台了一系列国家政策,引发大学治理结构和领导体制的变革,废除了国民党时期的教育制度,确立了中国共产党对高等学校的领导,把高校治理和高校领导体制置于党的领导下,置于国家高等教育政策的指导和引领下。1950~1989年,中国大学尝试了多种领导体制,如校长负责制、党委领导下的校务委员会负责制、党委领导下的以校长为首的校务委员会负责制、军宣队党委

"一元化"领导、党委领导下的校长分工负责制、试行校长负责制等。从王孙禺给出的高校领导体制变化表（见表4-1）可以清楚地看出这一情况。

表4-1　　　　　　　　1950~1989年高校领导体制变化

时间	领导体制
1950~1956年	校长负责制
1956~1961年	党委领导下的校务委员会负责制
1961~1966年	党委领导下的以校长为首的校务委员会负责制
1967~1976年	军宣队党委"一元化"领导
1978~1985年	党委领导下的校长分工负责制
1985~1989年	试行校长负责制
1989年至今	党委领导下的校长分工负责制

资料来源：王孙禺. 高等教育组织与管理［M］. 北京：高等教育出版社，2008：104。

新中国成立伊始，中共中央按照《共同纲领》确立的"新民主主义的，即民族的、科学的、大众的文化教育"之方针，对旧中国的高等教育实行"维持原有学校，逐步加以必要的与可能的改良"，重新构建高等教育政策体系。高校实行校务委员会制（1949年10月至1950年4月），由思想进步的教职工代表组成校务委员会，集体负责，民主管理，行使管理学校的权力。

在学习苏联模式的基础上，1950年4月，教育部指示："凡已由中央人民政府任命的高等学校一律实行校长负责制。"后经政务院批准实施《高等学校暂行规程》，要求大学及专门学院采取校（院）长负责制。全国高校实行了"校（院）长负责制"（1950年4月至1956年9月）。但这种"一长制"的高校领导制度忽视了党的领导地位，容易形成"一言堂"式的校长个人集权和专断，缺乏对行政领导必要的监督。

1956年党的八大召开，同年，毛泽东《论十大关系》发表，开始重新反思学习借鉴苏联模式的经验教训问题，由此揭开了摆脱"全盘苏化"的束缚、开展大胆的自主探索尝试中国自己高等教育发展道路的序幕，努力找出一条适合自己的社会主义道路。1958年9月，中共中央、国务院发布《关于教育工作的指示》，指出："在一切高等学校中，应当实行学校党委领导下的校务委员会负责制；一长制容易脱离党委领导，所以是不妥当的。"为加强党的领导而提出了党委领导下的校务委员会负责制（1956 年 9 月至 1961 年 9 月）。党委在高校的领导地位和核心作用在一定程度上得到了保证，但校长的职责与权力却受到了忽视，造成学校行政事务由高校党委包揽，校长难以发挥作用，行政管理指挥不畅，校务委员会形同虚设等问题，进而导致违反教育规律办教育，在一定程度阻碍了高校的发展和教育质量的提高。

1961 年，总结新中国成立十二年来高等教育工作正反两个方面的经验，同年 9 月，中共中央批转试行《教育部直属高等学校暂行工作条例（草案）》（以下简称《高教六十条》），对高校教学工作（如教学与科研的关系、本科教育与研究生教育、学术问题的自由讨论等）、总务工作、政策执行、办学体制（领导体制中的党政关系）和意识形态等方面作出具体要求，明确高等学校中党的领导必须继续加强，不应该放松和削弱。《高教六十条》规定："高等学校的领导制度，是党委领导下的以校长为首的校务委员会负责制。高校党委是学校工作的领导核心，对学校工作实行统一领导。高等学校的校长，是国家任命的学校行政负责人，对外代表学校，对内主持校务委员会和学校经常工作。"因而我国开始在高校实行党委领导下的以校长为首的校务委员会负责制（1961 年 9 月至 1966 年 5 月）。这种体制把党的领导权力集中在学校党委一级，发挥校长、校务委员会和各级行政组织的作用，确立系总支委员会对行政工作起保证和监督作用，纠正了以往高校领导模式的弊端，各方面的责任分工明确，使高校管理制度更加完善。但是，在 1962 年，由于"左"倾思想的影响，党的八届十中全会重提"以阶级斗争为纲"，《高教六十条》一度名存实亡，高校领导体制正常运行受到影响，一直到 1966 年，也没能真正解决高校领导体制的转变问题（齐舒、罗大中，2012）。

1966 年开始的"文化大革命"给党和人民及社会主义事业带来极大损失。1971 年 4 月，中央批转的《全国教育工作会议纪要》规定：

"学校实行党的一元化领导,在党委的统一领导下,充分发挥工宣队的政治作用;革命委员会是权力机构。"国家实行了所谓的工宣队党委"一元化"领导(1966年5月至1976年10月)。高等学校的领导机构和领导体制在这期间受到了极大的冲击。由于错误地认为高等学校党组织是在执行修正主义教育路线,严重削弱了党委的核心作用,校长的职权也受到遏制,高校同全国其他领域一样接受"革命委员会"的领导。这一阶段的历史表明,"文化大革命"严重阻碍了我国高等教育事业的发展,我国探索高校领导体制的进程不仅受阻,而且大大地倒退了(齐舒、罗大中,2012)。

"文化大革命"后,党的十一届三中全会于1978年12月胜利召开,标志着我国开始进入改革开放时期。中央决定对内搞活经济、对外实行开放,把党和国家的工作重点转移到社会主义现代化建设上,社会主义现代化建设进入新的历史时期。中国共产党从根本上冲破了长期"左"倾错误的严重束缚,端正了党的指导思想,在思想上、政治上、组织上全面恢复和确立了马克思主义的正确路线,结束了1976年10月以来党的工作在徘徊中前进的局面,将党领导的社会主义事业引向健康发展的道路。伴随着改革开放,中国高等教育迎来了波澜壮阔的改革与发展。针对"文化大革命"中出现的经验和教训,1978年10月,教育部修订《全国重点高等学校暂行工作条例》(试行草案),提出高等学校新的领导制度"党委领导下的校长分工负责制,""在系一级实行党总支领导下的系主任分工负责制"。同时还提出高等学校要设立学术委员会。党委领导下的校长分工负责制(1978年至1985年)的实施突出校长在领导体制中的主体地位和职权,在一定程度上推动了高校教育事业的健康发展,有利于贯彻群众路线发扬民主。但是,"分工负责制"仍然存在一些弊端,不利于集体决策和提高管理效率。在具体的实施过程中,也暴露出效率低下、运转不畅的弊端,决策与执行、指挥与落实不能有效衔接的问题,未能从根本上改变既有的高校管理制度中存在的问题。

1985年5月,中共中央正式颁布《中共中央关于教育体制改革的决定》(以下简称《决定》)指出,要从根本上改变我国教育事业的落后状况和教育体制的弊端，必须从教育体制入手，有系统地进行改革。改革涉及了市场经济条件下办学体制多元化问题，政府职能与学校办学自主权问题，中央与地方关系问题，多元化筹资问题，高等学校招生与毕业生分配制度问题，学校逐步实行校长负责制等问题。这是我国教育改革与发展的里程碑。《决定》规定："学校逐步实行校长负责制，有条件的学校要设立由校长主持的、人数不多的、有威信的校务委员会，作为审议机构。"1987年10月，党的十三大胜利召开。十三大报告根据政治体制改革的近期目标确定了近期政治体制改革的内容。在此背景下"校（院）长负责制"（1985年至1989年）在部分学校试行。例如，上海地区有12所高校1985~1989年实行了"校长负责制"。校长负责制的实施提高了高校决策效率，有利于发挥校长的作用，调动行政系统的积极性，提高管理效率。但在实施过程中，受各种不良思想和风潮的影响，也暴露出高校党委的领导和决策地位被削弱，以及由于党建和思政工作软弱无力而使党对学校的领导被弱化的问题。高校决策过程中的民主性和科学性降低，决策结果的正确性难以保障（齐舒、罗大中，2012）。

党的十三届四中全会于1989年6月23日至24日在北京召开，明确继续坚决执行党的十三大确定的"一个中心，两个基本点"的基本路线。十三届四中全会召开以后，1990年7月，党中央发出《中共中央关于加强高等学校党的建设的通知》（以下简称《通知》），明确提出高等学校实行党委领导下的校长负责制，并规定了党委的七项主要任务。《通知》要求高校党委充分尊重和发挥校长的重要作用。校长要全面贯彻党的教育方针，坚持把德育放在学校工作的首位，执行党委的集体决定。党委应以主要精力研究学校的重大方针、政策问题。"党委领导下的校长负责制"经过前期的艰辛探索和长期实践，在理论和实践上都已积累丰富经验，得以迅速在全国高校范围内推广，最终形成我国根本的高校领导体制。1993年颁发的《中国教育改革和发展纲要》、1996年颁布的《中国共产党普通高等学校基层组织工作条例》和1999年施行的《中华人民共和国高等教育法》进一步将高等学校实行党委领导下的校长负责制上升为法律，并且对这一规定作出了较为详细的阐述。2010年，《国家中长期教育改革和发展规划纲要（2010～2020年）》提出建设依法办学、自主管理、民主监督、社会参与的现代学校制度，首次以中央文件的形式提出"完善中国特色现代大学制度"，并将其作为文件部署的十大改革试点之一。2010年8月，中共中央印发《中国共产党普通高等学校基层组织工作条例》规定高等学校实行党委领导下的校长负责制，高等学校党的委员会统一领导学校工作，支持校长按照《中华人民共和国高等教育法》的规定，积极主动、独立负责地开展工作，保证教学、科研、行政管理各项任务的完成。这进一步明确了党委领导下的校长负责制是中国特色现代大学制度体系中的根本制度。

由此可见，自新中国成立以来中国大学内部领导体制经过多次尝试，变革的道路是漫长而又艰辛的，从校务委员会制到校长负责制、党委领导下的校务委员会制、党委领导下的以校长为首的校务委员会负责制、军宣队党委"一元化"领导、党委领导下的校长分工负责制、试行校长负责制，再到党委领导下的校长负责制，40年内变更了7次。与国民党的高等教育政策截然不同，新中国的高等教育政策以《共同纲领》确立的"新民主主义的，即民族的、科学的、大众的文化教育"为方针来制定的，属于新民主主义政治体制和意识形态的直接产物。随着社会主义三大改造（中国共产党领导的对农业、手工业、资本主义工商业的社会主义改造）的完成，中国从新民主主义社会跨入了社会主义社会，我国新民主主义性质的高等教育政策迅速向社会主义性质的高等教育政策转型。20世纪50年代末及"文化大革命"中的两次"教育革命"、20世纪80年代以来的高等管理体制改革也都是国家政治变革的产物（李均，2015）。大学始终是政府的附属机构，高等教育改革的目的都是强化社会主义意识形态、强化党对高等学校绝对领导。当然，社会经济、文化的变化也必然会影响到大学的领导体制。例如，1958年经济"大跃进"引发教育"大革命"，20世纪80年代由经济改革推动教育体制改革，90年代市场经济体制改革带来了世纪之交的高等学校大扩招政策。每次经济改革既是经济社会的改革，也是文化的变革，伴随着剧烈的文化冲突，高等教育政策的制定和运行必然会受到巨大的影响。每一次重大高等教育政策的变革都是文化冲突的产物。当然，高等教育政策变革除了这些外部原因外，也有来自高等教育自身发展规律所带来的完善自身结构和体制的诉求。世纪之交推动高等教育大众化、国际化、市场化，建设一流大学等政策除了前面提到的政治、经济、文化等方面的原因外，高等教育自身发展规律所带来的完善自身结构和体制的诉求也是直接动因（李均，2015）。

党委领导下的校长负责制是党对高等学校领导的根本制度，是中国高校管理制度的特色和优势所在，有利于加强党对高等学校的领导和坚持社会主义办学方向。党委领导下的校长负责制以党的民主集中制为组织原则，集党组织集体领导和校长行政负责两个优势于一体，实行集体领导、科学决策、分工负责的制度。在实施过程中，由校长按照《高等教育法》赋予的职责，在党组织的集体领导下认真做好教学、科研和行政管理工作，党组织要监督、保证和支持校长正确行使职权。党委领导下的校长负责制也是完善大学内部治理结构必须坚持的前提和方向，是在新时代建立中国特色现代大学制度的基石。中国特色现代大学制度既具有鲜明的中国特色，契合中国传统文化扎根中国大地，又与时俱进符合现代高等教育发展规律和发展趋势，满足人民群众对更加公平、更高质量高等教育的需求，不断提高治理效率、提升治理水平，推动治理体系和治理能力现代化。中国特色现代大学制度是一个制度体系。其中，根本制度是党委领导下的校长负责制，基本制度包括学术委员会制度、教职工代表大会制度、理事会制度、学生代表大会制度等，重要制度包括决策议事规则、人事管理、财务管理、学生管理、招生管理、合作办学、后勤管理等治校办学的方方面面（邓传淮，2020）。这就要求高校党委会实行民主集中制，健全集体领导和个人分工负责相结合的制度，凡属重大问题都要按照集体领导、民主集中、个别酝酿、会议决定的原则，由党委会集体讨论，做出决定。即党委就学校改革、发展、稳定大局纵览全局，统一领导学校重要工作，集体讨论决定学校重大事项。委员会成员要根据集体的决定和分工，切实履行自己的职责。高校在校党委的统一领导下,研究制定党委领导下的校长负责制实施意见,制定和完善学校章程,探索学校理事会或董事会、学术委员会发挥积极作用的机制,全面实行聘任制度和岗位管理制度,完善校务公开制度等。

党委的主要职责是宣传和执行党的路线方针政策,宣传和执行党中央、上级组织和本级组织的决议,坚持社会主义办学方向,依法治校,依靠全校师生员工推进学校科学发展,培养德智体美全面发展的中国特色社会主义事业合格建设者和可靠接班人。审议确定学校基本管理制度,讨论决定学校改革发展稳定以及教学、科研、行政管理中的重大事项。讨论决定学校内部组织机构的设置及其负责人的人选,按照干部管理权限,负责干部的选拔、教育、培养、考核和监督。加强领导班子建设、干部队伍建设和人才队伍建设。按照党要管党、从严治党的方针,加强学校党组织的思想建设、组织建设、作风建设、制度建设和反腐倡廉建设。落实党建工作责任制。发挥学校基层党组织的战斗堡垒作用和党员的先锋模范作用。按照建设学习型组织的要求,组织党员认真学习马列主义、毛泽东思想、邓小平理论、"三个代表"重要思想、科学发展观和习近平新时代中国特色社会主义思想,坚定走中国特色社会主义道路的信念。组织党员学习党的路线方针政策和决议,学习党的基本知识,学习科学、文化、法律和业务知识。领导学校的思想政治工作和德育工作,促进和谐校园建设。领导学校的工会、共青团、学生会等群众组织和教职工代表大会。做好统一战线工作。对学校内民主党派的基层组织实行政治领导,支持他们依照各自的章程开展活动。支持无党派人士等统一战线成员参加统一战线相关活动,发挥积极作用。可见,高校党委既是高校全局工作的领导核心,也是高校的政治领导核心,还是高校管理体制的领导核心。

校长的主要职责是全面负责学校的教学、科研和其他行政管理工作,行使以下六项职能:拟订发展规划,制订具体规章制度和年度工作计划并组织实施。组织教学活动、科学研究和思想品德教育。拟订内部组织机构的设置方案,推荐副校长人选,任免内部组织机构的负责人。聘任与解聘教师以及内部其他工作人员,对学生进行学籍管理并实施奖励或者处分，拟订和执行年度经费预算方案，保护和管理校产，维护学校的合法权益。负责章程规定的其他职能，主持校长办公会议或者校务会议，处理前款规定的有关事项。校长对外是学校的法人代表，对内是学校的最高行政领导，在党委的领导下依法行使职权，全面主持行政工作。校长要自觉维护党委的领导地位和权威，充分维护高校法人权益，是落实党委领导下的校长负责制的关键。

第二节 教职工代表大会制度

教职工代表大会制度（以下简称教代会）是学校管理体制的重要组成部分，是教职工行使民主权利、进行民主管理学校的基本形式，目的是以权利制约权力，实现高校内部民主监督功能，是中国特色现代大学制度的创新举措。这一制度经过30年的发展，逐渐形成法律依据充分、组织制度严密、工作机构健全、代表性广泛的鲜明特征，成为我国高校教职工积极参与学校民主管理和民主监督的一项最普遍、最基本的具有中国特色的组织制度。

（一）初创时期

最初，教育部1978年10月颁发《全国普通高等学校暂行工作条例（试行草案）》，提出要在党委领导下定期举行师生员工代表大会，并于1979年春开始在全国陆续开展教代会的试点工作。1980年4月，全国教育工会在上海召开了部分省市教代会试点经验交流会，形成《关于在学校建立教职工代表大会制度的试点情况的报告》。1981年1月，教育部和全国教育工会在北京召开了"教职工代表大会试点汇报座谈会"，形成了《教工代表大会试点汇报座谈会纪要》，指出党委领导下的教工代表大会是广大教职工群众参加学校民主管理的好形式，应尽可能做到定期召开，形成制度。1985年1月，教育部和全国教育工会颁发《高等学校教职工代表大会暂行条例》（以下简称《暂行条例》），教代会的性质、功能第一次以法规的形式确定下来。高等学校教代会制度以该条例的颁发为标志正式确立，明确规定了高校教代会的性质、职能、代表、组织制度和组织机构。

按照《暂行条例》规定，高等学校教代会具有以下 4 个职能：（1）听取校长的工作报告，讨论学校的年度工作计划、发展规划、改革方案、教职工队伍建设等重大问题，并提出意见和建议；（2）讨论通过岗位责任制方案、教职工奖惩办法，以及其他与教职工有关的基本规章制度，由校长颁布施行；（3）讨论决定教职工的住房分配、福利费管理使用的原则和办法，以及其他有关教职工的集体福利事项；（4）监督各级领导干部，可以进行表扬、批评、推荐，必要时可建议上级机关予以嘉奖、晋升，或予以处分、免职（高等学校教职工代表大会暂行条例，1998）。

（二）发展时期

首先，《暂行条例》颁布实施后，教职工代表大会在全国各大高校纷纷召开，教代会制度逐渐建立。1988 年 7 月，建立教代会制度的高校已经达到全国高校的 60%，到 1998 年底，建立教代会制度的全国普通高校达到 100%，其中，90% 以上的高校坚持每年召开一次教代会，绝大部分高校能做到按期换届，定期开会（刘凌，2016）。这一时期，高校教职工代表大会的工作机构、组织制度、法律基础得到完善，工作成效明显提高。其次，1994 年《中华人民共和国教师法》和 1995 年《中华人民共和国教育法》的陆续颁布实施，是高校教职工代表大会制度迈上法治化轨道的重要标志。《中华人民共和国教师法》第七条第五款规定，教师"对学校的教学、管理工作和教育行政部门的工作，提出意见和建议，通过教职工代表大会或者其他形式，参与学校民主管理"。《中华人民共和国教育法》第三十条规定："学校及其他教育机构应当按照国家有关规定，通过以教师为主体的教职工代表大会等组织形式，保障教职工参与民主管理和监督"。1998 年《高等教育法》第四十三条明确规定："高等学校通过以教师为主体的教职工代表大会等组织形式，依法保障教职工参与民主管理和监督，维护教职工合法权利。"教代会制度法律地位的确立为高校教职工参与民主管理和监督提供了法律保障，成为高校依法治校的重要内容，极大地提高了高校治理结构的现代化水平。但是，这一时期的教代会虽然发展很快，在教代会组织工作的质量和教代会职权的落实方面还存在许多问题。有些高校的教代会名存实亡，出现了养老型教代会，由校内退居二线或上级教育机关的领导组成；休闲型教代会，由有背景、无能力、不好安置的工作人员组成；附庸型教代会，成为校长的附庸，借工会之口，传校长之意（郭卉，2007）。

（三）规范时期

1996年10月，全国教育工会发布《关于开展教代会评估工作的意见》（以下简称《意见》）指出："当前有必要在继续普及教代会制度的同时，把工作重点转移到提高教代会质量上来，大力推进教代会的制度化和规范化建设。"这表明，国家已经看到了教代会职权被削弱和虚置的现实状况，旨在通过对教代会工作的评估提升教代会质量，推进教代会健康发展。同时《意见》也强调了教代会的意识形态方面的重要职能，指出"教代会是教育系统贯彻落实全心全意依靠工人阶级根本指导方针在制度上的具体体现。因此，通过教代会评估促进教代会的制度化和规范化建议，是在教育系统贯彻落实全心全意依靠工人阶级根本指导方针的题中应有之义。"从此，教代会制度建设转入健全制度、落实职权、形成规范、发挥作用、提升质量阶段。教代会制度规范化和多样化成为这一时期的主要特征。教代会制度建设与时俱进，成为深化高校内部管理体改革、建设现代化大学制度和促进国家民主法治建设的重要手段。

2003年7月颁布的《教育部关于加强依法治校工作的若干意见》指出："要进一步完善教职工代表大会制度，切实保障教职工参与学校民主管理和民主监督的权利，保证教职工对学校重大事项决策的知情权和民主参与权。全面实行校务公开制度，学校改革与发展的重大决策、学校的财务收支情况、福利待遇以及涉及教职工权益的其他事项，要及时向教职工公布；学校的招生规定、收费项目与标准等事项，要向学生、家长和社会公开。"进一步推进民主建设，完善民主监督。

2011年12月发布《学校教职工代表大会规定》（教育部令第32号，以下简称《规定》），要求依法保障教职工参与学校民主管理和监督，加强学校民主政治建设，完善现代学校制度，促进学校依法治校的重要规章。《规定》是继2010年发布教育规划纲要，从建设现代学校制度、完善中国特色现代大学制度，对新时期加强教职工代表大会制度建设、推动学校民主管理和监督提出的进一步要求。加强学校教职工代表大会制度建设，既是加强基层民主政治建设的重要途径，是建设现代学校制度、推动教育体制改革的重要体现，是维护教职工合法权益、发展和谐劳动人事关系的需要，也是加强学校党的建设、推动党风廉政建设的需要。

随着我国高等学校办学规模的不断扩大和管理重心的逐渐下移，这一时期各高校开始积极建立院（系）二级教代会。各高校通过建立院（系）二级教代会制度推进院（系）民主决策、民主管理、民主监督工作。有些高校不仅建立了相应的组织机构，还建立了相应的组织制度，并赋予相应参与民主管理和监督的具体职权。在高校，教代会制度向纵深发展，向院（系）延伸，建立二级教代会制度充分体现了中国特色现代大学制度的优越性，是现代大学治理的题中应有之义。

第三节　党政联席会议制度

高校院系党政联席会议制度是高校内部领导体制的重要组成部分，是党委领导下的校长负责制在二级学院的延伸，是在高校内部领导体制历史变迁的过程中逐步形成和发展起来的。大学治理与国家政治、经济体制变革密切相关，政治、经济的发展变化影响着大学治理的变革，而且常常是通过影响中国高等教育政策变革，间接作用于中国大学内部治理变革。新中国成立以来，随着国家政治、经济体制的变革，高校内部领导体制包括基层党组织与行政之间的职责定位都相应地进行了若干次调整（张天华，2013）。其大体上可以分为五个阶段。

（一）初探借鉴阶段（1949~1965年）

新中国成立初期，高校院系在领导权、办学指导思想、办学方向等方面开始发生根本性转变。虽然我们通过接管旧中国的公立和私立高等学校，收回了教育权，但是当时的高校院系规模小、党员少，党在高校的组织还处于初创阶段。从1952年起，我国开始借鉴苏联高等学校的类型调整我们的院系结构，成立教研室有计划地组织教学，建立起高度集中的高等教育管理体制，实行"校（院）长领导下的系主任负责制"。因为一切还在探索、借鉴、尝试的过程之中，所以把这一阶段划归初探借鉴阶段。随着社会主义改造的顺利完成，党在高校院系中的组织体系逐渐健全，领导作用从无到有，加强党对高校院系的领导成为高校体制改革的重点。1958年9月，中共中央、国务院发布的《关于教育工作的指示》明确高校实施党委领导下的校务委员会负责制。1961年9月，国家颁布的《教育部直属高等学校暂行条例（草案）》（以下简称《高教六十条》）明确院系党总支和系主任的作用："系的党总支委员会保证和监督系务委员会决议的执行和本系各项工作任务的完成"，"系主任在校长领导下，主持系务委员会和系的经常性工作"。这较系统地对高校的领导制度作了规定，对高校内部领导权、行政权的划分进行了探索，初步理顺了党政关系，初步建立了校院系领导制度，形成了院系党政联席会议制度的雏形（张天华，2013）。

（二）混乱停滞阶段（1966~1976年）

1966年"文化大革命"开始后，高校党的组织、行政系统、教师队伍、教学秩序等遭到严重破坏。1968年，工宣队、军宣队进驻高校，举办"毛泽东思想学习班"，参加学校党支部和革委会的工作，领导教育革命，参与备课、教学，对稳定局面发挥了一定作用。1971年，全国教育工作会议召开,《全国教育工作会议纪要》提出:"各高校建立党委一元化领导,革命委员会成为学校的最高权力机构,但更多的政治运动扰乱了教学和科学研究。"革命委员会作为党委领导下的权力机构,实施军干群、老中青三结合。高校建立起工、军、革三结合的学校领导班子,实行工宣队党委"一元化"领导,院系一级的各项工作也由党委领导、工宣队负责。各高等学校逐步建立起一种在党委"一元化"领导下的"革命委员会"领导机制。党政分工不明确,党对高校的领导权遭受前所未有的破坏,高校各级组织行政机构陷于瘫痪状态,教学秩序被打乱,高校无法正常教学,失去了高校应有的活力,高等教育水平与世界其他国家差距拉大。直到1976年"文化大革命"结束,高校进行拨乱反正,党对高校的领导才逐步恢复。

(三)恢复调整阶段(1977~1989年)

1976年"文化大革命"结束后直到1978年,高校领导体制依然实行"革命委员会"制,是高校进行拨乱反正的阶段。1978年,《高等学校暂时工作条例(试行草案)》规定高校实施党委领导下的校长分工负责制,并规定院系一级的总支委员会领导下的院长(系主任)分工负责制逐步恢复起来。党组织在校院系基层的领导地位得以确立,系主任分工负责制在当时对于高等教育战线拨乱反正、克服高校的混乱局面起到了重要作用。随后系党总支的地位被逐渐削弱,其主要任务变为"做好思想政治工作和党的建设工作,对全系工作的正确完成起保证监督作用"。这导致20世纪80年代末资产阶级自由化思潮一度在高校泛滥。随着高校事业发展和改革开放不断向科教领域深入,这一体制中党委陷于具体事务、校长职责不清等缺陷也逐渐暴露。1983年《关于调整改革和加速发展高等教育若干问题的意见》、1985年《中共中央关于教育体制改革的决定》相继颁布,先后提出学校逐步实行校长负责制,院系一级实行院长(系主任)负责制,院(系)党总支进行监督,高校院(系)党组织的作用逐步转变为保证监督作用。虽然提高了行政工作效率,但是在具体实践过程中,却削弱了党的领导。由于过分强调党政分开,造成了党建与业务工作脱节、基层党组织战斗力不强、思想政治工作乏力等现象(李陈财,2020)。1989年,最终这一阶段实行的校长负责制、系主任负责制的领导体制结束。

(四)完善定型阶段(1990~1998年)

1989年,党的十三届四中全会胜利召开,党中央在总结高校党建正反两个方面经验教训的基础上,充分认识到发挥党委和基层党组织在高校管理中领导核心作用的重要性,决定高校实行党委领导下的校长负责制,试行校长负责制的范围不再扩大。1990年,中央印发《中共中央关于加强高等学校党的建设的通知》(以下简称《通知》),进一步重申了高校实行党委领导下的校长负责制,规定了党委的七项主要任务,明确了党委与校长的关系,基层党委(总支)是二级院(系)的政治核心等。1993年颁发的《中国教育改革和发展纲要》、1996年颁布的《中国共产党普通高等学校基层组织工作条例》(以下简称《条例》)和1999年施行的《中华人民共和国高等教育法》进一步将高等学校实行党委领导下的校长负责制上升为法律,并且对这一规定作出了较为详细的阐述。1996年《条例》的颁布确定了高等学校的系级单位党总支的政治核心地位,提出系党总支和行政应适当划分职责范围,既分工又合作,共同做好工作,提出了"党政分工、共同合作"的领导体制,进一步完善了高校院(系)领导体制(门妍萍、熊顺子,2013)。

(五)创新发展阶段(1999年至今)

自1999年起,在"党政分工、共同合作"的领导体制基础上,北京、江苏、浙江等地开始对高校领导体制进行创新发展,结合高校实际和特点,提出实行"党政共同负责"的院系领导体制。2010年,新修订的《中国共产党普通高等学校基层组织条例》(以下简称《条例》)第十一条第(二)项规定:通过党政联席会议,讨论和决定本单位重要事项。正式将党政联席会议制度确立为院(系)党组织的工作体制和决策方式;明确并扩充了党组织的职责范围,为党政联席会议制度的有效运行提供了依据。作为二级院（系）领导班子的工作机制和决策方式，党政联席会议制度第一次写进《条例》。院（系）党政联席会议制度逐步成为坚定党的领导核心、做好院（系）中心工作的根本制度，并在推进院（系）科学发展中发挥重要作用（门妍萍、熊顺子，2013）。2012年，教育部出台《教育部关于全面提高高等教育质量的若干意见》（以下简称高等教育30条），其中第二十一条完善中国特色现代大学制度中明确提出"坚持院系党政联席会议制度"（张天华，2013）。2014年，为进一步加强和改进党对高校的领导，党中央在总结历史经验的基础上，中央办公厅印发了《关于坚持和完善普通高等学校党委领导下的校长负责制的实施意见》，通知指出，党的十三届四中全会以后，党中央确定高等学校全面实行党委领导下的校长负责制。实践证明，这一制度符合我国国情和高等教育发展规律，必须毫不动摇、长期坚持并不断完善。明确党委统一领导学校工作、校长主持学校行政工作，并对健全党委与行政议事决策制度、完善协调运行机制、加强组织领导等方面作了具体的规定。同时明确加强学校基层党组织建设，完善院（系）党政联席会议制度，集体讨论决定重大事项。2018年，中共中央组部和中共教育部党组联合印发《高校党建工作重点任务》，提出"高校党委要指导院（系）健全集体领导、党政分工合作、协调运行的工作机制，规范院（系）党组织会议和党政联席会议制度、完善议事决策规则"，进一步强化高校二级院（系）党组织的政治核心功能。随后各地出台文件贯彻落实，广东省委出台的《关于习近平新时代中国特色社会主义思想统领广东教育工作的实施意见》要求健全院系党组织会议、党政联席会议议事规则，明确党组织研究决定、前置讨论等27类事项。北京在全国率先制定《关于加强高校党的政治建设的若干措施》，制定坚持和完善院（系）党组织会议和党政联席会议制度的指导意见，指导高校修订院（系）议事规则，明确干部议题由党组织会议研究决定，重要事项由党组织会议前置把关，党政联席会一般由书记主持，推动基层党组织在重大办学问题、重要事项上把好政治关。各地高校二级学院纷纷出台党政联席会议议事规则，根据院系实际迅速推广、落实。

但是，在实际工作中，党政联席会议制度在各高校院系治理中所处地位是不尽相同的。有学者考察了84所高校章程有关学院党政联席会议制度的规定情况统计见表4-2（严蔚刚，2016）。虽然，绝大多数高校（占95.2%）都明确了党政联席会议制度在院系具有决策地位，但是，仍有少数高校（占4.8%）没明确规定其决策地位或在章程中未提及该制度。

表4-2　　84所高校学院党政联席会性质表述情况统计

学院党政联席会性质表述	高校名称	高校数量	占比
最高决策机构	中国人民大学、西南大学、北京外国语大学、中南大学、北京师范大学、西南财经大学、中国药科大学、北京化工大学、北京体育大学、北京交通大学	10	11.9%
行政事务的最高决策机构	陕西师范大学	1	1.2%
"三重一大"事项和党务政务的决策机构	对外经济贸易大学	1	1.2%
决策机构	中国科学技术大学、东南大学、东华大学、上海外国语大学、武汉理工大学、华中师范大学、同济大学、上海财经大学、中国矿业大学、山东大学、兰州大学、天津大学、华东师范大学、武汉大学、清华大学、中国农业大学、南开大学、浙江大学、中山大学、电子科技大学、西安交通大学、中国海洋大学、大连理工大学、重庆大学、南京大学、华中科技大学、湖南大学、北京理工大学、哈尔滨工业大学、中央民族大学、北京科技大学、中央财经大学、华东理工大学、河海大学、江南大学、合肥工业大学、中国石油大学（华东）、中国地质大学（武汉）、西南交通大学、西安电子科技大学、中南财经政法大学、暨南大学、长安大学、华中农业大学、中国政法大学、华北电力大学、北京中医药大学、北京林业大学、南京农业大学、中国矿业大学（北京）、中国地质大学（北京）、中国石油大学（北京）、中央音乐学院、北京邮电大学、南京理工大学、哈尔滨工程大学、南京航空航天大学	57	67.9%

续表

学院党政联席会性质表述	高校名称	高校数量	占比
议事决策的主要（基本）形式	西北工业大学、华南理工大学、东北大学、厦门大学、西北农林科技大学、北京航空航天大学、吉林大学、四川大学、大连海事大学、中国传媒大学、东北林业大学	11	13.1%
实行党政联席会议制度	上海交通大学、东北师范大学	2	2.4%
未提及	北京大学、复旦大学	2	2.4%

资料来源：严蔚刚．我国高校学院基本议事制度的现状、问题及探讨［J］．思中国高教研究，2016（9）：87-92.

另外，各地高校院系级党组织在推广、落实党政联席会议制度过程中，为使该制度充分发挥作用，都根据实际情况作了制度安排和设计，例如，纷纷制定议事规则或者实施细则等。但是，这些规则和细则相对宏观，有些职责界定模糊不清，有些规定可操作性不强。院（系）党政联席会议讨论、研究、审议、决定的事项内容没有明确规定或者规定模糊不清；虽然明确规定了党政联席会议的议事内容，却没有明确设定议事规程和参加人员；党政联席会议的议事内容与党委会的议事内容混淆不清，甚至以党政联席会议代替党委会；提出了党政联席会议参加人的最低要求，但对议事规则没有要求，难以保障议事的规范性和科学性；会议议题提出、会前准备、会议表决方式、会议落实执行情况的考评等没有明确要求。造成部分高校及其院（系）对党政联席会议制度落实不够到位。其主要表现就是会议的召开随意性强，没有安排固定的时间，召开的次数偏少，作用发挥不充分。议事范围不够清晰。被一些教学、科研、管理中的日常事务所扰，占用了时间和精力，忽略了研究事关党的建设、学科发展、服务地方等重要重大和宏观长远的事情。由于议事范围不够清晰，党政联席会议包揽或代替其他会议，甚至党政联席会议主要商议行政工作。议事规则不够规范。部分院（系）对党政联席会议的议事规则和程序执行不够到位，没有按照议题内容来决定是由书记还是院长来进行主持，再加上会前沟通不够，造成会议过程中出现"一言堂"现象，与会同志不能够充分发表意见，审议事项需要作出决定时,出现议而不决或议而难决的情况。监督落实机制缺失。由于党政联席会议制度实行的是党政共同负责,共同负责也可能造成互相推诿无人负责,会议的决议由谁来落实成为问题,造成责任主体不明、督促检查不力的后果(邱海锋,2017)。

第四节 学术委员会制度

我国大学学术委员会制度也是在借鉴西方大学教授会、评议会、学术理事会、学术评定委员会的基础上,经历了相对艰难的演进过程逐步从无到有建立起来的。其演进过程可以分为四个阶段:第一个阶段,从1917~1949年,即民国时期实行的评议会、教授会制度;第二个阶段是从1949~1978年,学术权力机构因高度集中的高等教育管理体制而被废止;第三个阶段是从1978~1998年,即学术委员会制度的逐渐确立时期(湛中乐、王春蕾,2016);第四个阶段是从1998年至今,即学术委员会制度通过立法健全完善时期(黄厚明,2016)。

(一)民国时期的评议会、教授会

近代中国的大学教授大多有着西方留学的教育背景,一是在专业知识方面治学严谨、学有专攻,深受大学自治与学术自由的影响,形成了对科学真理不懈追求的学术素养;二是在思维方式方面不再拘泥于儒家传统观念,受到了西方的民主与科学精神的熏陶,他们在爱国主义思想的基础上形成了对自身权利大胆主张的民主观念。

以西南联大为例,他们中的教授、副教授大多是20世纪二三十年代留学归来的博士、硕士,其中很多人后来又常到国外讲学、考察、研究,具备当时最新的知识结构,学识渊博。当时联大有教授180人左右,117人在国外留过学。其中留美97人,留德、法38人,留英18人,留日3人,在其他国家留学和在多国留学的21人。联大常务委员会的3名常委中两人留美,蒋梦麟是教育学博士,梅贻琦是工学硕士,

5名院长都是留美博士,26位系主任除中文系外,皆为留学归来的教授。所有教授都是科学、文化、学术素养很高的新型专家(洪德铭,1997)。北大、清华、南开三校历史上有民主革命传统,在新的特定的历史条件下,融汇在一起,被联大教授们发扬光大。正如冯友兰在《国立西南联合大学纪念碑碑文》中写到的,西南联大之可纪念者有四,其第三点则是:"万物并育而不相害,道并行而不相悖,小德川流,大德敦化,此天地之所以为大。斯虽先民之恒言,实为民主之真谛。联合大学以其兼容并包之精神,转移社会一时之风气,内树学术自由之规模,外来民主堡垒之称号;违千夫之诺诺,作一士之愕愕。"可谓要言不繁(谢本书,1991)。除此之外,现实的政治、经济和军事斗争也促使昆明成为抗日大后方的民主堡垒,政治上的民主精神,必然反映到学术民主与民主治校上;而学术民主与民主治校,又转过来推动民主运动的开展(谢本书,1991)。借鉴西方"教授治校"模式来制衡中央行政权力的尝试始自蔡元培时期的北京大学。1912年北京大学颁布《大学令》提出"大学设立校级评议会,各科设立教授会,"这是我国最早的关于设立学术权力机构的规定。蔡元培人本主义自由教育理论是深受康德哲学、进化论及中国古代仁民爱物及彼得·阿列克谢耶维奇·克鲁泡特金的互助论影响的,认为教育的本质是具有自身独立目标的必不可少的社会事业。他从其人本主义观点出发引申出教育独立的主张,"大学的事务,都由大学教授所组织的教育委员会主持。大学校长,也由委员会举出"(陈学恂,2009)。到了人才荟萃、教授云集的西南联大时期,当时不同学术观点及各异的学派渊源竞相呈现,在学生中亦有不同的评价,但只要他们确有专长,笃实治学,一般都能得到承认,受到尊重;任何人都可以在这里各抒己见,百家争鸣。这也可以看作是原北大校长蔡元培的"兼容并包""思想自由"办学方针的继续和发展。当时主持联大校务的梅贻琦对教师是比较尊重的,强调"教师是学校的主体",甚至说"校长不过是率领职工给教授搬椅子、凳子的"(谢本书,1991)。教授治校的组织基础是常务委员会、校务会议和教授会三方同时存在(见图4-1)。在梅贻琦领导之下,教授治校、民主决策的制度在联大建立起来，举凡大政方针、教学、科研和重要行政工作以及对外事务等重大问题，要教授会审议后才最后作出决定。教授会由全体教授、副教授组成。常务委员会以校长、教务长、秘书长、各学院院长及教授互选之成员组成。这是大学体制的核心，是校内最高的决策、立法和审议机构。各院院长都由教授会从教授中推荐，习惯上教务长也从教授中聘任。联大教授会由全体教授、副教授组成，常务委员会委员和常委会秘书主任为当然成员（张建新，2009）。梅贻琦任教授会、校务委员会主席。讲师助教会和职工代表、学生自治会代表也有要求列席教授会、校务委员会，参与讨论有关问题的权利。在联大，凡是学校建设发展方案，各项重大决策和涉及全校师生员工切身利益的重大举措，无一不在广泛听取教职工意见，特别是广大教师意见的基础上，才通过校务委员会或教授会作出正式决定，保证了学校的一切重要决策都有坚实的群众基础（洪德铭，1997）。

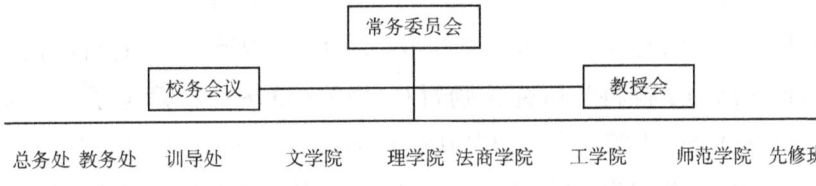

图 4-1　西南联大教学行政机构

资料来源：西南联大北京校友会编. 国立西南联合大学校史［M］北京：北京大学出版社，1996：36.

另外，民国时期的大学内部行政管理，是以校长负责、专家治校为原则的。国民党通过不断强化党化意识形态，强化训育工作来加强对于大学的控制。

（二）学术权力机构缺失时期

1949~1978年，高等教育管理被全面纳入了行政管理体制中。1950年8月，教育部颁布的《高等学校暂行规程》第一章第四条规定"大学及专门学院的设立与停办，由中央人民政府教育部（以下简称中央教育部）报请中央人民政府政务院（以下简称政务院）决定之"，第五章第十九条规定"大学及专门学院采校（院）长负责制"，第二十六条规定"大学及专门学院在校（院）长领导下设校（院）务委员会，由校（院）长副校（院）长、教务长、副教务长、总务长图书馆长（主任）、各院（大学中的学院）院长、系主任、工会代表四人至六人及学生代表二人组成之，校（院）长为当然主席。"高校实行校务委员会制，校务委员会行使管理学校的权力，成为学校最高的决策机构。其组成人员基本排除了不具有行政职务的教授。在这样的大背景下，学术权力几乎无从谈起（湛中乐、王春蕾，2016）。1956年，虽然高等教育部发布《高等学校科学研究奖励暂行办法（草案）》，确定了校（院）系学术委员会的组织存在，但其功能却是推荐或审查、评选科学研究成果（熊庆年、蔡樱华，2018）。1961年的《高教六十条》明确高校党委是学校工作的领导核心，对学校工作实行统一领导，但是学术权力依然被置于行政权力的统摄之下。大学内部的政治权力、行政权力、学术权力全面掺和在一起，不分彼此（包万平、薛南，2019）。1963年的《关于发送直属高等学校自然科学研究工作会议有关文件的通知》规定可以在校务委员会下设立学术委员会，作为学校党委和行政在领导学术工作方面的助手。实际上，学术委员会在学术决策中没有实质权力。"文化大革命"期间，大学自身存在都成了问题，学术权力更是无稽之谈。

（三）学术委员会制度确立时期

1978年10月，教育部颁布《全国重点高等学校暂行工作条例（试行草案)》，规定大学设立学术委员会，对科研、人才培养等工作中的重大问题提出建议，鉴定科研成果、评审教师职称及晋升、对研究生的学位论文进行评议等。同时规定学术委员会要在校长领导下开展工作。此后，各个大学开始了建立学术委员会制度的积极探索。这一时期的"学术委员会"还没取得相对应的法律地位，仍处于建立学术委员会制度的肇始阶段，例如，开始对其组成规则和职权做出规定。"学术委员会"的学术权力在大学内部治理中的作用非常有限，象征意义大于实际意义。随着1981年1月1日《中华人民共和国学位条例》的施行，我国大学逐步设立和完善了承担学位审议、评定等有关事宜的学位评定委员会。1983年10月19日，我国首次培养出了第一批文科博士。至此，我国的学位制度全面趋于完善、成熟。1985年5月，《中共中央关于教育体制改革的决定》（以下简称《决定》）提出"学校逐步实行校长负责制，有条件的学校要设立由校长主持的、人数不多的、有威信的校务委员会，作为审议机构"。大学党组织不能包揽一切，要集中加强党的建设与思想政治工作（《中共中央关于教育体制改革的决定》，2009）。《决定》涉及大学的多项学术权力，如要扩大高校办学自主权，改革高校招生和毕业分配制度，改进和完善研究生培养制度，并且根据同行评议、择优扶植的原则，有计划地建设一批重点学科等。由于当时现实条件的局限，许多内容并没有得到落实。1986年3月，《高等学校教师职务试行条例》（以下简称《条例》）颁布，就高等学校教师职责、任职条件、任职资格评审、聘任及任命作出了规定。《条例》颁布后，各大学相继成立教师职务评审委员会。至此，大学内部大多明确设立的学术权力组织机构包括学位评定委员会、教师职务评审委员会等，大学内部逐渐形成多种学术治理组织并存的形势，但每个学术治理组织各司其职，互相之间没有任何隶属和监督等关系（包万平、薛南，2019）。

（四）学术委员会制度健全完善时期

1998年由国家教委起草、全国人大常委会通过的《高等教育法》，经过十多年的论证过程，经历四次常委会审议，于1999年1月1日开始施行。《高等教育法》的出台在高等教育事业发展中具有里程碑意义，是调整高等教育领域的基本法。这是首次以国家法律的形式对学术权力的运行作出的明确规定。《高等教育法》规定高校设立学术委员会，主要审议学科和专业建设、人才培养方案、评价科研项目等事务，使我国高校学术委员会制度的建设从此有了最高法律依据。《高等教育法》关于学术委员会的规定，在一定程度上起到了促进教授参与学术管理的作用，推动了我国现代大学治理进程。依据《高等教育法》的相关规定，围绕学术权力在大学治理过程中的运行，我国大学组建了各种各样的委员会，如学术委员会、教学委员会、科研委员会、学位评定委员会、职称评审委员会、招生委员会等。不过学术委员会的职权范围依然只是原则性的规定，学术权力与行政权力的职权边界依然模糊不清，没有对学术委员会的组成规则、学术权力的行使方式和保障机制等做出具体的规定，不利于学术委员会作为独立的法律主体参与现代大学治理（黄厚明，2016）。2010年教育部发布《国家中长期教育改革和发展规划纲要（2010~2020年）》，明确指出，"充分发挥学术委员会在学科建设、学术评价、学术发展中的重要作用"，"探索教授治学的有效途径，充分发挥教授在教学、学术研究和学校管理中的作用"（教育部，2010）。首次以中央文件的形式提出"完善中国特色现代大学制度"，将学术权力的运行作为现代大学制度建设的重要内容，为学术委员会在大学内部治理中发挥积极作用提供了依据（包万平、薛南，2019），并对学术权力的实现途径指明了方向（蔡国春，2019）。2014年1月，教育部颁布《高等学校学术委员会规程》（以下简称《规程》），明确了学术委员会在高校治理结构中的地位、职能和发挥作用的领域，提出了具体的制度规范，如关于学术委员会主任产生办法的规定，对学术委员会委员人选及其界别要求以及关于学术委员会职权中决策范围的规定等。《规程》首次对学术委员会作为高校的最高学术机构做出了明确规定，对高等学校学术委员会如何组成、具有哪些职责，以及如何运行做出明确规定，是新中国成立以来关于高等学校学术委员会建设最全面、最详细的规范性文件，在中国特色现代大学制度建设特别是学术委员会制度建构方面具有里程碑意义,对我国现代大学治理体系建设具有里程碑式的价值和意义。但是,《规程》不是全国人大制定的法律,与《高等教育法》的法律效力不同,严格说《规程》在 2015 年 12 月 27 日全国人大通过《高等教育法》修正案之前,是一部"违法"的部门规章(蔡国春,2019)。《规程》没有对相关主体违反《规程》所应承担的法律责任做出规定,也没有对各种纠纷解决机制做出规定(黄厚明,2016)。2015 年全国人大常委会通过《高等教育法》修正案,明确学术委员会职责包括对教学和科研成果的评定,对学术纠纷的调查和处理,对学术不端行为的调查和认定,以及有关学术发展、学术评价、学术规范其他事项的审议和决定。但是,《高等教育法》修正案没有对学术委员会履行职权方面做出具体规定,使学术权力的行使缺乏实体规范层面的法律依据;也没有对学术委员会运行规则、议事程序与监督机制等做出规定,使学术权力的行使缺乏程序规范层面的法律依据;更没有对学术委员会人员的组成和产生规则做出规定,易导致学术委员会组织机构产生的随意性和不规范性(黄厚明,2016)。

第五节 应用型大学(学院)治理制度

2022 年 1 月 25 日,全国第三方大学评价机构艾瑞深校友会网(Cuaa. Net)正式发布《2022 校友会中国大学排名——高考志愿填报指南》,最新发布 2022 年全国最好的 108 所应用型大学(校友会大学排名,2022)。东莞理工学院、太原科技大学、武汉轻工大学、沈阳大学、南通大学、西安工业大学、青岛农业大学、南华大学、武汉纺织大学、台州学院、河北科技大学位居校友会 2022 中国应用型大学排名前十强(见附录)。在这 11 所大学中,官网中公布大学章程的有 7 所(见附录)。考察这 7 所大学的章程发现,它们都实行党委领导下的校长负责制,学院实施党政联席会议制度。但是,各学校校内治理制度的表述及赋予这些制度的职能略有不同(见表 4-3)。

表4-3　　　　　　　　7校主要校内治理制度对比

高校名称	主要校内治理制度		
	党委领导下的校长负责制职能	院（系）党政联席会职能	院（级）学术委员会（教授会）职能
太原科技大学	第五条　学校实行中国共产党太原科技大学委员会（以下简称学校党委）领导下的校长负责制，推进教授治学和民主管理，实行校院两级管理体制。（具体职能略）	第五十二条　学院通过党政联席会议，集体讨论和决定本单位重要议题和重大事项。学院下列事项决策前须经学院党政联席会议讨论：（一）学校重要指示、学院发展规划、重要改革方案、财务预算决算、内部分配方案等重大问题的决策；（二）学院内部机构设置、职能调整和干部及其他重要管理人员的选拔、推荐和任免；（三）学院教学、科研和学科建设重大项目投资的决策；（四）学院大额资金的使用；（五）其他学校认定需要由学院党政联席会议讨论和决定的事项。	第五十四条　学院设立学术委员会负责本学院学术管理事务，学院学术委员会主任委员由本学院学术委员会选举产生。（未提及具体职能）
武汉轻工大学	第十七条　学校实行中国共产党武汉轻工大学委员会领导下的校长负责制。第十八条　学校坚持依法治校，实行"党委领导、校长负责、教授治学、民主管理"的内部治理架构，建立现代大学制度。（具体职能略）	第四十一条　院（部）党政联席会议是院（部）管理决策的基本形式。（未提及具体职能）	第二十七条　学校设立学术委员会。学术委员会是学校的最高学术机构，统筹行使学术事务的决策、审议、评定和咨询等职权。第二十八条　学术委员会下设学科建设、教师聘任、教学指导、科学研究、学术道德等专门委员会，具体承担相关职责和学术事务；院（部）设置学术分委员会承担相应职责。（未提及具体职能）第四十五条　院（部）可根据需要设立教授委员会，为院（部）制订各类规划和重大改革方案、确定重大建设项目等提供决策咨询。（未提及具体职能）

续表

高校名称	主要校内治理制度		
	党委领导下的校长负责制职能	院（系）党政联席会职能	院（级）学术委员会（教授会）职能
南通大学	第十九条 学校实行党委领导下的校长负责制。学校党委全面领导学校工作，支持校长依法独立负责地开展工作，保证教学、科研、行政管理等各项任务的完成。（具体职能略）	第三十五条 学院实施党政共同负责制。党政联席会议是学院党政共同负责制的主要决策形式。凡列入学院党政共同负责的主要事项，须由党政联席会议集体讨论决定。（未提及具体职能）	第二十八条 设立学术委员会，作为校内最高学术机构，统筹行使学术事务的决策、审议、评定和咨询等职权。其职责主要有：（一）下列事务决策前，应当提交学术委员会审议，或者交由学术委员会审议并直接做出决定：学科、专业及教师队伍建设规划，以及科学研究、对外学术交流合作等重大学术规划；自主设置或者申请设置学科专业；学术机构设置方案，交叉学科、跨学科协同创新机制的建设方案、学科资源的配置方案；教学科研成果、人才培养质量的评价标准及考核办法；学位授予标准及细则，学历教育的培养标准、教学计划方案、招生的标准与办法；学校教师职务聘任的学术标准与办法；学术评价、争议处理规则，学术道德规范；学术委员会专门委员会组织规程，学术分委员会章程；学校认为需要提交审议的其他学术事务。（二）实施以下事项，涉及对学术水平做出评价的，应当由学术委员会或者其授权的学术组织进行评定：学校教学、科学研究成果和奖励，对外推荐教学、科学研究成果奖；高层次人才引进岗位人选、名誉（客座）教授聘任人选，推荐国内外重要学术组织的任职人选、人才选拔培养计划人选；自主设立各类学术、科研基金、科研项目以及教学、科研奖项等；需要评价学术水平的其他事项。（三）做出下列决策前，应当通报学术委员会，由学术委员会提出咨询意见：制订与学术事务相关的全局性、重大发展规划和发展战略；学校预算决算中教学、科研经费的安排和分配及使用；教学、科研重大项目的申报及资金的分配使用；开展中外合作办学、赴境

续表

高校名称	主要校内治理制度		
	党委领导下的校长负责制职能	院（系）党政联席会职能	院（级）学术委员会（教授会）职能
			外办学，对外开展重大项目合作；学校认为需要听取学术委员会意见的其他事项。学术委员会对上述事项提出明确不同意见的，学校应做出说明、重新协商研究或者暂缓执行。（四）按照有关规定及学校委托，受理有关学术不端行为的举报并进行调查，裁决学术纠纷。 第三十五条 学院根据需要设立学术分委员会，学术分委员会根据法律规定、校学术委员会的授权及其章程开展工作，向学术委员会报告工作，接受学术委员会的指导和监督。
西安工业大学	第十八条 学校实行中国共产党西安工业大学委员会领导下的校长负责制。（具体职能略）	第四十四条 学院（部）党政联席会议是学院（部）管理决策的基本形式，研究决定本单位重大事项和重大问题。（未提及具体职能）	第四十五条 学院（部）设立学术委员分会、学位评定委员分会，在学校相应委员会的指导下开展工作。（未提及具体职能）
青岛农业大学	第八条 学校实行中国共产党青岛农业大学委员会（以下简称学校党委）领导下的校长负责制。（具体职能略）	第四十条 学院实行党政联席会议制度，学院工作中的重要事项由党政联席会议讨论决定。（未提及具体职能）	第四十四条 学院设立教授委员会。教授委员会按照其章程开展活动，并作为校学术委员会及其专业委员会在学院的分支机构，承担相关职责。其主要职责是：（一）依据学校总体规划，讨论、审议学院发展规划，讨论、决定学院学科建设规划、专业建设规划和教师队伍建设规划；（二）讨论、决定学院教学计划和人才培养方案；（三）对学院学风、院风进行定期评估，提出学风、院风建设的意见和建议；（四）讨论、研究学院教学、科研、社会服务工作中的重大问题；（五）组织科研课题的论证和咨询；（六）讨论确定学院开展学术交流与合作的内容和形式；（七）参与引进人才的业务评价，讨论决定本学院专

续表

高校名称	主要校内治理制度		
	党委领导下的校长负责制职能	院（系）党政联席会职能	院（级）学术委员会（教授会）职能
			业技术人员的考核、成果评价具体标准，为学术骨干、学科带头人的选聘、专业技术职务聘任和研究生导师遴选提供依据；（八）讨论、审议或决定院长或教授委员会委员提请审议或议决的其他重大问题、重要事项。
武汉纺织大学	第六条　学校实行中国共产党武汉纺织大学委员会（简称学校党委）领导下的校长负责制，完善内部治理结构，推进依法治校。（具体职能略）	第三十九条　学院党政联席会议负责学院事务管理的决策。学院党政联席会议成员为学院党政领导班子成员。学院党政联席会议主要讨论决定关于学院改革发展稳定、教师队伍建设、学生培养、科学研究、学科建设、人才队伍建设和行政管理、经费预决算、对外合作办学等方面的重要事项。重大事项必须由学院党政联席会议讨论决定。	第四十二条　学院设立教授委员会。学院教授委员会是学院学科建设和学术管理等重要事项的审议、审定机构，是学院重大改革和建设的咨询机构。学院教授委员会由学院七名及以上具有高级专业技术职务人员组成，教授委员会委员由学院全体教师或教师代表投票选举产生，主任由全体委员投票选举产生，实行任期制。学院根据实际情况，制定《教授委员会工作条例》，经学院教职工代表大会审议，学院党政联席会议审定，报学校核准，予以实施。
台州学院	第九条　学校依法实行中国共产党台州学院委员会（以下简称学校党委）领导下的校长负责制，坚持"党委领导、校长负责、教授治学、民主管理"的要求，实行依法治校。校长是学校的法人代表。（具体职能略）	第十六条　学院实行党政共同负责制，执行党政联席会议制度；学院党政联席会议是学院重要事项集体决策的主要组织形式，是学院的最高决策机构；学院党政联席会议成员，由学院院长、书记、副院长、副书记等人员组成。（未提及具体职能）	（未提及）

实施党政联席会议制度但未提及具体职能的有5所院校，有2所院校规定了学校重要指标、学院发展规划、涉及学院发展稳定的重要改革方案、行政管理经费预算决算、内部分配方案等重大问题、学院内部机构设置、师资队伍建设、职能调整和干部及其他重要管理人员的选拔、推荐和任免、学院教学、科研、学科建设、对外合作办学重大项目投资、学院大额资金的使用需要由学院党政联席会议讨论和决定。

院学术委员会的具体职能有3所院校未提及，武汉轻工大学虽提到了统筹行使学术事务的决策、审议、评定和咨询等职权，但是在其下设的学科建设、教师聘任、教学指导、科学研究、学术道德等专门委员会职责界定上模糊不清，以相应职责一笔带过。武汉纺织大学虽然明确了学术委员会的审议、审定、咨询功能，但是缺少具体内容。青岛农业大学设立教授委员会，作为校学术委员会及其专业委员会在学院的分支机构，讨论审议学院规划、决定学院学科建设、专业建设、师资队伍建设规划，讨论、决定学院教学计划和人才培养方案，对学风、院风进行定期评估，提出学风、院风建设的意见和建议，讨论、研究学院教学、科研、社会服务工作中的重大问题，组织科研课题的论证和咨询，讨论确定学院开展学术交流与合作的内容和形式，参与引进人才的业务评价，讨论决定本学院专业技术人员的考核、成果评价具体标准，为学术骨干、学科带头人的选聘、专业技术职务聘任和研究生导师遴选提供依据。其职能涵盖了教学、科研、管理、服务的方方面面。南通大学规定的职能最为具体，涉及学科、专业及教师队伍建设规划，以及科学研究、对外学术交流合作等重大学术规划，自主设置或者申请设置学科专业，学术机构设置方案，交叉学科、跨学科协同创新机制的建设方案、学科资源的配置方案，教学科研成果、人才培养质量的评价标准及考核办法，学位授予标准及细则，学历教育的培养标准、教学计划方案、招生的标准与办法，学校教师职务聘任的学术标准与办法，学术评价、争议处理规则，学术道德规范。学校教学、科学研究成果和奖励，对外推荐教学、科学研究成果奖，高层次人才引进岗位人选、名誉（客座）教授聘任人选，推荐国内外重要学术组织的任职人选、人才选拔培养计划人选，自主设立各类学术、科研基金、科研项目以及教学、科研奖项等，需要评价学术水平的其他事项也需要由学术委员会决定。内容还包括制订与学术事务相关的全局性、重大发展规划和发展战略，学校预算决算中教学、科研经费的安排和分配及使用，教学、科研重大项目的申报及资金的分配使用，开展中外合作办学、受理有关学术不端行为的举报并进行调查，裁决学术纠纷。

第五章　教育数字化转型发展

习近平总书记在党的二十大报告中提出,"要坚持教育优先发展、科技自立自强、人才引领驱动,加快建设教育强国、科技强国、人才强国,坚持为党育人、为国育才,全面提升人才自主培养质量,着力造就拔尖创新人才,聚天下英才而用之"。党的二十大首次将"教育数字化"写进报告,提出"推进教育数字化,建设全民终身学习的学习型社会、学习型大国"。2023年2月,世界数字教育大会在北京召开,会议以"数字变革与教育未来"为主题,重点就教育数字化转型、数字学习资源开发与应用、师生数字素养提升、教育数字治理等进行交流讨论,以及基础教育、职业教育、高等教育领域的数字化发展评估。

第一节　数字全球化背景

"数字全球化是指数字技术、数字媒介和数字公司驱动下的信息和数据流动,经济关系和生产方式的数字化整合,社会关系和生活方式的数字化联通,以及思想和文化观念的全球传播和重构"(刘兴华,2021)。它为世界带来了新的发展机遇,影响人类生活方式和行为方式的各个方面,为发展中国家和新兴经济体实现赶超提供了新机遇,成为百年未有之大变局的组成部分。

20世纪90年代末数字经济开始兴起。"数字经济"这一术语最早是加拿大著名经济学家唐·泰普斯科特(Don Tapscott)在1996年出版的《数字经济》一书中提出的,主要概括了互联网对社会经济的深远影响。其后,日本、美国等国开始使用"数字经济"这一概念,注重其在引领经济增长、产业结构升级等方面的作用。近年来，数字经济已经成为新时代经济社会高质量发展的主要引擎。

2016年，G20峰会上将数字经济定义为"以使用数字化的知识和信息为关键生产要素、以现代信息网络为重要载体、以有效使用信息通信技术为效率提升和经济结构优化的重要推动力的一系列经济活动"（G20官网，2016），是继农业、工业经济后，经济形态向信息经济、知识经济、智慧经济形态转化，以数据为关键生产要素，以现代信息网络为重要载体，以信息通信技术融合应用、全要素数字化转型为核心驱动力，促进公平与效率更加统一、重塑经济社会发展与治理模式的新型经济形态。

习近平总书记在党的二十大报告中提出，"建设现代化产业体系，坚持把发展经济的着力点放在实体经济上，推进新型工业化，加快建设制造强国、质量强国、航天强国、交通强国、网络强国、数字中国"。"数字中国"的发展经历了萌芽起步、地方探索、国家战略三个阶段（黄欣荣、潘欧文，2021），是数字经济的横向扩展（闫德利，2018）。最初，"数字中国"是在始于20世纪中叶的信息技术革命和20世纪90年代互联网的兴起背景下，在戈尔1998年于加利福尼亚科学中心提出"数字地球"概念后，回应"数字地球"这一概念而提出的，仅指对中国自然资源的数字化研究。2000年，时任福建省省长习近平极具前瞻性、创造性地作出了推动"数字福建"建设的战略决策，提出了"数字化、网络化、可视化、智慧化"的"新四化"的建设目标，着眼信息化全局来建设"数字福建"。2015年12月16日，习近平总书记在浙江乌镇举办的第二届世界互联网大会开幕式上正式提出"推进'数字中国'建设"的号召，为"数字中国"赋予了全新意义，开启了"数字中国"建设新征程，突破"数字地球"概念的局限，将"数字中国"写入党和国家发展战略规划中，提出加快数字化发展和建设数字中国的具体目标，全面擘画中国现在和未来的数字化建设蓝图，全面表征以中国为对象的国家信息化体系的现代化建设，"数字中国"从学术研讨、地方探索上升为国家战略（见表5-1）。

表 5-1　　关于"数字中国"的重要表述

时间	事件	表述
2015年12月	习近平在第二届世界互联网大会开幕式上的讲话	中国正在实施"互联网+"行动计划,推进"数字中国"建设,发展分享经济,支持基于互联网的各类创新,提高发展质量和效益
2016年3月	《国民经济和社会发展第十三个五年规划纲要》	牢牢把握信息技术变革趋势,实施网络强国战略,加快建设"数字中国",推动信息技术与经济社会发展深度融合,加快推动信息经济发展壮大
2016年7月	《国家信息化发展战略纲要》	加快建设"数字中国"、大力发展信息经济是信息化工作的重中之重
2016年12月	《"十三五"国家信息化规划》（国发〔2016〕73号）	到2020年,"数字中国"建设取得显著成效
2017年10月	党的十九大报告	为建设科技强国、质量强国、航天强国、网络强国、交通强国、数字中国、智慧社会提供有力支撑
2017年12月	习近平致第四届世界互联网大会的贺信	党的十九大制定了新时代中国特色社会主义的行动纲领和发展蓝图,提出要建设科技强国、质量强国、航天强国、网络强国、交通强国、数字中国、智慧社会
2017年12月	中央政治局第二次集体学习	加快建设"数字中国",更好服务中国经济社会发展和人民生活改善
2018年3月	政府工作报告	让群众和企业切实受益,为"数字中国"、网络强国建设加油助力
2018年4月	习近平致首届"数字中国"建设峰会的贺信	加快"数字中国"建设,就是要适应中国发展新的历史方位,全面贯彻新发展理念,以信息化培育新动能,用新动能推动新发展,以新发展创造新辉煌。此届峰会以"信息化驱动现代化,加快建设数字中国"为主题,展示中国电子政务和数字经济发展最新成果,交流"数字中国"建设体会和看法,进一步凝聚共识,必将激发社会各界建设"数字中国"的积极性、主动性、创造性,推动信息化更好造福社会、造福人民
2018年5月	习近平致2018中国国际大数据产业博览会的贺信	围绕建设网络强国、数字中国、智慧社会,全面实施国家大数据战略,助力中国经济从高速增长转向高质量发展

续表

时间	事件	表述
2019年5月	第二届"数字中国"建设峰会	聚焦"以信息化培育新动能，用新动能推动新发展，以新发展创造新辉煌"的主题。紧紧抓住新一轮科技革命有利时机，把握中国发展的重要战略机遇期，切实把互联网技术创新的后发优势、技术应用的领先优势和大市场优势转化为数字经济的发展优势，开启"数字中国"建设新征程
2020年10月	第三届"数字中国"建设峰会	聚焦"创新驱动数字化转型，智能引领高质量发展"主题，定位为中国信息化发展政策的发布平台，"数字中国"建设最新成果的展示平台，电子政务和数字经济理论经验和实践交流平台，汇聚全球力量助推"数字中国"和"数字丝路"建设的合作平台
2020年10月	党的十九届五中全会	发展数字经济，推进数字产业化和产业数字化，推动数字经济和实体经济深度融合，打造具有国际竞争力的数字产业群。加强数字社会、数字政府建设，提升公共服务，社会治理等数字化智能化水平。建立数据资源产权、交易流通、跨境传输和安全保护等基础制度和标准，推动数据资源开发利用。扩大基础公共信息数据有序开放，建设国家统一共享开放平台。保证国家数据安全，加强个人信息保护。提升全民族数字技能，实现信息服务全覆盖。积极参与数字领城国际规制和标准制定
2021年3月	政府工作报告	加快数字化发展，打造数字经济新优势，协同推进数字产业化和产业数字化转型，加快数字社会建设步伐，提高数字政府建设水平，营造良好数字生态，建设"数字中国"

资料来源：黄欣荣，潘欧文．"数字中国"的由来、发展与未来[J]．北京航空航天大学学报（社会科学版），2021，34（4）：99-106．

数字全球化时代背景下，等级制政府管理模式无法满足复杂多变的时代需求，数字治理理论应时而生，契合了时代发展的大趋势。英国学者邓利维（Patrick Dunleavy）是数字治理理论的代表人物，他从新公共管理运动式微和数字全球化时代兴起的时代背景入手论述数字治理理论，主张建构公共部门扁平化管理机制，发挥数据处理技术、信息技术和信息系统在公共管理中的重要作用，加强数字时代的协同公共服务发展,促进权力运行的共享。数字治理理论是治理理论与互联网数字技术结合催生的新的公共管理理论准范式。数字经济和数字中国都是实施数字治理题中应有之意。"数字治理应当建设一个有管理的自由开放的数字体系,通过各种新数字技术手段的应用提升治理能力和治理效率,建立良性循环的政府、企业与公众的互动关系以及国家与国家、国家与国际社会的互动关系"(薛晓源、刘兴华,2022)。

数字经济是数字全球化的内驱动力,可以使各国经济的融合度与依存性不断加强,同时,数字全球化又是数字经济的外在加速器,助推知识积累和科技进步,加速产教融合和科技转化,是全球化理论的经济基础。在经济上,全球化意味着创新精神、高科技、市场导向、劳动力与人才的灵活流动,意味着国家间限制和贸易壁垒的消除,意味着国际间推广与消费的可能性,意味着商品、货币流量和各类信息以及通讯基础设施等的增加。在政治上,全球化意味着包括地区主义、西方化、民主治理与资本主义在内的强大政治话语权。在文化上,全球化意味着借助交通与通讯技术实现的全球互联性,意味着更多的标准化与文化的同质性。全球化带来的新自由主义和管理主义又深刻影响着大学治理,促使大学治理模式产生变革。数字全球化带来的不仅是经济发展模式的变化,也不仅是国家治理方式的变革,在更为根本的意义上,它带来的还是人类文化传承与创新的革新,给我们的教育理念与教育管理方式变革提出了新要求。

第二节　教育数字化转型

教育数字化转型是贯彻国家"数字中国"战略的一部分。为深入学习习近平总书记关于教育、关于数字中国建设的重要论述,教育部在2022年1月召开的全国教育工作会议上提出实施教育数字化战略行动,并将"实施国家教育数字化战略行动"列为《教育部2022年工作要点》中的重点任务。其主要目标是把教育数字化深度融入人才培养、教育改革、教育管理和社会服务全过程，大力建设"人人皆学、处处能学、时时可学"的学习型社会，建立教育数字化公共服务体系。

教育数字化战略行动提出联结为先、内容为本、合作为要，即Connection、Content、Cooperation的"3C"理念，按照"应用为王、服务至上、简洁高效、安全运行"的原则，把诸多典型应用、资源内容等串珠成链，集成上线国家智慧教育公共服务平台，释放数字技术对教育高质量发展的放大、叠加、倍增、持续溢出效应（怀进鹏，2023）。强化需求牵引，深化融合、创新赋能、应用驱动，积极发展"互联网+教育"，加快推进教育数字转型和智能升级。推进教育新型基础设施建设，建设国家智慧教育公共服务平台，创新数字资源供给模式，丰富数字教育资源和服务供给，深化国家中小学网络云平台应用，发挥国家电视空中课堂频道作用，探索大中小学智慧教室和智慧课堂建设，深化网络学习空间应用，改进课堂教学模式和学生评价方式。建设国家教育治理公共服务平台和基础教育综合管理服务平台，提升数据治理、政务服务和协同监管能力。强化数据挖掘和分析，构建基于数据的教育治理新模式。指导推进教育信息化新领域新模式试点示范，深化信息技术与教育教学融合创新。健全教育信息化标准规范体系，推进人工智能助推教师队伍建设试点工作。建立教育信息化产品和服务进校园审核制度。强化关键信息基础设施保障，提升个人信息保护水平。目前，已初步形成"资源+服务""国家级平台+省级平台"和"三横三纵"的总体架构。"三横"即覆盖基础教育、职业教育和高等教育的三个平台集成整合于国家门户同步上线；"三纵"即以课程教学资源为主体，持续丰富德育、智育、体美劳育"三纵"资源，体现"五育并举"。并且，通过四个融合深入推进教育数字化转型。

高起点融合，把顶层设计谋划与应用实践创新相结合，加强智慧教育建设与应用示范引领数字化转型。继续扩大资源应用规模和建设开发，推动应联尽联，加快实现31个省区市和新疆生产建设兵团试点全覆盖。高效率融合，把服务教育的现实需要与长远发展相结合，推动教育资源优质均衡。在"助学"发力，在"助教"上探索，在"助管"

上深化，在"助研"上突破，逐渐探索现有教育与网络教育空间的有效结合，服务学习型社会和终身教育。高标准融合，把教育资源的开发建设集成与智慧教育平台的安全可靠运行相结合，让网络跨越空间，让数字超越时间，让优质资源传播无障碍，用数据赋能，用管理提质，用平台管平台，实现高效、智能、标准、规范。高质量融合，把国家平台的品牌建设与国际教育交流合作相结合，深化双多边对话与交流合作，建立国际或区域性数字教育联盟，发起数字教育国际倡议，大力提升我国教育质量和国际影响力。

截至2023年3月，在教育资源方面，基础教育中，国家中小学学科课程资源平台拥有课程资源4.4万条，课程资源2.59万课时，中小学各年级、各学科30个教材版本，446册教材。职业教育中，专业教育课程资源中有在线精品课程6628门，视频公开课2222门。高等教育中，提供优质慕课2.7万门，虚拟仿真实验课程300门，6.5万余条教材、课件、案例、信息等资源。另外，还含有专业学位案例4500个，规范化办理报告8万多份，博士"学位论文题目检索"20余万条，企业创新需求30多万条。国家智慧教育平台用户已经覆盖200多个国家和地区，连接52.9万所学校，面向1844万教师、2.91亿在校生及广大社会学习者。平台还开设"慕课西部行"专栏、"树人课堂"专题等各类教育活动以支持校内教学提质和课后服务增效。另外，平台已连接20多项政务服务事项，与国家一体化政务服务平台实现一网通办。教育治理平台搭建起全国中小学管理服务平台，为基层学校和各级教育行政管理部门提供一体化综合管理工具，提升基础教育数字化水平。职业教育决策支持中心和职业教育智慧大脑院校中台，制订全国职业教育智慧大脑院校中心建设标准和接口规范，与职业教育信息化标杆校开展数据对接。资助中心与国家电子政务共享平台开展数据共享。全国教师管理信息系统助力新时代教师队伍建设改革。平台共采集六类403项数据累计约144亿条，初步实现国家智慧教育平台运行数据"一键调取"、监管数据"一屏总览"。

世界各国在教育数字化转型的过程步骤上并不一致。联合国教科文组织将推进教育数字化转型的过程分为起步、应用、融合和转型四个阶段。而由我国牵头编制的世界首份高等教育数字化战略报告《无限的可能世界高等教育数字化发展报告》则将高等教育数字化划分为三个发展阶段，分别是转化、转型和智慧阶段。第一个阶段转化的主要任务是加强数字化基础设施和平台建设，为后续阶段的发展奠定基础；第二个阶段转型主要通过对教育相关数据的深度挖掘和分析整理，实现高等教育内外部各要素、各环节的数字化转型，从而实现对高等教育的组织形态、教学形式、服务方式及治理体系等方面的数字化改造；第三个阶段智慧则主要通过对新兴数字技术的深度应用，为高等教育数字化变革提供个性化、精细化、全程化的服务，以更加深入推进教育教学模式、教育理念、治理方式等综合层面的全面变革，全面赋能师生发展，打造新兴教育生态，形塑全新的、以人的发展为核心要义的教育质量文化（高耀，2023）。

江苏师范大学智慧教育学院院长杨现民（2022）认为，"定标靶向巩基激能抓点普面"是各地推进教育数字化转型需要遵循的思路。"定标"就是要明确自身方位，确定转型的总体目标，要客观评估教育数字化转型现有基础和发展方向；"靶向"就是要精准实施，要明确转型工作的核心内容和主要方式，用精准目标和科学方法推动教育数字化转型这一超级复杂系统有序运转；"巩基"就是要建设好、使用好区域智慧教育公共服务平台、高速教育专网、多元化智能终端、教育大数据中心等教育新基建硬件设施，进一步夯实教育数字化转型的基础设施条件，为教育数字化变革提供个性化、精细化、全程化服务建立基础；"激能"就是从教育的用户侧驱动教育数字化转型发展，是要显著增强师生、家长、管理者、行业人士、社会各界等所有教育利益相关者的数字素养，形成全社会享用、善用、乐用数字教育资源、工具、应用与服务的良好局面；"抓点"就是要找好技术解决现实教育问题的突破点，发挥好创新点的示范作用、突破点的带动作用，是要结合不同阶段教育发展特点，积极探索数字教育场景应用的创新点；"普面"是要通过普及化推动教育数字化全面落地，努力做到数字教育资源与应用服务、创

新教学模式与治理方式的大规模推广。(江苏师范大学智慧教育学院院长 杨现民)

教育部教育管理信息中心信息化研究处研究员熊建辉(2022)认为，推进国家教育数字化战略行动的重要任务之一就是数字化赋能教育管理转型升级。一要织就国家教育数网体系，优化教育新基建布局。二要建设国家教育数脑系统，推动教育决策科学化。三要建立国家教育数链体系，规范国家教育数据标准，实现教育治理精准化。四要打造国家教育数智体系，确保数据服务便捷化。五要构建国家教育数盾体系，强化数据资源安全防护。"数网、数脑、数链、数智和数盾"体系分别从教育基础设施，也就是新基建，教育治理智能化决策调度系统、数据整合系统、教育政务系统和安全保障体系五个方面确保数字化赋能教育管理转型升级既可信又高效。

我们要充分利用海量数据优势，以数字技术推动教育治理深刻变革，大力提升教育治理体系和智力能力现代化水平。其主要工作包括梳理数据资源目录，制订数据标准与技术规范，建设数据治理平台(包括数据资产管理模块、数据开发模块、数据分析展示模块和数据共享交换模块)，数据共享与应用。目前正在政务外网、互联网(教科网)环境下建设一体化数据共享平台，形成覆盖部委间、部内单位、省级教育行政部门和高校的数据共享交换通道，并已提供20余个部内外相关服务，实现不同应用场景下不同需求的教育数据安全流通。当然，这一切的实现还需要制定安全保障标准规范，确保平台运行依法合规，进行上线前风险隐患排查、上线前安全措施确认和上线后运行状态监测。

第三节 教育治理数字化转型

教育治理数字化转型是教育数字化转型的题中应有之义，要深刻领会教育数字化转型有两种范式：一是组织变革范式。这种观点认为教育数字化转型是数字化和转型两个层面，将数字化转型视为一种可持续的动态革新过程，通过人、技术和文化深入协调一致的转变，优化转变战略方向、价值主张等的过程。二是要素融合范式。这种观点认为数字化转型是一种静止的状态，将数字技术引入教学、学习、评价和组织等各个方面，从而引发教育变革。从组织变革与要素整合两个维度来思考教育治理现代化的问题。

教育治理数字化转型是教育数字化转型的基础与结果，要牢牢把握教育数字化转型的三个特征：一是树立正确的价值追求，以立德树人作为教育数字化转型的根本遵循，培养德智体美劳全面发展的社会主义建设者和接班人；二是明确清晰的发展动力，以数据作为教育数字化转型的驱动力，做到数据创新应用；三是锚定确定的发展目标，以构建适应数字时代需要的教育教学数字化体系作为教育数字化转型的目标要求，实现教育高质量发展。

教育治理数字化转型是教育数字化转型的条件与保障。要统筹谋划教育数字化纵深推进，建设国家教育数字化大数据中心，建强用好国家智慧教育平台，推进数据赋能教育教学改革，增强服务学习型社会建设能力，举办世界数字教育大会加强国际交流合作，建设国家智慧教育平台标准体系和强化教育数字化战略行动条件保障。

"教育数字化转型"是使用数字技术（Digital Technology）和数字战略（Digital Strategy）重构教育领域的组织业务和运营流程，从而促成新的组织运行能力和治理能力，提高教育领域运营绩效的一种数字化过程（见表5-2）。

表5-2　　　　　　　　　　质量文化政策背景

年份	政策文件	质量关键词出现频次	信息化关键词出现频次
2018	《新时代高教40条》《教育信息化2.0行动计划》	53	129
2019	《中国教育现代化2035》《职教20条》《双高计划》《深化本科教育教学改革全面提高人才培养质量的意见》	74	21

续表

年份	政策文件	质量关键词出现频次	信息化关键词出现频次
2020	《职业教育提质培优行动计划（2020－2023年）》《深化新时代教育评价改革总体方案》	52	28
2021	《关于推进现代职业教育高质量发展的意见》《关于加强新时代教育管理信息化工作的通知》《关于推进教育新型基础设施建设构建高质量教育支撑体系的指导意见》	29	62
2022	《教育部2022年工作要点》	26	6
	合计	234	246

《深化本科教育教学改革全面提高人才培养质量的意见》提出"高校要构建自觉、自省、自律、自查、自纠的大学质量文化。将质量意识、质量标准、质量管理等落实到教育教学各环节。"《关于推进教育新型基础设施建设构建高质量教育支撑体系的指导意见》要求"聚焦教育高质量发展的迫切需要，立足固根基、扬优势、补短板、强化弱项，量力而行、因地制宜、循序渐进推动教育新基建，夯实信息化时代教育变革的基础条件。"这形成质量文化与数字化转型相互支撑、相互促进的发展局面。在高等教育领域以质量文化为核心助推高校数字化转型。以质量为核心就是要围绕一个高校大数据中心，打造N个质量管理服务和N个业务应用服务，形成质量管理体系和应用服务体系及其质量目标标准，牵引各信息化应用服务系统（教学服务、科研服务、教师服务、学生服务、数据采集上报、评估与任务、督导与评价和质量管理等）的建设或升级改造，实现对象、过程和规则的3个数字化转型基础，沿着质量和业务环流，识别需求，以用促建，形成建设指南。按照《关于加强新时代教育管理信息化工作的通知》要求，到2025年，新时代教育管理信息化制度体系基本形成，信息系统实现优化整合，一体化水平大幅提升；数据实现"一数一源"，数据"孤岛"得以打通，数据效能充分发挥；在线服务灵活便捷，"一网通办"深入普及，服务体验明显提升；现代化的教育管理与监测体系基本形成，多元参与的应用生态基本建立；教育决策科学化、管理精准化、服务个性化水平全面

提升，支撑构建高质量教育体系。

高校数字化转型是落实推进"教育—科技—人才"三位一体战略布局的重要手段。高校数字化转型就是要改变教育教学模式与教育管理方式，激发数据要素创新驱动潜能，实现数字生态的自组织和促进资源的优化配置与业务的创新发展。实现这一目标就必须紧紧抓住数字中国建设的历史机遇，将数字化转型作为学校高质量发展的战略支点，将思想观念重塑作为数字化转型的战略理念，通过数字化转型把学校建设成为国家战略科技力量。教育数字化是统筹驱动教育、科技、人才的助推剂。通过教育数字化落实推进教育、科技、人才"三位一体"战略部署，推动高校数字化转型，构建数字化教育新生态。其中，教育是人才培养的主渠道、主阵地，也是科技发展的重要基础，科技的发展离不开教育和人才支撑；人才是教育和科技革新的关键智力资源，没有人才，教育和科技都很难发展；科技是第一生产力，国之利器，是建设现代化经济体系的战略支撑。

高校数字化转型要做到三个坚持。

首先，坚持数字化支撑教育优先发展，实施数字化服务教育发展战略，借助数字化服务重塑教育体验，进而实现数字化转型促进教育管理能力的大力提升。习近平总书记指出，中国是一个大国，对人才数量、质量、结构的需求是全方位的，满足这样庞大的人才需求必须主要靠自己培养，提高人才供给自主可控能力。高校作为培养创新人才的主阵地，必须坚持为党育人、为国育才，着力培养拔尖创新人才。教育数字化是助力高校全面提高人才自主培养质量的必然选择，是支撑高校实现教育高质量发展的必然选择，是适应国家对新时代创新人才需求的必然选择。高校要将数字化与学校业务和战略发展深度融合，构建新型人才培养体系。

一是要以数字化服务教育发展战略。深入推进教育数字化，对加快推进教育现代化、建设教育强国、办好人民满意的教育具有重大战略意义。因此，要将数字化与高校办学方针、办学理念紧密融合，以促进学校高质量、高水平发展。当前，很多高校都制定了符合各自学校实际的智慧校园建设规划，以提升校园管理效率和服务水平，代表了高校数字化转型的方向。

二是要以数字化转型促进教育管理能力提升。高校要拥有数字治校、数据治校思维，善于在管理和决策过程中，运用数据和数字化工具进行分析、评估和优化以能够实现客观、准确的决策，促进高效、精细管理，不断优化决策和管理过程。高校要持续把数字化能力建设深入每一项校园管理过程之中，持续优化学校、教师、学生等教育管理信息系统效能，确保教育数据标准化、规范化和精准化，让畅通高效的数字化管理体系，成为不断实现管理创新和学校个性化发展的重要基础。为此，教育部还启动了教育部数据治理平台建设，构建面向教育战线的数据共享交换体系，实现数据跨地区、跨部门、跨层级共享，提升数据资源使用效益，为掌握教育数据资源全局动态、促进数据有序流动、提升数据质量提供有力支撑。

三是要以数字化服务重塑教育体验。高校要积极利用互联网，重新规划各种教育相关资源要素利用，进一步优化校园知识体系的传播，摆脱物理空间的限制，探索线上线下融合的教学模式创新，探索智慧教学设施与智慧教学空间。高校要基于信息技术持续赋能，在立足教学需求，实现录播直播、同步课堂、互动教学、多路视频流自助、声音大脑、多语种翻译等教学功能的同时，充分体现"以学生成长为中心"的内涵理念。

其次，坚持数字化赋能科技创新自立自强，加强基础设施建设，提高数字化服务科学研究的能力，通过加速数字化与科研管理过程各要素深度融合，推进数字化服务科技创新培育实力的提升。国家对加快新型基础设施建设提出明确要求，强调"要加强战略布局，加快建设以5G网络、全国一体化数据中心体系、国家产业互联网等为抓手的高速泛在、天地一体、云网融合、智能敏捷、绿色低碳、安全可控的智能化综合性数字信息基础设施，打造经济社会发展的信息'大动脉'"。数字信息基础设施是建设网络强国、数字中国的基石，已经成为支撑全面建设社会主义现代化国家的战略性公共基础设施。推进高校数字化建设要强化问题导向和目标导向的相互结合,坚持创新驱动,从实际问题出发,构建体系化全局性现代信息科技发展新格局。努力在资源配置、基础设施、科研平台、政策法规、技术标准、创新生态等方面夯实基础,提升数字化科技基础能力建设。

一是要加强基础设施建设提高数字化服务科学研究的能力。高校要加快构建服务科学研究的数据中心、校园网络、物联网、软件平台体系等软硬件基础设施,加强以5G、区块链、人工智能等新一代信息技术为核心的校园教育新型基础设施建设,为服务科技创新提供坚实的数字基座支撑。高校还应合理规划数字资源的布局,建立服务科学研究的计算资源服务,实现通用计算能力的协同创新,加大科研计算基础设施国产化替代力度,建立良好的自主可控生态。

二是要促进数字化与科研管理过程各要素的深度融合。高校要充分挖掘科研潜力和特色,通过数字化转型促进科研管理组织架构、科研项目管理流程等方面的组织变革,特别是将过去繁杂的申报流程简化为线上信息的快速交互,提高科研管理人员的工作效率和工作质量,继而推动高等教育内涵式发展,助力高校服务科技强国建设。

三是要以数字化服务科技创新培育。高校要加强信息化资源建设,促进知识与信息的共享,促进学术产出的有效管理,依托海量的学术资源及数字信息环境服务高校科技创新,促进跨学科合作与研究。高校要通过信息化手段支持科研团队协作创新,提高科研团队的工作效率和工作质量,通过有组织的科研推动科研成果产出与转化。高校还应通过建立科研团队协作平台,支持科研人员的远程交流与协作,提供科研数据的分析和管理服务,促进科研团队的协同创新与成果产出。

最后,坚持数字化助力人才成长创新。人才是衡量一个国家综合国力的重要指标,也是实现民族振兴、赢得国际竞争主动的战略资源。培养造就大批德才兼备的高素质人才,是国家和民族长远发展的大计。教师在高等学校承担着科学研究的重要职能,是推进科技创新的重要力量,是提升创新效能的关键资源。高校作为国家战略科技力量的重要组成部分,要通过教育数字化赋能人才队伍建设高质量发展,继而引领建设创新人才高地，加快建设国家战略人才力量。

一是要转变信息时代人才培养目标要求。高校要全面落实立德树人根本任务，将现代数字技术与高校人才培养全过程深度融合，丰富育人内容、创新育人形式、完善评价机制，满足学生个性化发展的需求，为国家输送高素质创新型人才。高校要抓住数字化发展新机遇，把提高师生信息化素养纳入学校的教育目标，构建网络化、数字化、个性化、终身化的教育机制，促进学校资源的共享，建设人人皆学、处处能学、时时可学的学习型校园。

二是要推动人才培养模式、培养过程数字化转型。高校要优化教育教学环境，改革教育教学过程，促进信息技术与创新人才培养模式的深度融合，打造智能化教学环境与个性化网络学习空间。通过技术赋能实现因材施教，为高质量人才培养创造新的育人环境。高校要面向师资队伍与科技队伍，建立教师与各类信息资源间的基于知识沉淀的关联关系。实施业务流程整合与数据互联互通，为广大师生减负增效，使师生从繁杂的日常事务与重复性工作中解脱出来，更好地激发广大师生的创新活力。

三是要打造高校高水平人才队伍积极建设人才高地。高校要深刻认识数字化人才在教育数字化转型中的重要作用。加大高素质数字化人才储备、打造技术精湛、具备持久创新能力的数字化人才队伍，优化数字化人才发展路径，激励高水平数字化人才充分发挥潜质，更好地为高校数字化转型服务。

第六章　院系治理数字化转型路径

《中华人民共和国国民经济和社会发展第十四个五年规划和2035年远景目标纲要》第五篇"加快数字化发展　建设数字中国"中明确提出"迎接数字时代，激活数据要素潜能，推进网络强国建设，加快建设数字经济、数字社会、数字政府，以数字化转型整体驱动生产方式、生活方式和治理方式变革"。数字化转型正推动着社会的全面变革，以数字化转型赋能高等教育内涵式发展是当前我国高等教育发展的主要趋势。对于应用型本科高校院系治理数字化转型的路线要求也主要体现在高等教育内涵式发展追求个性化、特色化，发展动力由"自上而下、外在推动"转变为"自下而上、内在追求"，质量文化由单一化、标准化转向多元化、非标准化。

联合国教科文组织把数字技术应用于教育过程分为四个阶段：起步、应用、融合、转型，近期由我国牵头编制的世界首份高等教育数字化战略报告《无限的可能——世界高等教育数字化发展报告》将高等教育数字化划分为转化、转型和智慧三个发展阶段。其中，转型阶段主体内容明确提出高等教育实现自我转型与提升，高校内部各项业务流程实现再造，强调大学通过数字化技术实现治理现代化与治理形式即将发生深刻变化；智慧阶段主体内容明确高等教育将完成再造，与社会之间的界限进一步打破，强调智慧阶段将实现高等教育治理整体性变革，以人工智能为代表的新一轮信息技术在高等教育领域的深度应用为高校数字化变革提供创新的管理和服务。本章将从智慧型院校、院系数字画像与跨学科虚拟组织三个研究方向对数字化转型背景下高校内涵式发展院系治理进行系统的论述与建构，进一步明确当前我国高等教育发展的核心任务是以服务需求、提高质量为主线，不断回归以人的自由、全面和可持续发展为根本宗旨的内涵式发展道路。

第一节 智慧型院校

智慧型院校的实体本质上是智慧校园的建设，对于应用型本科高校院系治理数字化转型具体来说实质上就是智慧高校的数字治理。随着智慧校园建设的逐步深入，以及云计算、大数据、人工智能等新信息技术的发展，高校信息化建设的目标逐渐从信息系统建设，转化为借助信息化手段，革新教学管理模式。因此，近阶段基于高校智慧校园建设过程中构建高校大数据治理框架是完善应用型本科高校院系治理数字化转型的关键，不仅是智慧校园建设中数据治理信息化建设的重新定位，而且也包含数据治理运行机制的发展以及数据治理管理体系的创新与实施。可以说，智慧型院校院系治理数字化转型是依托于高校数据治理的具体发展条件为前提的，就是基于各个高校智慧校园实际建设状况打造智慧高校大数据治理框架体系。进一步来探讨以数据治理为核心、数智技术为驱动的智慧教育生态背景下教育治理的新发展，整体推进教育管理与业务流程再造，提升教育治理体系和治理能力现代化水平。

一、雏形产生

智慧型院校的内涵其实就是智慧校园的内涵，国内有很多学者对于"智慧校园"内涵的解读有所不同，但是他们都是从信息技术发展与智慧校园建设的统一性上来分析。智慧型院校产生就来自智慧校园的发展，首先，智慧校园依托先进技术，如云计算、大数据、物联网、人工智能等技术，那么智慧型院校便也是这些现代技术的载体；其次，智慧校园的建设不是以管理为导向，而是以服务为导向的，为人民提供更好的服务，智慧型院校也是以服务为导向且办好为人民满意的教育；再次，智慧校园的建成需要统筹规划，也需要一系列技术开发支持，智慧型院校是高校院系治理体系数字治理的呈现与变迁；最后，智慧校园与智慧型院校的实现都不是建设起一个业务平台就能一劳永逸的，还要会用技术对平台资源进行整合，以多业务网络为特征，以提升高校人员信息素养为核心，以实现"智慧教育"为目标，为师生营造一个开放的学习环境。

智慧型院校理念的产生也与智慧校园建设过程中所存在实际问题与解决实施的方案有着本质关联。更具体来讲，就是智慧校园建设中高校数据治理的问题与对策研究。基于问题研究，国内学者提出高校教育管理机制与智慧校园信息化建设步调不一致，导致高校数据质量低、数据流转不通畅、数据中心缺失、数据治理意识缺乏、数据业务开展效率低等问题；基于对策研究，国内学者主张从数据资产管理、数据治理思维培养、数据团队建设、技术系统改造等方面进行数据治理。可以说，智慧型院校的产生都必须以智慧校园建设过程中数字治理途径作为其发展必要的条件。

二、迅速发展

基于智慧型院校与智慧校园共性的理解，由于智慧校园是新一代信息技术与教育教学深度融合的产物，智慧型院校也将智慧校园建设理念作为发展的依据。具体来说，智慧校园建设由单向发展进入双向并进，将技术与文化特征属性不断融合共生，智慧型院校院系治理的发展理念随着智慧校园建设的价值转变而发生质的变化。技术层面体现出来是教育信息化背景下教育新生态，特别是"互联网+"教育理念打破了原有的教育教学环境与学校生态，促使教育资源联通并多元共享，加快了教师专业发展的多样化。文化层面定位于创新创造人才培养新模式与教育治理新模式，以"创新、智慧、服务"为旨归的智慧校园文化建设，这也是智慧型院校院系治理的文化背景。

同时，数据治理在高校智慧校园中的应用实践体现出智慧型院校院系治理数字化转型的主体要求。近年来，智慧型院校的理念在智慧校园建设整体过程中由于数字治理方式不断深化而迅速发展起来。首先高校在学生管理、教师管理、行政管理及各业务领域通过数据治理促进教学管理治理现代化，提供科学的决策支持。然后根据数据治理的数据，建立学生和教师的综合信息档案，并将这些数据按不同维度进行分类，通过对不同维度的数据进行深入和挖掘，可以得出学生画像、教师画像及学生成长分析模型等数据治理的成果，为智慧教学做准备。

2021年7月，教育部等六部门《关于推进教育新型基础设施建设构建高质量教育支撑体系的指导意见》（以下简称《意见》）指出，要将建设智慧校园新型基础设施作为教育新基建的重点部署内容之一，并在信息网络、平台体系、数字资源、创新应用、可信安全等方面指明了智慧校园的转型方向。这也是智慧型院校院系治理数字化转型的先决条件与政策支持，教育新基建赋能智慧校园转型升级直接体现出高校智慧型院校在院系治理与高校智慧校园数字治理和谐统一。例如，北京科技大学坚持"服务治理能力、服务人才培养、服务安全稳定"工作理念，大力推进智能、创新、开放、共享的智慧校园建设，以教育数字化转型推动学校事业高质量发展。浙江大学探索整体智治发展路径，以"网上浙大2.0"引领学校数字化改革，打造以"校园大脑"为核心的高精算法数据平台和现代治理、教育教学、科研创新、学科发展、全球开放五大空间，全面支撑学校事业高质量发展。基于上述案例的比较与分析，可以说教育新基建的主体内容从本质上来讲就是智慧型院校基于智慧校园建设过程中智慧型院校治理文化背景与政策要求，进一步来探究智慧高校数字治理理念形成与迅速发展的基础。一般来说，教育新基建的范围主要包括六个方面，即信息网络新型基础设施（新网络）、平台体系新型基础设施（新平台）、数字资源新型基础设施（新资源）、智慧校园新型基础设施（新校园）、创新应用新型基础设施（新应用）、可信安全新型基础设施（新安全）。其中，新网络、新平台、新安全属于信息基础设施，是支撑教育信息化发展的"基石"；新资源、新校园是在新网络、新平台、新安全的基础上，孕育出具有教育行业特色的基础设施；新应用则从教学、评价、研训、管理等四大场景进行布局，探索信息技术推动教育改革的路径。因此，智慧型院校迅速发展必要条件的形成，特别需要智慧高校数字治理各方面发展不断推进过程中体现出我国高等教育数字化转型技术路线与政策落实的步调一致。同时，智慧高校数字治理理念的提出又是建立在高等学校数字校园建设的基础上的。2021年3月，教育部发布《高等学校数字校园建设规范（试行）》（以下简称《规范》），明确了高等学校数字校园建设的总体要求与主要组成，对高等学校包括基础设施、信息资源、信息素养、应用服务、网络安全、保障体系六个方面提出了全方位要求。高等学校数字校园建设的总体目标是：围绕立德树人根本任务，结合业务需求，充分利用信息技术特别是智能技术，实现高等学校在信息化条件下育人方式的创新性探索、网络安全的体系化建设、信息资源的智能化联通、校园环境的数字化改造、用户信息素养的适应性发展以及核心业务的数字化转型。《意见》的六个范围与《规范》的六个方面一脉相承正是体现出数字化转型背景下高等教育领域智慧高校数字治理的实质范畴（见图6-1）。

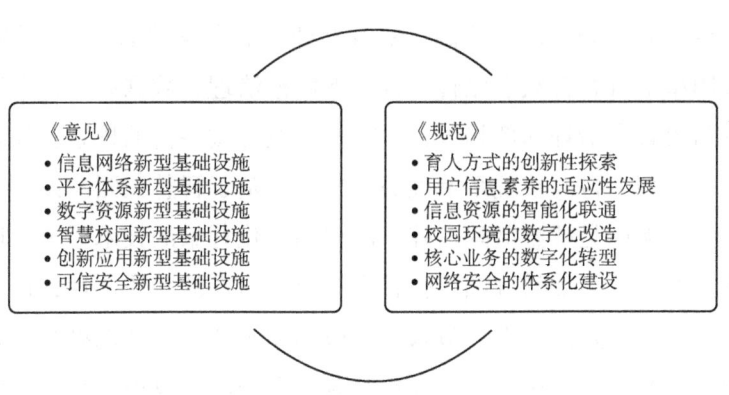

图6-1 《意见》和《规范》建设范围与内容的对照

三、校企合作

应用型本科的校企合作是基于应用型本科院校作为一种新的办学模式背景下，对人才培养模式的创新以及应用型人才培养的有效途径与方式。2018年7月，教育部在全国高校本科教育工作会议上指出，地方应用型本科院校应立足自身的优势，积极探索校企合作产教融合的内涵式发展道路。基于此，以数字化转型赋能高等教育内涵式发展即与校企合作产教融合的内涵式发展两者同时也是一体化的进程。除此之外，校企合作与创新创业发展两者之间不仅是教育链和人才链，产业链和创新链的双向衔接，而且也是激发大学生创新创业活力与能力培养，促进高校发展与企业管理深度融合的契机。高校创新创业发展和高校数字化变革创新的管理与服务协调一致，将会成为应用型高校智慧型院校校企合作的新态势。党的二十大报告首次将"推进教育数字化"写入"办好人民满意的教育"部分，提出"推进教育数字化，建设全民终身学习的学习型社会、学习型大国"。这不仅是政策上引领，同时也是社会经济发展的需求与应用型本科院校自身建设需要的统一。应用型本科高校应该把握数字化转型背景下校企合作总体方向，探索新的人才培养机制与模式，不断重塑管理与治理方式，形成智慧型院校高校智慧校园数字治理的总体布局。进一步明确由高校牵头，建立智慧校园建设理事会，建立校企多方协调的运行机制，实现共建共管共赢高校智慧校园建设。强调应用型本科教育数字化转型背景下数据治理、数据服务是今后应用型本科高校教育治理的新趋势，同时推进教育数字化的校企合作新发展是优化应用型本科高校院系治理的新成果。基于智慧校园建设中智慧高校数据治理无论是智慧型院校院系治理的文化背景的技术要求，还是数字化转型背景下高等教育领域智慧高校数字治理的实质体现，校企合作只能作为一个必要的外部环节来探索应用型本科院校新的办学模式的发展方向。然而由于应用型本科高校教育治理的新的发展态势，高校与企业之间互动的组织层面也逐步依赖于智慧高校数字治理技术层面的提升与政策背景的把握。在目前的智慧校园建设中，高校主要倾向于从市场引入企业实现信息系统建设的技术支撑，在具体的建设过程中由于组织注意力分配的不同，导致了两者间不同的约束关系，从而形成了不同类型的校企合作模式。这也就是说数字化转型背景下高校院系治理与智慧高校数字治理过程中技术要求与政策背景不断耦合进程中也变革了校企合作模式对高校创新人才培养的新要求。因此在智慧校园新型基础设施与高校校园数字化改造过程中，高校可以通过不断双向的项目委托以及引入技术人才弥补高校与企业两者业务与技术逻辑沟通的鸿沟，从而达到高校院系治理的同时也创新了人才培养的模式，完善了数字化转型背景下智慧高校数字治理来重塑管理与治理方式的总体要求。

第二节　院系数字画像

院系数字画像其实是从高校画像分化出来的观念，对于高校画像的概念界定却来自用户画像不断发展。国内外学者都是围绕着用户画像的研究逐步向城市画像、教育画像以及机构画像的复杂领域扩展。二级院系作为高校运行主体，其在日常教育教学、科学研究、学生管理工作中积累的海量数据对衡量院系运行状况具有重要参考意义。因而可以明确智慧型院校高校院系治理朝着基于教育数字化转型背景下智慧校园高校数字治理的方向发展。然而教育数字化转型推动了高质量教育体系的建设，其中最关键的数据要素是教育数字化转型的核心要素。所以院系数字画像的发展必须建立在高校画像多维应用场景的各个方面上，服务于高校支持管理决策、服务于院系推动学科特色发展、服务于教师保障教学科研、服务于学生拓展成长空间以及服务于社会助力发展转型。同时，高校画像也应用于高校智慧校园建设，不仅是数字治理方面，而且也包含数字服务方面，以用于全面支持学校管理决策与服务国家和地方的教育治理。因此，智慧型院校高校院系治理可以通过院系数字画像建立完善高校画像数字获取来源与内容、建立数据预处理机制、形成高校画像标签体系与高校画像可视化应用方式等。进一步利用大数据技术来整合、存储、融合和分析院系数字画像各项数据，促使其与高校画像发展一体化进程的统一。

一、数字画像

数字画像正是以大数据、学习分析等为基础技术，通过具有多模态信息特征的数据（如基本信息、行为数据、心理数据）所构成的代理原型，一般包括数据采集、数据处理、画像建模和画像应用四个主要步骤，用于支持决策、改进管理和优化服务。数字画像来源于用户画像，数字画像刻画的对象是任何意义的事物，而用户画像刻画的对象是人。对于院系数字画像的建立，可以从高校画像数字治理角度来分析。通过智慧型院校高校院系治理数字化转型的不断深化，也就是进一步推进智慧高校数字治理的发展，明确社会科学研究第四范式大数据研究的转型。院系数字画像通过大数据技术构建院系标签体系和画像建模，对院系发展的方方面面进行合理化比较与有效评估，把控院系和学校管理的宏观整体发展方向。院系管理可以借助于院系数字画像对院系教学质量、教科研水平、学科专业发展以及人才培养等方面进行调控，强调数字画像对院系发展强大的数字支持。因为智慧型院校与智慧校园内涵两者都是一致的，现在都是以数字化转型赋能高等教育内涵式发展，那么数字画像本身一定会助力且推动智慧高校数字治理与数字服务的应用实践。例如，大连理工大学对支部画像数据源进行了处理和分类，生成了基于多标记学习的支部画像技术路线，同时支部画像准确诊断了学校网信中心党支部的实际工作情况，统计了支部年度工作数据，为支部量身定制了画像报告。

国内学者于方等（2021）强调构建的大学院系画像可以应用于院系的日常管理、人才培养、人事管理和自我评估等治理场景中，助力院系实现细化管理与科学决策。

二、院系数据

数字画像在高等教育领域中广泛应用，需要明确相关数据要素在大数据技术支持下有效获取与建构。院系数据可以通过院系数字画像来进行获取、加工与提炼。院系是以学科为基本架构的最重要的基层组织，是人才培养和知识传承的执行者，是高等教育治理的真正主体，院系在中观层面执行学校的发展战略和自身发展计划，组织、实施、管理各项教育教学活动。院系数字画像建立是当今数据驱动"教育治理"打破传统原有"教育管理"的新机制，是高等教育"依数治理"理念的重要体现，是形成教育大数据画像重要基础。基于院系数字画像建立的院系数据产生与应用依托于智慧高校数字治理的发展，明确其也是高等教育"依数治理"拓展与衍生。院系数据都是对教育大数据的整合、管理和控制，从数据视角、依靠数据证据实现对高等教育的现代化管理，为高校持续发展提供更加科学、客观、全面、智能的管理与决策，使高等教育治理和教育研究逐渐走向科学化，同时根据教育利益相关者的需求可视化呈现相关信息，例如，利用大数据技术刻画教师教学质量，通过对教师教学相关行为进行大数据分析、整理、比较，生成教师教学质量数字画像，从而诊断出教师在教学能力上的优势与不足，帮助教师提升自身的教学水平，明确未来改进方向，同时也为教学管理部门调整学校教学相关政策措施提供参考。除此之外，基于院系数字画像高校思政教育管理、智慧教育环境下学习者画像聚焦、智慧高校数字治理背景下院系画像、学生综合素质评价的数字画像体系、数字驱动的教师网络研修社区等都是当今院系数据应用实践的主要体现。

大数据对院系治理的时代价值体现不仅要实现院系治理的科学化、效率化，同时更加强调院系数据支持对院系主体治理能力的新要求从而实现院系治理的现代化。由于我国高校内部传统院系管理的弊端，经验主义与形式主义导致院系管理过程中缺乏支持决策的数据以及脱离院系事业发展的监测，决策质量较低同时容易出现错误判断。大数据为高校院系治理提供先进的信息资料获取平台和路径，为具体院系把握所在院系数据等信息提供支持，特别是及时把握自身信息尤为关键。院系决策等院系治理各项职能实现依赖于时新的数据信息，需要及时更新、充实各院系数据库。数字化转型背景下，高校教育高质量发展更加依赖于院系数据应用实践过程中系统、专业的大数据云平台的科学化与高效能。院系数据作为高校教育治理和大学职能履行的实施根据，其中包含了大量的教育、教学、管理与协作等数据，这些数据具有反映院系治理过程和结果的高价值性。将大数据云平台技术与院系治理深度融合来优化院系治理能力，是实现院系治理现代化的可行路径与高校教育高质量发展的必由之路。

三、数字伦理

教育数字化是建设教育强国的重要基础,在数字时代教育发展必须适应社会变迁并加速变革,培养适应未来社会的时代新人。基于此,加快推进教育数字化也必须关注数字伦理,不断提高教育数字化管理水平。有关智慧型院校高校院系治理数字化转型实质上把握,其实就是基于智慧校园建设过程中智慧高校数字治理水平的体现。数字伦理本质上要明确高等教育"依数治理"的理念,厘清使用大数据技术支持高校画像数据驱动教育治理体系建立,逐步发掘数字治理与服务的伦理内涵。国内有学者从精准化水平、系统智慧方式、多元主体参与三个角度来分别论述了数字治理的伦理精神、伦理逻辑以及伦理活力:数字治理精准化是伦理精神的合异(治理主体之间价值满足、传统文明与数字文明的价值契合与现代治理文明体系政治、经济、文化等各种因子的价值适应)的直接结果;数字治理的伦理逻辑是遵循社会互动的伦理作用与智慧,发掘数字技术如何智慧地将人与社会紧密联系在一起,也就是承认数字治理在文化与价值上的交感作用;数字治理的伦理活力明确数字治理主体的多元化,强调数字治理满足多元主体参与要求,肯定数字时代数字治理主体特有的使命感与文化品质。例如,为了给高校的创新创业教育提供更科学的指导,国内有学者从基于竞赛数据画像的双创教育评价方法的角度,本着以赛促学、以赛促教的理念,研究基于中国国际"互联网+"大学生创新创业大赛数据,对当前中国高等教育院校的创新创业竞赛结果绘制数据画像以及对当前中国高校的创新创业教育进行热点分析、热点趋势预测、院校创新创业教育生态判断。

第三节 虚拟跨学科组织

从概念角度来分析,高校虚拟跨学科组织是在网络信息技术背景下发展起来的一种组织形式，它对破解高校实体跨学科组织系统结构中存在的合作成员选择与交流困境、集权过大、人员流动不畅及平台建设薄弱等诸多问题具有积极的意义，能够在核心能力、虚拟团队、扁平化管理结构、开放边界吸收组织成员及网络技术平台建设方面凸显其组织结构优势。智慧型院校高校院系治理是智慧高校数字治理的研究主体与重要内容。由于院系治理的数字化转型首先是依据高校对二级学院发展的主体要求上，特别是当今以数字化转型赋能高等教育内涵式发展趋势下逐步形成了新型教育生态以及构建了高等教育新体系。智慧高校数字治理迅速发展成为大数据技术支持下高校数据治理体系，也就是说，以数据驱动为动力的高校跨学科虚拟组织也会从本质上发生重要的变化。但是我国大学的跨学科组织的结构模式与数字化转型背景下虚拟跨学科组织结构必定有一定的差异，这不仅是智慧高校数字治理技术要求与政策背景同一性角度来区分，同时也是现实意义上聚焦于跨学科组织本身其内涵发展来审视跨学科组织结构问题的一种特殊诉求。例如，国内有学者基于院系治理层面提出将大学的跨学科组织划分为"自治型""外延型"与"无边界"等；国外有学者基于研究型大学培养跨学科研究生角度提出了研究型大学培养跨学科研究生的模式，主要包括拔尖人才的遴选及培养理念、"博专"兼备的跨学科课程设置原则、灵活多样的跨学科师资队伍组建方式、"跨学科项目式"科研规训和完备的管理考核机制。高校虚拟跨学科组织的发展关注是技术驱动所带来了组织结构的本质性变化，特别是当今无边界组织借助信息技术数字驱动对传统组织结构创新所形成的组织形式，同时更加强调信息共享、项目统领、价值链接以及范式融合等来打破全球范围内跨学科组织的文化边界模糊性的问题。因此虚拟跨学科组织建立在高校院系治理组织结构与模式创新的层面有着重要的优势，对智慧高校数字治理的发展有着重要的推动作用。

参 考 文 献

[1] 陈洪捷. 论中国高等教育的起源 [J]. 北京大学教育评论, 2022 (2): 49-55.

[2] 杜俊燕, 秦进才. 汉代教化传播初探 [J]. 河北学刊, 2020, 40 (5): 207-214.

[3] 张斌贤, 褚洪启等. 西方教育思想史 [M]. 成都: 四川教育出版社, 1994: 96-97.

[4] 张斌贤, 褚洪启等. 西方教育思想史 [M]. 成都: 四川教育出版社, 1994: 132.

[5] 张斌贤, 褚洪启等. 西方教育思想史 [M]. 成都: 四川教育出版社, 1994: 155.

[6] [法] 爱弥儿·涂尔干. 教育思想的演进 [M]. 李康译. 上海: 上海人民出版社, 2003: 70.

[7] 张弨. 欧洲中世纪执教资格的产生与演进 [J]. 世界历史, 2013 (3): 77-91.

[8] 何平立. 中国古代私学发展的文化精神 [J]. 学术月刊, 2002 (8): 36-43.

[9] 姜国钧, 杜成宪. 试论中国古代教育发展周期 [J]. 华东师范大学学报 (教育科学版), 2005 (1): 65-75.

[10] 钱穆. 国学概论 [M]. 北京: 商务印书馆, 1997.

[11] 董远骞. 中国教学论史 [M]. 北京: 人民教育出版社, 1998.

[12] 陈平原. 中国大学百年 [J]. 中国大学教学, 2005 (10): 18-20.

[13] 熊明安. 中国高等教育史 [M]. 重庆：重庆出版社，1983：188.

[14] 张斌贤，褚洪启等. 西方教育思想史 [M]. 成都：四川教育出版社，1994：183.

[15] 张斌贤，褚洪启等. 西方教育思想史 [M]. 成都：四川教育出版社，1994：188.

[16] [法] 爱弥儿·涂尔干. 教育思想的演进 [M]. 李康译. 上海：上海人民出版社，2003：92-93.

[17] [法] 爱弥儿·涂尔干. 教育思想的演进 [M]. 李康译. 上海：上海人民出版社，2003：118.

[18] 张斌贤，褚洪启等. 西方教育思想史 [M]. 成都：四川教育出版社，1994：207.

[19] [美] R.R.帕尔默等. 现代世界史 [M]. 孙福生等译. 北京：世界图书出版公司，2010：21.

[20] [瑞士] 瓦尔特·吕埃格. 欧洲大学史第一卷：中世纪大学 [M]. 贺国庆等译. 保定：河北大学出版社，2007：10.

[21] 罗伯特·伯恩鲍姆著. 大学运行模式. 别敦荣译. 中国海洋大学出版社，2003：81-98

[22] [澳] W.F.康纳尔. 20世纪世界教育史 [M]. 孟湘砥，胡若愚主译. 长沙：湖南省教育出版社，1991：643.

[23] 吴振利. 美国大学教师教学发展研究 [D]. 东北师范大学，2010.

[24] 张国强. 西方大学教师共同体的发展与启示 [M]. 北京：科学出版社，2019：15-16.

[25] [法] 爱弥儿·涂尔干. 教育思想的演进 [M]. 李康译. 上海：上海人民出版社，2003：2-3.

[26] [瑞士] 瓦尔特·吕埃格. 欧洲大学史第一卷：中世纪大学 [M]. 贺国庆等译. 保定：河北大学出版社，2007：10.

[27] [法] 爱弥儿·涂尔干. 教育思想的演进 [M]. 李康译. 上

海：上海人民出版社，2003：13.

［28］［法］爱弥儿·涂尔干. 教育思想的演进［M］. 李康译. 上海：上海人民出版社，2003：3.

［29］孟宪承. 中国古代教育文选［C］. 北京：人民教育出版社，1996：140.

［30］赵翼. 廿二史札记［M］. 北京：中华书局，1963：31-32.

［31］郑樵. 通志二十略［M］. 王树民点校. 北京：中华书局，1995：287.

［32］欧阳修，宋祁. 新唐书［M］. 北京：中华书局，1975：1159.

［33］潜说友. 咸淳临安志［G］//宋元方志丛刊. 北京：中华书局，1990：（卷十一）3450.

［34］吕思勉. 燕石续札［M］. 上海：上海人民出版社，1985：119.

［35］张邦炜. 宋代学校教育的时代特征——着眼于唐宋变革与会通的观察［J］. 四川师范大学学报（社会科学版），2016，43（05）：5-13.

［36］陈平原. 中国大学百年［J］. 中国大学教学，2005（10）：18-20.

［37］［加拿大］许美德. 中国大学 1895-1995：一个文化冲突的世纪［M］. 许洁英译. 北京：教育科学出版社，1999：11-16.

［38］费正清. 剑桥中华民国史（1912-1949年）（下卷）［M］. 杨品泉等译. 北京：中国社会科学出版社，1994：251.

［39］刘超. 中国大学的去向：基于民国大学史的观察［J］. 开放时代，2009（1）：47-68.

［40］谢泳. 书生私见：谢泳自选集［M］. 上海：上海文艺出版社，1998：244.

［41］潘懋元. 分类、定位、特点、质量——当前中国高等教育发展中的若干问题［J］. 福建工程学院学报，2005（2）：103-108.

［42］潘懋元. 我看应用型本科院校定位问题［J］. 教育发展研

究，2007（7-8A）：34-36.

［43］周光礼．论高校分类的逻辑［J］．中国高教研究，2022，No.351（11）：30-37.

［44］陈凡，吴跃文．欧洲高校分类新动向：大学图［J］．中国高教研究，2012，No.222（2）：48-51.

［45］李瑞琳，史静寰．如何评价大学的社会服务功能：美国卡内基高校社区参与分类2020年新动向及其启示［J］．江苏高教，2021，No.245（7）：112-118.

［46］朱永东，张振刚．卡内基高等教育机构分类的演变及启示［J］．高教探索，2017，No.166（2）：5-12.

［47］毛道伟，吴业春．中美大学分类比较分析——以卡内基分类与武氏分类为例［J］．国家教育行政学院学报，2008，No.130（10）：85-89.

［48］赵婷婷，汪乐乐．高等学校为什么要分类以及怎样分类？——加州高等教育规划分类体系与卡内基高等教育机构分类的比较［J］．北京大学教育评论，2008，No.24（4）：166-178，192.

［49］江小明．关于高等教育分类及应用型大学定位问题的一点认识［J］．高等理科教育，2005（3）：6-10.

［50］魏亚，刘学东，杨志和．新建本科院校教育类型新探——基于新版《国际教育标准分类法》分析［J］．高教论坛，2019，No.242（12）：98-102.

［51］潘懋元．中国高等教育的定位、特色和质量［J］．中国大学教学，2005，（12）：4-6.

［52］刘亮．我国应用型高等教育新探：概念与历史——基于《国际教育标准分类法（2011）》的视角［J］．河北师范大学学报（教育科学版），2017，19（6）：106-111.

［53］［德］卡尔·雅斯贝尔斯．大学之理念［M］．邱立波译．上海：世纪出版集团，2007：4.

［54］张东亚．从书院到学堂、从学堂到大学——近代中国高等教

育的机构演进［J］．当代教育论坛，2018，No.283（1）：37-47．

［55］马叙伦．第一次全国高等教育会议闭幕词［J］．人民教育，1950（3）：15-16．

［56］刘光．新中国高等教育大事记［Z］．长春：东北师范大学出版社，1990．

［57］李均．中国高等专科教育发展史［M］．上海：学林出版社，2005．

［58］周玲．大学组织冲突研究［D］．华东师范大学，2006．

［59］［加］范德格拉夫等编著．学术权力—七国高等教育管理体制比较［M］．王承绪等译．杭州：浙江教育出版社，2001：109．

［60］［法］爱弥儿·涂尔干．教育思想的演进［M］．李康译．上海：上海人民出版社，2003：137．

［61］张斌贤，褚洪启等．西方教育思想史［M］．成都：四川教育出版社，1994：216．

［62］［法］爱弥儿·涂尔干．教育思想的演进［M］．李康译．上海：上海人民出版社，2003：155．

［63］［瑞士］瓦尔特·吕埃格．欧洲大学史第一卷：中世纪大学［M］．贺国庆等译．保定：河北大学出版社，2007：32．

［64］［瑞士］瓦尔特·吕埃格．欧洲大学史第一卷：中世纪大学［M］．贺国庆等译．保定：河北大学出版社，2007：49．

［65］［英］海斯汀·拉斯达尔．中世纪的欧洲大学：大学的起源［M］．崔延强，邓磊，译．重庆：重庆大学出版社，2011：141．

［66］［英］海斯汀·拉斯达尔．中世纪的欧洲大学：大学的起源［M］．崔延强，邓磊，译．重庆：重庆大学出版社，2011：138．

［67］［英］海斯汀·拉斯达尔．中世纪的欧洲大学：在上帝与尘埃之间［M］．崔延强，邓磊，译．重庆：重庆大学出版社，2011：149．

［68］［英］海斯汀·拉斯达尔．中世纪的欧洲大学：博雅教育的兴起［M］．崔延强，邓磊，译．重庆：重庆大学出版社，2011：109．

［69］［瑞士］瓦尔特·吕埃格．欧洲大学史第二卷：中世纪大学

[M]．贺国庆等译．保定：河北大学出版社，2007：168．

［70］［美］华勒斯坦等．学科知识权力［M］．刘健芝等编译．北京：生活·读书·新知三联书店，1999：154－207．

［71］［瑞士］瓦尔特·吕埃格．欧洲大学史第三卷：中世纪大学[M]．张斌贤，杨克瑞译．保定：河北大学出版社，2013：98．

［72］［瑞士］瓦尔特·吕埃格．欧洲大学史第三卷：中世纪大学[M]．张斌贤，杨克瑞译．保定：河北大学出版社，2013：171．

［73］［瑞士］瓦尔特·吕埃格．欧洲大学史第三卷：中世纪大学[M]．张斌贤，杨克瑞译．保定：河北大学出版社，2013：172．

［74］［瑞士］瓦尔特·吕埃格．欧洲大学史第三卷：中世纪大学[M]．张斌贤，杨克瑞译．保定：河北大学出版社，2013：389．

［75］［瑞士］瓦尔特·吕埃格．欧洲大学史第三卷：中世纪大学[M]．张斌贤，杨克瑞译．保定：河北大学出版社，2013：388．

［76］［瑞士］瓦尔特·吕埃格．欧洲大学史第三卷：中世纪大学[M]．张斌贤，杨克瑞译．保定：河北大学出版社，2013：56．

［77］［加］许美德．中国大学1895－1995：一个文化冲突的世纪[M]．许洁英译．北京：教育科学出版社，1999：74．

［78］［美］费正清．剑桥中华民国史（下卷）[M]．杨品泉等译．北京：中国社会科学出版社，1994：252．

［79］陈学恂主编．高奇分卷主编．中国教育史研究：现代分卷[M]．上海：华东师范大学出版社，2009：87－90．

［80］南京大学校庆校史资料编辑组，学报编辑部编辑．南京大学校史资料选[Z] 南京大学印刷厂（内部发行），1982：229－230．

［81］斯日古楞．民国时期国立大学"院—系"学科建制考［J］．高教探索，2017（4）：101－105．

［82］李良立，陈廷柱．民国时期大学院系治理的典型模式及其启示［J］．高教探索，2021（9）：102－109．

［83］李均．新中国高等教育政策65年：嬗变与分析［J］．大学教育科学，2015，No.150（2）：79－87．

[84] 王为洋,朴雪涛. 我国借鉴苏联高等教育话语体系的发展逻辑（1949—1956）[J]. 煤炭高等教育,2022（4）：88-96.

[85] 包丹丹. 1952年院系调整再解读[J]. 教育学报,2013,9（2）：113-120.

[86] 李文墨. 苏联模式影响下我国规划专业教育的"本土化"发展（1952—1961年）[J]. 城市规划学刊,2020（1）：111-118.

[87] 郑璐. 建国初期高校院系调整的评价与反思[J]. 教育评论,2011（6）：145-147.

[88] 何东昌. 中华人民共和国重要教育文献（1949~1975）[M]. 海南出版社,1998：376.

[89] 褚照锋,蔡亮. 20世纪80年代以来我国大学院系领域的改革历程及其反思[J]. 大学教育科学,2022,No.196（6）：117-123.

[90] 宣勇. 论大学的校院关系与二级学院治理[J]. 现代教育管理,2016（7）：1-5.

[91] 袁祖望. 学院制与高校纵向管理体制改革[J]. 高等理科教育,2005（1）：105-107.

[92] 褚照锋. 学科制度如何影响院系设置与治理[J]. 高等教育研究,2020（5）：31-37.

[93] 公钦正,周光礼,张海生. 知识转型与组织应对：文科见长大学改进发展研究——以耶鲁大学为例[J]. 现代大学教育,2022（6）：65-74.

[94] 沃尔特·W. 鲍威尔,保罗·J. 迪马吉奥. 组织分析的新制度主义[M]. 姚伟译. 上海：上海人民出版社,2008：58.

[95] W. R. Scott. Institutions and Organizations [M]. California：Sage Publications,2001.

[96] W. 斯科特. 组织理论[M]. 黄洋等译. 北京：华夏出版社,2002：125.

[97] 齐舒,罗大中. 高校党委领导下的校长负责制发展过程及创新途径[J]. 现代教育管理,2012（6）：58-62.

［98］邓传淮．推动中国特色现代大学制度建设［J］．中国高教研究，2020（2）：6-8．

［99］高等学校教职工代表大会暂行条例，见何东昌《中华人民共和国重要教育文献》（1976—1990）［M］．海南出版社，1998：2256．

［100］刘凌．高校教代会与大学民主治理的发展——以广东H大学为例［J］．高教探索，2016，No.160（8）：30-36．

［101］中华人民共和国教师法［EB/OL］．（1994-01-01）．教育部门户网站．http：//www.moe.edu.cn/publicfiles/business/htmlfiles/moe/moe_619/200407/1314.html．

［102］中华人民共和国教育法［EB/OL］．（1995-09-01）．教育部门户网站．http：//www.moe.edu.cn/publicfiles/business/htmlfiles/moe/moe_619/200407/1316.html．

［103］中华人民共和国高等教育法［EB/OL］．（1999-01-01）．教育部门户网站．http：//www.moe.edu.cn/publicfiles/business/htmlfiles/moe/moe_619/200407/1311.html．

［104］郭卉．我国高校教职工代表大会制度变迁的历史考察［J］．高教探索，2007，No.94（2）：39-42．

［105］张天华．高校院（系）党政联席会议制度演变与内涵分析［J］．国家教育行政学院学报，2013（3）：64-68．

［106］李陈财．高校党的领导体制的历史演变及其经验启示［J］．上海党史与党建，2020（11）：34-38．

［107］门妍萍，熊顺子．院（系）党政联席会议工作机制研究与创新实践［J］．国家教育行政学院学报，2013（5）：15-18．

［108］湛中乐，王春蕾．大学治理中的学术委员会制度建设——兼评《高等学校学术委员会规程》［J］．北京大学学报（哲学社会科学版），2016，53（2）：76-82．

［109］黄厚明．推进现代大学治理的学术委员会制度探析——兼评新修改的《高等教育法》［J］．湖北社会科学，2016，No.359（11）：170-174．

[110] 熊庆年,蔡樱华. 高校学术权力组织的制度再造与政府规制[J]. 复旦教育论坛,2018,16(4):37-42.

[111] 包万平,薛南. 我国大学学术权力运行的历史变迁研究[J]. 重庆大学学报(社会科学版),2019(6):193-204.

[112] 洪德铭. 西南联大的精神和办学特色(上)[J]. 高等教育研究,1997(1):10-15.

[113] 谢本书. 西南联大的民主精神[J]. 云南师范大学哲学社会学学报,1991(5):85-90.

[114] 陈学恂主编. 高奇分卷主编. 中国教育史研究:现代分卷[M]. 上海:华东师范大学出版社,2009:87-90.

[115] 张建新. 从西南联大教授与当今教授看现代大学制度的建立[J]. 学园,2009(2):24-30.

[116] 中共中央关于教育体制改革的决定[J]. 民主与科学,2009(5):44-46.

[117] 包万平,薛南. 我国大学学术权力运行的历史变迁研究[J]. 重庆大学学报(社会科学版),2019(6):193-204.

[118] 教育部. 国家中长期教育改革和发展规划纲要(2010—2020年)[EB/OL]. [2023-02-01]. http://www.moe.gov.cn/srcsite/A01/s7048/201007/t20100729_171904.html.

[119] 蔡国春. 论高校学术委员会制度的建构与重构——基于学术权力独立性与统整性的考量[J]. 高等教育研究,2019(1):22-27.

[120] 严蔚刚. 我国高校学院基本议事制度的现状、问题及探讨[J]. 中国高教研究,2016(9):87-92.

[121] 邱海锋. 高校院(系)党政联席会议制度实施中存在的问题与对策[J]. 思想理论教育,2017,No.460(7):70-73.

[122] 刘兴华. 数字全球化与全球数字共同体[J]. 国外社会科学,2021(5):39-40.

[123] 闫德利. 数字中国的由来和内涵[J]. 互联网天地,2018

(10): 14-17.

[124] 薛晓源,刘兴华. 数字全球化、数字风险与全球数字治理[J]. 东北亚论坛, 2022, 31 (3): 3-18, 127. DOI: 10. 13654/j. cnki. naf. 2022. 03. 001.

[125] 陈云龙,翟晓磊. 教育数字化转型的构想与策略[J]. 中国电化教育, 2022, No. 431 (12): 101-106.

[126] 王姝莉,黄漫婷,胡小勇. 美国、欧盟、德国、法国和俄罗斯教育数字化转型分析[J]. 中国教育信息化, 2022, 28 (6): 13-19.

[127] 怀进鹏. 数字变革与教育未来——在世界数字教育大会上的主旨演讲[EB/OL]. [2023-02-13] [2023-03-27]. http://www.moe.gov.cn/jyb_xwfb/moe_176/202302/t20230213_1044377.html.

[128] 教育部. 《中华人民共和国国民经济和社会发展第十四个五年规划和2035年远景目标纲要》[EB/OL]. (2021-03-13) [2023-05-01]. http://www.moe.gov.cn/jyb_xwfb/s6052/moe_838/202103/t20210315_519738.html.

[129] 教育部. 以数字化转型赋能高等教育内涵式发展[EB/OL]. (2022-02-15) [2023-05-01]. http://www.moe.gov.cn/jyb_xwfb/xw_zt/moe_357/2023/2023_zt01/mtbd/202302/t20230215_1044789.html.

[130] 世界慕课与在线教育联盟秘书处. 高等教育数字化的趋势、阶段与变革——《无限的可能:世界高等教育数字化发展报告》节选一[J]. 中国教育信息化, 2023, 29 (1): 3-8.

[131] 郑苑,梁振辉. 教育信息化背景下高校数据治理研究[J]. 中国教育信息化, 2020 (17): 50-54.

[132] 教育部. 《中国智慧教育蓝皮书(2022)》:学生数字素养培养成效显著[EB/OL]. (2022-02-13) [2023-05-01]. http://www.moe.gov.cn/jyb_xwfb/xw_zt/moe_357/2023/2023_zt01/mtbd/202302/t20230213_1044392.html.

[133] 陆慧玲. 智慧校园建设中的高校数据治理研究[D]. 江苏

大学，2022.

[134] 杨霞，范蔚. 技术与文化双向融合：智慧校园建设的价值选择与行动路向[J]. 电化教育研究，2022，43（11）：45-52.

[135] 秦彦彦，廖宏建. 高校智慧校园数据治理建设的瓶颈与对策分析[J]. 教育现代化，2020，7（7）：96-97.

[136] 教育部. 教育部等六部门关于推进教育新型基础设施建设构建高质量教育支撑体系的指导意见[EB/OL]. (2021-07-08) [2023-05-01]. http://www.moe.gov.cn/srcsite/A16/s3342/202107/t20210720_545783.html.

[137] 教育部. 北京科技大学坚持"三个服务"加快推进智慧校园建设[EB/OL]. (2023-03-13) [2023-05-01]. http://www.moe.gov.cn/jyb_xwfb/s6192/s133/s137/202303/t20230313_1050594.html.

[138] 教育部. 浙江大学以"网上浙大2.0"为抓手 加快打造数字时代办学新空间[EB/OL]. (2022-06-17) [2023-05-01]. http://www.moe.gov.cn/jyb_sjzl/s3165/202206/t20220617_638255.html.

[139] 教育部. 教育新基建的范围是什么？[EB/OL]. (2021-09-10) [2023-07-30]. http://www.moe.gov.cn/jyb_hygq/hygq_zczx/moe_1346/moe_1361/202109/t20210910_561567.html.

[140] 教育部. 推动信息技术与教育教学深度融合 教育部印发《高等学校数字校园建设规范（试行）》[EB/OL]. (2021-03-26) [2023-07-30]. http://www.moe.gov.cn/jyb_xwfb/gzdt_gzdt/s5987/202103/t20210326_522685.html.

[141] 齐运锋，黄鸿娇. 应用型本科院校校企合作的策略[J]. 继续教育研究，2022（1）：109-112.

[142] 教育部. 以数字化助力教育强国建设[EB/OL]. (2023-02-11) [2023-05-01]. http://www.moe.gov.cn/jyb_xwfb/s5147/202302/t20230211_1043749.html.

[143] 钱群雷，刘东风. 高校智慧校园建设的企业参与及其路径探究[J]. 智库时代，2018（41）：72-74.

[144] 李进. 智慧校园建设中的校企合作模式研究——基于X大学的"过程—事件"分析 [D]. 吉林大学, 2023.

[145] 吕挫挫. 智慧校园视域下高校用户画像探究 [J]. 大众标准化, 2020 (19): 45-48.

[146] 张治, 刘小龙, 徐冰冰, 陈雅云, 吴永和. 基于数字画像的综合素质评价：框架、指标、模型与应用 [J]. 中国电化教育, 2021 (8): 25-33, 41.

[147] 任福兵, 王朋. 基于多源数据的高校画像构建与应用场景研究 [J]. 高校图书馆工作, 2022, 42 (2): 34-40.

[148] 艾兴, 张玉. 从数字画像到数字孪生体：数智融合驱动下数字孪生学习者构建新探 [J]. 远程教育杂志, 2021, 39 (1): 41-50.

[149] 翟鸣宇, 宋超, 杨雨濛等. 大连理工大学以数据画像推动党建工作 [J]. 中国教育网络, 2023 (1): 66-67.

[150] 于方, 刘延申. 大数据画像——实现高等教育"依数治理"的有效路径 [J]. 江苏高教, 2019 (3): 50-57.

[151] 郑晋. 基于大数据的高校教师教学质量画像的研究与实现 [J]. 信息系统工程, 2023 (6): 173-176.

[152] 教育部. 加快推进教育数字化 建设教育强国 [EB/OL]. (2022-06-17) [2023-05-01]. http://www.moe.gov.cn/jyb_xwfb/s5148/202212/t20221209_1028299.html.

[153] 陈翔. 全面把握与积极优化数字治理伦理 [N]. 中国社会科学报, 2022-08-16 (006).

[154] 吴维东, 张晓然, 叶雨晴等. 基于竞赛数据画像的双创教育评价——中国国际"互联网+"大学生创新创业大赛数据分析 [J]. 高等工程教育研究, 2022 (2): 155-159.

[155] 许日华. 高校虚拟跨学科组织：研究缘起、内涵及建构 [J]. 高校教育管理, 2015, 9 (5): 67-73.

[156] 焦磊. 美国研究型大学培养跨学科研究生的动因、路径及模式研究 [J]. 外国教育研究, 2017, 44 (3): 16-26.

[157] 高耀. 以数字化转型赋能高等教育内涵式发展 [EB/OL]. (2023-02-15) [2024-03-05]. http://www.moe.gov.cn/jyb_xwfb/xw_zt/moe_357/2023/2023_zt01/mtbd/202302/t20230215_1044789.html.

[158] 杨现民. 开辟教育全面数字化转型新局面 [EB/OL]. (2022-04-07) [2024-03-05]. http://www.moe.gov.cn/jyb_xwfb/moe_2082/2022/2022_zl12/202204/t20220407_614408.html.

[159] 熊建辉. 善用数字化赋能教育管理转型升级 [EB/OL]. (2022-04-21) [2024-03-05]. http://www.moe.gov.cn/jyb_xwfb/moe_2082/2022/2022_zl12/202204/t20220421_620118.html.

[160] 于方,刘延申,郝明睿等. 基于多源履职数据的大学院系画像构建与应用 [J]. 现代教育技术, 2021, 31 (06): 119-126.

[161] 查永军. 大数据与高校院系治理 [J]. 中国电化教育, 2018, (01): 59-63.

附　录

校友会 2022 中国应用型大学排名

序号	学校名称	全国排名
1	东莞理工学院	149
2	太原科技大学	185
3	武汉轻工大学	187
4	沈阳大学	187
5	南通大学	189
6	西安工业大学	194
7	青岛农业大学	194
8	南华大学	197
9	武汉纺织大学	202
10	台州学院	202
11	河北科技大学	202
12	沈阳师范大学	207
13	上海工程技术大学	209
14	北方民族大学	211
15	江苏科技大学	211
16	东华理工大学	214
17	湖北文理学院	216
18	北京联合大学	216
19	西藏民族大学	216
20	湖北经济学院	222
21	内蒙古科技大学	224
22	中国计量大学	226
23	山东理工大学	226

续表

序号	学校名称	全国排名
24	河北经贸大学	226
25	安徽建筑大学	230
26	北华大学	230
27	青海师范大学	230
28	华北理工大学	233
29	重庆理工大学	233
30	青海民族大学	233
31	内蒙古工业大学	237
32	北京信息科技大学	237
33	长春工业大学	240
34	安徽财经大学	240
35	沈阳化工大学	243
36	广东财经大学	244
37	内蒙古民族大学	244
38	吉首大学	246
39	华北水利水电大学	246
40	河南财经政法大学	246
41	吉林财经大学	246
42	湖州师范学院	246
43	聊城大学	250
44	天津商业大学	250
45	鲁东大学	250
46	沈阳航空航天大学	253
47	郑州轻工业大学	253
48	贵州医科大学	253
49	西安外国语大学	253
50	大连外国语大学	253
51	辽宁科技大学	256
52	西华大学	256

续表

序号	学校名称	全国排名
53	大连民族大学	256
54	大连海洋大学	256
55	贵州财经大学	256
56	塔里木大学	256
57	福建工程学院	256
58	黄冈师范学院	256
59	吉林师范大学	256
60	湖北医药学院	256
61	南宁师范大学	256
62	集美大学	262
63	中国民航大学	262
64	佳木斯大学	262
65	南京审计大学	266
66	上海应用技术大学	266
67	南京工程学院	268
68	西安工程大学	268
69	北京服装学院	268
70	郑州航空工业管理学院	268
71	浙江传媒学院	268
72	内蒙古医科大学	268
73	河北地质大学	273
74	辽宁石油化工大学	273
75	湖南工业大学	273
76	河南科技学院	273
77	渤海大学	273
78	中国青年政治学院	273
79	广西中医药大学	273
80	海南医学院	273
81	成都信息工程大学	278

续表

序号	学校名称	全国排名
82	重庆科技学院	278
83	齐齐哈尔大学	278
84	天津职业技术师范大学	278
85	西安石油大学	281
86	合肥学院	281
87	绍兴文理学院	281
88	新疆财经大学	281
89	河北工程大学	281
90	重庆文理学院	281
91	湖北中医药大学	281
92	北方工业大学	287
93	贵州民族大学	287
94	安徽工程大学	287
95	中原工学院	287
96	临沂大学	287
97	井冈山大学	287
98	四川外国语大学	287
99	上海立信会计金融学院	293
100	吉林化工学院	293
101	延安大学	293
102	黑龙江科技大学	293
103	浙江科技学院	293
104	北京电子科技学院	293
105	浙江万里学院	293
106	长江师范学院	293
107	锦州医科大学	293
108	徐州医科大学	293

太原科技大学章程

序 言

太原科技大学(以下简称学校)始建于1952年,初名山西省机械制造工业学校,隶属于山西省工业厅。1953年划归中央第一机械工业部,更名为太原机器制造学校。1955年汉口机器制造学校锻冲专业、长春汽车工业学校锻压专业并入。1960年更名为太原重型机械学院。1965年大连工学院、沈阳机电学院起重运输机械专业并入。1998年划归山西省人民政府。2004年山西综合职业技术学院化工分院并入。同年,更名为太原科技大学。

太原科技大学是新中国第一所重型机械本科院校。建校以来,学校坚持以工为主,质量建校和特色办学的原则,着力培养具有创新精神的科学研究人才和引领行业发展的工程师、企业家及其他专业技术人才,努力创建特色鲜明和具有行业重要影响力的高水平大学。

第一章 总 则

第一条 依据《中华人民共和国教育法》、《中华人民共和国高等教育法》等法律、法规和规章,制定本章程。

本章程旨在明确学校法律地位,规范学校办学行为,保障举办者、学校、教职员工和学生的合法权益。

第二条 学校章程是学校依法办学、实施管理和履行职能的根本制度。学校所有机构、组织、教职员工、学生都必须以本章程为根本的活动准则,并负有维护章程尊严、保证章程实施的职责。

第三条 学校是国家全日制普通高等学校。学校具有独立法人资格,校长是学校的法定代表人。

第四条 学校坚持中国共产党领导,坚持社会主义办学方向,贯彻国家教育路线、方针和政策，培养德、智、体等方面全面发展的社会主义事业建设者和接班人。

第五条 学校实行中国共产党太原科技大学委员会（以下简称学校党委）领导下的校长负责制，推进教授治学和民主管理，实行校院两级管理体制。

第六条 学校校训为"负重奋进、笃行求实"。

第七条 学校以人才培养为中心，通过教育教学、科学研究和社会服务，推动产业科技进步和社会经济发展。

第八条 学校教育包括学历教育和非学历教育，采用全日制和非全日制教育形式，全日制学历教育是主要教育形式。学历教育以本科生和研究生教育为主，兼具继续教育、职业教育、留学生教育等。

学校学科门类涵盖工学、理学、哲学、法学、文学、经济学、管理学、教育学、艺术学等。

学校依法颁发学业证书，授予学士、硕士及博士学位。

第九条 学校中文名称：太原科技大学。

英文名称：Taiyuan University of Science and Technology

英文缩写：TYUST

学校网址为：www.tyust.edu.cn

住所地：山西省太原市万柏林区窊流路66号

第二章 举办者与学校

第十条 学校的举办者是山西省人民政府，主管部门是山西省教育厅。

根据国家法律法规，举办者的主要职责是：

（一）根据经济建设和社会发展需要，制定高等教育发展规划、方针政策和基本标准，指导学校制订发展规划，规范学校的办学行为，监督学校执行国家法律法规。

（二）依法管理学校，核准学校章程，决定学校的分立、合并、终止以及变更名称等重要事项。

（三）按照国家有关规定任免学校校长、副校长，以及其他应由举办者任免的人员。

（四）制定经费拨款标准和使用办法，保障学校办学经费的稳定来源和逐年增长。

（五）制定教育教学质量标准，组织对学校教育教学质量的监督和评估，推进学校教育教学改革，优化学校教育结构和资源配置。

（六）支持学校根据实际需要，确定内部组织机构的设置和人员配备；自主确定内部收入分配；自主规划和管理校园基建以及其他项目；自主开展与境内外高等学校之间的科学技术文化交流与合作。

（七）保障学校依法自主办学、自主管理，维护学校良好的办学环境和办学秩序，保护学校的合法权益不受侵犯。

（八）保护学校教职工的合法权益，支持学校积极改善教职工工作和生活条件。

（九）审查、批准学校需要举办者审批的事项。

（十）法律、法规和规章规定的其他职责。

第十一条 学校按照章程自主管理，依法享有下列权利：

（一）根据举办者核定的办学规模，制定招生方案，调节招生比例，开展教育教学活动；

（二）设置和调整学科专业，按照国家学位制度授予学位；

（三）根据自身条件，开展科学研究和产学研合作；

（四）开展境内外教育合作交流业务；

（五）按照国家有关规定，引进、评聘、晋升和辞退教师和其他员工；

（六）根据实际需要和精简、效能原则，设置教学科研单位、职能部门及聘任相关管理人员；

（七）管理和使用办学经费，确定内部收入分配；

（八）按照国家有关规定，规划校园建设和管理；

（九）法律、法规、规章规定的其他权利。

第十二条 学校依法履行下列义务：

（一）依法行使办学自主权，遵从学校办学宗旨及高等教育公益性目的；

（二）贯彻执行国家教育规划、方针政策和基本标准；

（三）以人才培养为中心工作，履行教育教学、科学研究、社会服务等职能；

（四）接受举办者、教育行政主管部门、教职员工、学生及社会监督；

（五）维护教职员工和学生合法权益。

（六）依法履行法律法规、规章和本章程规定的其他义务。

第三章 教职员工

第十三条 学校教职员工由教师、其他专业技术人员、管理人员和工勤人员组成。

第十四条 学校依法制定人事管理制度，逐步推进对各类教职员工的分类管理，其中：

（一）教师和其他专业技术人员实行聘任制度；

（二）管理人员实行职员制度；

（三）工勤人员实行劳动合同制度。

第十五条 学校教职员工依法享有下列权利：

（一）享有教师尊严和学术自由；

（二）从事教育教学活动，开展人才培养、科学研究、社会服务、学校管理和服务；

（三）按工作职责和需要使用学校的公共资源；

（四）公平获得境内外访学、进修等自身发展所需的学习、培训机会和条件；

（五）在品德、能力和业绩等方面获得公正评价；

（六）公平取得教师资格和其他专业技术资格，获得专业技术职务评聘机会；

（七）公平获得各种奖励及荣誉称号；

（八）知悉、参与和监督学校改革发展及其他涉及切身利益的重要事项；

（九）参与学校民主管理，对学校工作提出建议、意见和批评；

（十）就职务聘用、福利待遇、评优评奖、纪律处分等事项表达异议或提出申诉；

（十一）法律、法规、规章规定和合同约定的其他权利。

第十六条 学校教职员工依法履行下列义务：

（一）贯彻党的教育方针，忠于人民教育事业；

（二）尊重学生，爱护学生，教书育人，管理育人和服务育人；

（三）爱岗敬业，执行学校教学计划、方案和任务；

（四）遵守法律法规和学校制度；

（五）遵守职业道德和学术道德；

（六）维护学校利益和学校名誉；

（七）法律、法规、规章和本章程规定的其他义务。

第十七条 学校为教师开展教学、科研、学术及社会服务等活动提供必要条件和保障。

第十八条 学校逐步提高与学校发展水平相适应的教职员工福利待遇。

第十九条 学校建立教职员工职业发展制度，支持教职员工参加培训、研修和开展学术交流活动。

第二十条 学校设立教职员工考核和奖惩制度，对优秀集体和个人进行表彰奖励，对违纪教职员工进行批评教育或给予相应处分。

学校重视师德建设，将师德纳入教师考核评价体系，并作为教师绩效评价、聘任（聘用）和评优奖励的首要标准。

第二十一条 学校支持和保障教职员工以合法形式参加学校民主管理和监督。

第二十二条 兼职教授、名誉教授、客座教授、在站博士后、访问学者、进修教师等其他教育工作者，在本校从事教学、科研、进修活动期间，依据法律规定、政策规定、学校规定和合同约定，享受相应的权利，履行相应的义务，学校为其提供必要的条件和保障。

第四章 学　生

第二十三条　学生是指被学校依法依规录取、取得入学资格的受教育者。

第二十四条　学生依法享有下列权利：

（一）公平接受学校教育，平等享用学校公共教育资源，获得增强全面发展能力的基本条件保障；

（二）按规定条件和程序重新选择专业，跨学科、学院选修课程；

（三）自主开展科学研究、发表学术成果、参加学术活动；

（四）自主参加素质拓展、社会服务、勤工助学及创新、创意、创业等活动，在校内自主组织、参加学生社团及文化体育等活动；

（五）公平获得在境内外学习深造和参加学术文化交流活动的机会；

（六）公平获得各级各类奖励和荣誉称号；

（七）在思想品德、综合素质、学业成绩等方面获得公正评价，达到学校规定学业标准时获得相应的学业证书、学位证书；

（八）获得就业指导和职业生涯规划指导；

（九）按国家及学校规定的标准和程序公平获得奖学金、助学金及助学贷款，享有规定的福利待遇；

（十）知悉、参与和监督学校改革发展及其他涉及个人切身利益的事项；

（十一）参与学校民主管理，对学校工作提出建议、意见和批评；

（十二）对学校给予的处分或者处理进行陈述和申辩，向学校或者教育行政主管部门提出申诉；

（十三）法律、法规、规章和本章程规定的其他权利。

第二十五条　学生依法履行下列义务：

（一）遵守法律法规和学校规定，尊重公序良俗；

（二）勤学修德，注重实践，完成学业；

（三）遵守学术规范，恪守学术道德；

（四）按规定缴纳学费及有关费用；

（五）爱护并合理使用教育教学设备及生活设施；

（六）珍惜和维护学校名誉，维护学校利益；

（七）法律、法规、规章规定的其他义务。

第二十六条 学校有义务为学生成长成才提供如下支持：

（一）设立奖学金制度，对品学兼优的学生予以奖励；

（二）健全贷、困、补、减免等资助体系，对家庭经济困难学生予以资助；

（三）为学生提供心理健康教育和咨询以及创业、就业、职业生涯规划指导；

（四）为其他遇到特殊困难的学生提供指导和帮助。

第二十七条 学校建立健全学生综合考评和奖惩制度，对取得突出成绩或为学校争得荣誉的学生集体和个人进行表彰奖励，对违纪学生进行批评教育或给予相应的纪律处分。

第二十八条 学校鼓励、支持和保障学生以合法方式参与学校的民主管理和监督。

学校依法建立健全学生权利保护制度，设立学生申诉处理委员会，维护学生合法权益。

第二十九条 学校支持学生依法依规组建社团。学生社团在学校学生管理部门的指导、监督和管理下，依照法律法规和学校规定开展活动。

第三十条 在学校接受培训、继续教育、在职学习等其他类型的无学籍的受教育者，依据法律法规、学校规定和合同约定，享有相应的权利，履行相应的义务。

第五章　组织机构

第三十一条 学校党委是学校领导核心，统一领导学校工作。

学校党委的主要职责是：

（一）贯彻执行中国共产党络线、方针和政策，保证社会主义办学方向；

（二）制订、修订学校章程，讨论决定事关学校改革发展稳定及教学、科研、行政管理中的重大事项和基本管理制度；

（三）讨论决定学校预决算和重大资金使用；

（四）按照干部管理权限负责干部的选拔、教育、培养、考核和监督，讨论决定学校内部组织机构的设置及其负责人的人选。

（五）讨论决定学校人才工作规划和人才政策，统筹学校各类人才队伍建设；

（六）领导学校思想政治教育、安全稳定及校园文化建设工作；

（七）领导学校党的基层组织建设工作；

（八）领导学校党风廉政建设和反腐败工作；

（九）领导学校工会、共青团、学生会等群众组织及教职工代表大会和统战工作，督促教代会提案执行落实；

（十）讨论决定其他事关教职员工和学生切身利益的重要事项。

第三十二条　学校党委由党员代表大会（以下简称党代会）选举产生，向其负责并报告工作，每届任期一般为五年。学校党委设书记一名，副书记若干名，书记、副书记根据《中国共产党章程》产生。书记主持党委全面工作，协调党委领导班子成员工作，督促检查党委决议贯彻落实。

学校党委实行民主集中制，领导班子成员按照分工履行职责，重大议题和重要事项按照集体领导、民主集中、个别酝酿、会议决定的原则表决作出决定。

学校党委支持校长依法独立开展工作。

第三十三条　校长是学校法定代表人，在学校党委领导，全面负责学校教学、科研和行政管理等工作。

校长的主要职责是：

（一）组织拟订和实施学校发展规划、工作计划、管理制度和教学科研改革方案措施；

（二）组织拟订和实施学校内部组织机构的设置方案，按照国家法律和干部选拔任用工作有关规定，推荐副校长人选，任免内部组织机构的负责人。

（三）组织拟订和实施学校人才发展规划和师资队伍建设方案，聘任与解聘教师及相关业务人员；

（四）组织拟订和实施学校基本建设、年度经费预算等方案；

（五）组织开展教育教学、学科建设和科学研究活动；

（六）组织开展思想品德教育，负责学生学籍、招生、就业及奖惩管理；

（七）组织开展学校安全稳定和后勤保障工作；

（八）组织开展学校对外交流与合作，代表学校签署合作协议；

（九）负责向学校党委报告重大决议执行情况，向教职工代表大会报告工作，支持学校各级党组织、民主党派、群众组织和学术组织开展工作；

（十）履行法律、法规、规章规定的其他职权。

第三十四条 学校设校长一名，副校长若干名，由主办者依法任命。副校长根据内部分工，协助校长工作，对校长负责。校长（或委托副校长）召集并主持校长办公会。校长办公会由校长、副校长等组成。校长可以根据会议内容邀请党委成员参加或指定其他人员列席校长办公会。

校长办公会实行校长负责制，按照集体讨论、校长决定的原则作出决定。

第三十五条 学校设立教职工代表大会（以下简称教代会），作为教职员工依法保障自身权益、参与学校民主管理和民主监督的基本形式。

教代会行使以下职权：

（一）审议学校章程草案和修订报告；

（二）审议学校发展规划、师资队伍建设等重大问题解决方案的报告；

（三）审议学校年度工作、财务工作及其他专项工作报告；

（四）讨论通过与教职员工利益直接相关的校内分配、福利和聘任、考核、奖惩等方案；

（五）审议学校教代会提案办理情况报告；

（六）对学校各级各类干部进行民主评议；

（七）指导二级教代会工作；

（八）对学校工作提出意见和建议；

（九）法律、法规、规章规定的其他相关事项。

第三十六条 学校教代会代表从学校教学科研单位、职能部门（附属部门）中直接选举产生，其中教师代表不得低于代表总数的百分之六十，兼任党政领导职务的代表比例不得超过代表总数的百分之二十五。

教代会每五年一届，代表可连选连任。

教代会根据需要，邀请有关领导干部、离退休教职员工、民主党派人员及其他人员列席。

第三十七条 太原科技大学工会委员会（以下简称校工会）是学校党委和上级工会组织领导下的教职工自愿参加的群众组织，按照《中华人民共和国工会法》和《中国工会章程》开展工作，履行工会职责。

学校工会会员代表大会与学校教代会届期一致，原则上实行两会结合。

第三十八条 学校设立学术委员会，作为校内最高学术机构，统筹行使对学校学术事务的决策、审议、评定和咨询权。

学校学术委员会职责权限参照《中华人民共和国教育部高等学校学术委员会规程》相关规定执行。

第三十九条 学校学术委员会由教授代表组成，成员包括指定委员、选举委员和职务委员。指定委员由校长直接聘任，随校长职务进退。选举委员由各教学科研单位选举产生，任期三年。职务委员由分管学术工作的副校长担任，随职务进退。

学校学术委员会中担任学校及职能部门党政领导职务的委员，不超过委员总人数的百分之二十五。

学校学术委员会设主任委员一名，副主任委员若干名。主任委员由校长兼任；副主任委员由校长提名，学术委员会全体会议选举产生。

第四十条 学校学术委员会根据学位管理、职称评聘、教学指导、科学研究、学科建设、学术道德等工作事项，设立专门委员会。学校学术委员会根据学科性质设立分委员会。各专门委员会和分委员会向学术委员会负责。

学校学术委员会设立秘书处，负责处理学术委员会的日常事务。

第四十一条 学校设立理事会，作为学校咨询议事和民主监督的重要形式。

学校理事会行使下列职权：

（一）审议学校章程拟定和修订、改革与发展规划、校长工作报告、年度预决算报告等重大事项；

（二）审议学校社会合作项目方案，支持学校开展社会服务，促进学校开放办学；

（三）审议学校办学经费使用情况，支持学校筹措办学经费，监督资金使用情况；

（四）评价和监督学校办学质量和效益；

（五）审议理事会工作规程，决定委员增补和退出；

（六）承担学校委托的其他职能。

第四十二条 学校理事会成员分为代表理事和个人理事，由以下人员组成：

（一）学校举办者、政府主管部门、共建单位的代表；

（二）学校管理人员、教师、学生代表；

（三）支持学校办学与发展的行业组织、企事业单位、其他社会组织等理事单位的代表；

（四）国内外合作大学和科研、学术机构代表；

（五）杰出校友、社会知名人士、校外著名专家等关心学校发展的人士；

学校理事会组成中行业组织和企业的代表理事人数应不少于成员总数的三分之一。

第四十三条 学校理事会每届任期为五年，理事可以连任，代表理事随职务进退。

学校理事会设理事长一名、副理事长若干名。理事长、副理事长由学校党委提名，理事会全体成员选举产生。

学校理事会会议遵循民主协商的原则。

学校理事会设秘书处，负责处理理事会的日常事务。

第四十四条 学校设立学生代表大会（以下简称学代会），作为全体在校学生行使民主权利、参与学校民主管理的基本形式。

学校学代会行使下列职权：

（一）审议或通过学生委员会工作报告、学代会章程修改草案；

（二）选举学生委员会；

（三）讨论学校与学生权利有关的重大改革方案和重要规章制度；

（四）收集和反映学生对学校工作提出的建议、意见和批评；

（五）讨论或决定应当由学代会决议的其他重大事项。

学代会选举产生学生委员会，在学代会闭会期间执行学代会决议。

学生委员会设主席一名，副主席若干名，由学生委员会选举产生；主席、副主席任期一年。

第四十五条 学校根据需要设置职能机构，在校长领导下，承担学校相关业务工作的计划、组织、协调、服务等工作。

职能部门及管理岗位的设置坚持精简高效原则，其设置、变更和撤销由校长动议，学校党委讨论决定。

职能部门实行行政领导负责制；设有党委（党总支、直属支部）的职能机构重大事项决策前须经党政联席会议讨论。

学校根据办学需要设置相应直属单位和附属单位，其管理和运行参照职能部门执行。

第四十六条 学校根据办学需要可在分校区设立管理委员会，分校区管理委员会在学校授权范围内开工作。

第四十七条 中国共产党太原科技大学纪律检查委员会以及共青团、各民主党派在校党委和上级组织的领导下，按照其各自章程或规定开展工作。

第六章 教学科研机构

第四十八条 教学科研机构是学校教学科研活动的主体，主要包括学校直属的学院、研究中心（所、部）。

教学科研机构的设立、变更、撤销须经校长动议，学校党委会讨论决定。

学院在学校授权范围内实行自主管理，享有组织办学活动、人事管理和资源配置等权利。

第四十九条 学院党委（党总支）是中国共产党的基层工作组织。学院党委（党总支）的主要职责是：

（一）宣传、执行党的路线、方针、政策及学校党委的决议；

（二）通过党政联席会议，讨论和决定本学院重大问题和重要事项；

（三）负责本学院党组织的思想、组织、作风、制度、党风廉政建设和反腐败工作；

（四）领导本学院师生员工思想政治教育和管理工作；

（五）领导本单位工会、共青团、学代会、研究生会等群众组织和教职工代表大会；

（六）负责本单位的安全稳定工作。

学院党委（党总支）设书记、副书记。书记全面负责本学院党委（党总支）工作，副书记协助书记工作。

第五十条 学院设院长、副院长。院长全面负责本学院教学、科学研究和其他行政管理工作。副院长协助院长工作。

院长履行以下职责：

（一）组织拟订本单位事业发展规划并组织实施；

（二）组织开展学科专业建设和师资队伍建设；

（三）负责本单位的教育教学工作；

（四）组织开展科学研究和社会服务活动；

（五）负责本单位教职员工的聘用、管理和考核工作；

（六）负责本单位财务与资产管理；

（七）组织开展国际交流与合作；

（八）行使学校授予的其他职权。

第五十一条 学院书记、副书记由学校党委提名，根据学校党委干部选拔任用办法产生。

学院院长、副院长由校长提名，根据学校党委干部选拔任用办法产生。

第五十二条 学院通过党政联席会议，集体讨论和决定本单位重要议题和重大事项。

学院下列事项决策前须经学院党政联席会议讨论：

（一）学校重要指示、学院发展规划、重要改革方案、财务预算决算、内部分配方案等重大问题的决策；

（二）学院内部机构设置、职能调整和干部及其他重要管理人员的选拔、推荐和任免；

（三）学院教学、科研和学科建设重大项目投资的决策；

（四）学院大额资金的使用；

（五）其他学校认定需要由学院党政联席会议讨论和决定的事项。

学院党政联席会议由本学院党委书记、院长、副书记、副院长、工会主席、分团委书记等组成。党政联席会议中涉及学院党务职责的由学院党委书记主持，涉及院长职责的由院长主持。

第五十三条 学院设立教职工大会或代表大会，院长定期向本学院教职工大会或代表大会报告工作。

第五十四条 学院设立学术委员会负责本学院学术管理事务，学院学术委员会主任委员由本学院学术委员会选举产生。

第五十五条 学校直属的研究中心（所、部）参照学院的管理模式在学校授权范围内自主管理。

第七章 校 友

第五十六条 校友包括以下人士：

（一）曾在学校学习过、获得学业证书或者学位证书的人士；

（二）曾在学校工作过的人士；

（三）享有学校荣誉证书及荣誉称号的人士。

第五十七条 太原科技大学校友联谊总会是由校友依法自愿结成的非营利性组织，其宗旨是加强校友之间及校友和学校之间的联系，促进学校与校友的共同发展。

校友联谊总会根据需要在各地设校友联谊会。

学校支持校友联谊总会及联谊会的工作，为其发展提供必要保障。

第五十八条 学校设立负责校友工作的专门机构，支持校友发展，促进校友之间、校友与学校之间、校友与社会之间的交流与合作。

第八章 校务公开

第五十九条 学校设立校务公开制度作为基本办学制度，保障师生员工知情权，推进该依法治校和民主监督。

第六十条 校务公开包括党务公开、政务公开和其他信息公开。除涉及国家秘密、商业秘密、个人隐私及其他法律法规规定不予公开的信息外，学校所有信息均应通过有效途径向校内外公开。

第六十一条 学校设立校务公开工作机构，负责校务公开工作的领导、组织和实施。学校制定校务公开具体条目、内容、范围、形式和工作程序等。

校务公开工作列为全校各级各类考核的基本条目。

第六十二条 校内教职员工、学生及法人、公民和其他组织可以根据特殊需要，以书面形式向学校申请获取相关可以公开的信息。

第九章 经费、资产与后勤保障

第六十三条 学校经费来源以政府财政拨款为主，多种渠道筹措办学经费为辅，受教育者合理分担培养成本。

学校依法设立教育发展基金会，接受校友和社会捐赠。

学校按照国家和山西省相关规定收费，实行"统一领导、分级管理、集中预算"的财务管理体制，坚持"量入为出，收入平衡"的预算原则和"收支两条线"的管理方式。

学校依法建立财务监督和审计监督制度。

第六十四条 学校资产是指属于学校所有和使用的固定资产、流动资产、对外投资、知识产权等有形和无形资产。

学校努力提高资产使用效益，实现资产保值增值。

学校实行统一领导、归口管理、责任到人的资产管理制度。

第六十五条 学校完善后勤管理和服务体系，为教职员工和学生依法提供优质后勤服务。

第十章 标识与校庆日

第六十六条 学校徽志为双圆套环，徽志内环正中由英语大写字母"U"和"螺旋式上升电子箭头"组成，其中，"U"代表"UNIVERSITY"，表示大学之意，"螺旋式上升电子箭头"表示当代科学技术进步。内环下方是"1952"字样，表示学校于1952年建立。外环上方是毛体"太原科技大学"，下方是英文"TAIYUAN UNIVERSITY OF SCIENCE AND TECHNOLOGY"。

徽志主体色为深蓝色（标准色 C100 M80 Y0 K30）。

第六十七条 学校徽章为长方形，印有毛体"太原科技大学"。

第六十八条 学校拥有标识（包括曾用名标识）专有权。

第六十七条 学校校庆日为10月6日。

第十一章 附 则

第七十条 章程经学校教代会、学校理事会讨论，校长办公会审议，由学校党委审定后，报教育行政管理部门核准，并报中华人民共和国教育部备案。

第七十一条 本章程修订按前款程序办理。

学校党委、校长、教代会、学代会、学术委员会、理事会享有本章程提议修订权；占教职员工代表大会五分之一以上代表、占教职工总人数三分之一以上教职员工可联名提议修订。

第七十二条 学校其他规定应依据本章程制定、修改，不得与本章程相抵触。

第七十三条 学校党委对本章程具有解释权。

学校党委设章程委员会，由法律、管理和教育等领域的专家组成，负责研究本章程相关疑问、争议、修订和学校规章制度的废改立事宜。

第七十四条 本章程自山西省教育厅核准、学校发布之日起施行。

资料来源：太原科技大学官网．［EB/OL］．［2022-02-02］．https://www.tyust.edu.cn/xxgk/xxzc.htm.

武汉轻工大学章程

序　言

武汉轻工大学源于1951年创办的武汉市会计中等技术学校，历经调整、合并等演进和发展，1980年经国务院批准组建武汉粮食工业学院。1993年改名为武汉食品工业学院，1999年改名为武汉工业学院。2000年和2003年原武汉交通卫生学校和原湖北省通用技术工程学校先后整体并入。2013年更名为武汉轻工大学。

学校以办人民满意的大学为宗旨，秉持"育人为本、质量立校、人才强校、特色兴校"的办学理念，弘扬"敬业爱校、艰苦创业、团结拼搏、追求卓越"的办学传统，以培养知识结构合理、实践能力强、综合素质高、社会责任感强、富有创新精神和创业意识的应用型创新人才为使命，致力于建设特色鲜明、国内知名、轻工食品类优势学科在国际上有一定影响的高水平多科性大学。

第一章 总 则

第一条 为实现学校办学目标，推进依法自主办学，建立现代大学制度，根据《中华人民共和国教育法》《中华人民共和国高等教育法》《中华人民共和国教师法》《高等学校章程制定暂行办法》等法律、法规和规章，制定本章程。

第二条 学校名称为武汉轻工大学，简称为轻工大；英文名称为 Wuhan Polytechnic University，英文缩写为 WHPU。

第三条 学校法定住所地为湖北省武汉市常青花园学府南路 68 号，设有常青花园校区、金银湖校区。

第四条 学校举办者是湖北省人民政府，业务主管部门是湖北省教育厅。

第五条 学校为非营利性事业组织，具有独立法人资格，依法享有办学自主权，独立承担法律责任。

第二章 举办者与学校

第六条 学校的举办者根据国家法律、法规支持学校按照本章程独立、自主办学，保证稳定的办学经费来源，保障学校的办学条件，保护学校的合法权益，对学校的办学活动进行宏观指导和依法监督。

第七条 学校依法享有下列办学自主权：

（一）制定并实施学校发展战略规划；

（二）根据社会需求、办学条件和国家核定的办学规模，制定招生方案；

（三）根据发展需要，设置和调整学科、专业；

（四）根据人才培养需要，制定人才培养计划，开展课程建设、教材建设和教学条件建设，组织实施教育教学活动；

（五）瞄准学术前沿，服务国家发展战略，开展科学研究、技术开发和产学研用合作，推进文化传承与创新；

（六）开展与国（境）内外大学、研究机构和其他社会组织的交流与合作；

（七）确定教学、科研、管理等内部组织机构设置，聘任教职工，开展考核评价，实施收入分配；

（八）管理和使用学校的资产和经费；

（九）依法应享有的其他办学自主权。

第八条 学校贯彻党的教育方针，遵守法律、法规和规章，执行国家教育政策，积极适应经济社会发展对学校办学的各项要求，切实履行大学职能；依法维护受教育者和教职工的合法权益；实行信息公开制度，依法接受举办者、业务主管部门的监督和指导；履行法律、法规和规章规定的其他义务。

第三章 学校功能与教育形式

第九条 学校坚持人才培养中心地位，建立教学管理制度和质量保障体系，更新教学内容，改进教学方法，提高教学质量。

第十条 学校加强基础研究，大力开展应用研究，推动科学研究与人才培养紧密结合，鼓励协同创新，促进科研成果转化，提升科研创新能力。

第十一条 学校发挥学科、科研及人才优势，主动服务国家和湖北经济建设、政治建设、文化建设、社会建设和生态文明建设。

第十二条 学校继承优秀传统文化，吸收世界先进文化，凝练特色校园文化，积极促进社会主义先进文化的传承创新。

第十三条 学校积极开展全方位、多层次、宽领域的国际交流与合作，促进教育国际化。

第十四条 学校主要教育形式为全日制学历教育，根据社会需求开展多种形式的非学历教育。学历教育以本科生教育为主，积极发展研究生教育，努力拓展中外合作办学及留学生教育，大力开展继续教育和其他形式的高等教育。

第十五条 学校设置工学、管理学、理学、文学、经济学、农学、艺术学、法学等学科门类。根据国家需求、科技发展和办学条件，依法自主设置和调整学科、专业。

第十六条　学校依法颁发学业证书和学位证书。

第四章　管理体制与组织机构

第一节　管理体制

第十七条　学校实行中国共产党武汉轻工大学委员会领导下的校长负责制。

第十八条　学校坚持依法治校，实行"党委领导、校长负责、教授治学、民主管理"的内部治理架构，建立现代大学制度。

第十九条　学校根据精简、统一和效能的原则，设置党政职能机构、保障服务机构和其他机构，各机构根据学校规定履行管理、保障和服务等职责，为师生提供优质服务。

第二十条　学校实行校、院（部）两级管理体制，对院（部）实施目标管理和绩效考核。

第二节　党政组织与决策机制

第二十一条　中国共产党武汉轻工大学委员会（以下简称"学校党委"）是学校的领导核心，履行党章等规定的各项职责，把握学校发展方向，决定学校重大问题，监督重大决议执行，支持校长依法独立负责地行使职权，保证以人才培养为中心的各项任务完成。其主要职责是：

（一）全面贯彻执行党的路线方针政策，贯彻执行党的教育方针，坚持社会主义办学方向，坚持立德树人，依法治校，依靠全校师生员工推动学校科学发展，培养德智体美全面发展的中国特色社会主义事业合格建设者和可靠接班人。

（二）讨论决定事关学校改革发展稳定及教学、科研、行政管理中的重大事项和基本管理制度。

（三）坚持党管干部原则，按照干部管理权限负责干部的选拔、教育、培养、考核和监督，讨论决定学校内部组织机构的设置及其负责人的人选，依照有关程序推荐校级领导干部和后备干部人选。做好老干部工作。

（四）坚持党管人才原则，讨论决定学校人才工作规划和重大人才政策，创新人才工作体制机制，优化人才成长环境，统筹推进学校各类人才队伍建设。

（五）领导学校思想政治工作和德育工作，坚持用中国特色社会主义理论体系武装师生员工头脑，培育和践行社会主义核心价值观，牢牢掌握学校意识形态工作的领导权、管理权、话语权。维护学校安全稳定，促进和谐校园建设。

（六）加强大学文化建设，发挥文化育人作用，培育良好校风学风教风。

（七）加强对学校院（部）等基层党组织的领导，做好发展党员和党员教育、管理、服务工作，发展党内基层民主，充分发挥基层党组织的战斗堡垒作用和党员的先锋模范作用。加强学校党委自身建设。

（八）领导学校党的纪律检查工作，落实党风廉政建设主体责任，推进惩治和预防腐败体系建设。

（九）领导学校工会、共青团、学生会等群众组织和教职工代表大会。做好统一战线工作。

（十）讨论决定其他事关师生员工切身利益的重要事项。

第二十二条　学校党的委员会全体会议（以下简称"全委会"）由党委书记（或其委托的副书记）主持，每学年至少召开一次，如有重大事项，可以随时召开。全委会闭会期间，由党委常务委员会（以下简称"常委会"）行使其职权，履行其职责，按照常委会议事规则，主要对学校改革发展稳定和教学、科研、行政管理及党的建设等方面的重要事项作出决定，按照干部管理权限和有关程序推荐、提名、决定任免干部。

第二十三条　中国共产党武汉轻工大学纪律检查委员会是学校的党内监督机构，在上级纪律检查委员会和学校党委的领导下，全面履行党章赋予的职责，围绕学校中心任务，监督检查党的路线、方针、政策、决议及学校重大决策的执行情况，履行党风廉政建设监督责任，推进廉洁教育和廉政文化建设，保障和促进学校各项事业健康发展。

第二十四条 校长是学校的法定代表人，在学校党委领导下，贯彻党的教育方针，组织实施学校党委有关决议，行使高等教育法等规定的各项职权，全面负责教学、科研、行政管理工作。其主要职责是：

（一）组织拟订和实施学校发展规划、基本管理制度、重要行政规章制度、重大教学科研改革措施、重要办学资源配置方案。组织制定和实施具体规章制度、年度工作计划。

（二）组织拟订和实施学校内部组织机构的设置方案。按照国家法律和干部选拔任用工作有关规定，推荐副校长人选，任免内部组织机构的负责人。

（三）组织拟订和实施学校人才发展规划、重要人才政策和重大人才工程计划。负责教师队伍建设，依据有关规定聘任与解聘教师以及内部其他工作人员。

（四）组织拟订和实施学校重大基本建设、年度经费预算等方案。加强财务管理和审计监督，管理和保护学校资产。

（五）组织开展教学活动和科学研究，创新人才培养机制，提高人才培养质量，推进文化传承创新，服务国家和湖北经济社会发展，把学校办出特色、争创一流。

（六）组织开展思想品德教育，负责学生学籍管理并实施奖励或处分，开展招生和就业工作。

（七）做好学校安全稳定和后勤保障工作。

（八）组织开展学校对外交流与合作，依法代表学校与各级政府、社会各界和境外机构等签署合作协议，接受社会捐赠。

（九）向党委报告重大决议执行情况，向教职工代表大会报告工作，组织处理教职工代表大会、学生代表大会、工会会员代表大会和团员代表大会有关行政工作的提案。支持学校各级党组织、民主党派基层组织、群众组织和学术组织开展工作。

（十）履行法律法规和学校章程规定的其他职权。

第二十五条 学校行政工作实行校长统一领导、副校长分工负责、职能部门组织实施的工作机制。

第二十六条 校长办公会议是学校行政议事决策机构。校长办公会议由校长召集并主持，按照校长办公会议议事规则，主要研究提出拟由党委讨论决定的重要事项方案，具体部署落实党委决议的有关措施，研究处理教学、科研、行政管理工作。

第三节 学术治理

第二十七条 学校设立学术委员会。学术委员会是学校的最高学术机构，统筹行使学术事务的决策、审议、评定和咨询等职权。学术委员会一般由学校不同学科、专业的教授及具有正高级以上专业技术职务的人员组成，并应有一定比例的青年教师。

第二十八条 学术委员会下设学科建设、教师聘任、教学指导、科学研究、学术道德等专门委员会，具体承担相关职责和学术事务；院（部）设置学术分委员会承担相应职责。

各专门委员会和学术分委员会根据法律规定、学术委员会的授权及各自章程开展工作，向学术委员会报告工作，接受学术委员会的指导和监督。

第二十九条 学术委员会主要履行以下职责：

（一）审议学科、专业及教师队伍建设规划，以及科学研究、对外学术交流合作等重大学术规划。

（二）审议自主设置或者申请设置学科专业。

（三）审议学术机构设置方案、交叉学科与跨学科协同创新机制的建设方案、学科资源的配置方案。

（四）审议决定教学科研成果、人才培养质量的评价标准及考核办法。

（五）审议学位授予标准及细则，学历教育的培养标准、教学计划方案、招生的标准与办法。

（六）审议决定教师职务聘任的学术标准。

（七）审议决定学术评价、争议处理规则，学术道德规范。

（八）审议学术委员会专门委员会组织规程，学术分委员会章程。

（九）评定学校教学、科学研究成果和奖励，对外推荐教学、科学研究成果奖。

（十）评定高层次人才引进岗位人选、名誉（客座）教授聘任人选，推荐国内外重要学术组织的任职人选、人才选拔培养计划人选。

（十一）评定学校自主设立的各类学术、科研基金、科研项目以及教学、科研奖项等。

（十二）对学校制订与学术事务相关的全局性、重大发展规划和发展战略；学校预算决算中教学、科研经费的安排和分配及使用；教学、科研重大项目的申报及资金的分配使用；开展中外合作办学、赴境外办学，对外开展重大项目合作等重大事项的决策提出咨询意见。

（十三）调查学术不端行为，提出处理意见，裁决学术纠纷。

（十四）学校认为需要提交学术委员会决策、审议、评定、咨询的其他重大学术事务。

学术委员会委员的产生程序、议事规则等事项，按照学校学术委员会章程执行。

第三十条 学校设立学位评定委员会。学位评定委员会是学校学位工作的审定机构，由有关校领导、院（部）和相关职能部门负责人以及教学、科研人员组成。

第三十一条 学位评定委员会主要履行以下职责：

（一）审查通过接受申请硕士学位和博士学位的人员名单；

（二）通过学士学位获得者名单；

（三）作出授予硕士、博士学位的决定；

（四）作出撤销违反规定而授予学位的决定；

（五）通过研究生导师资格获得者名单；

（六）作出撤销研究生导师资格的决定；

（七）研究和处理授予学位的争议和其他事项。

学位评定委员会委员的产生程序及其他事项，按照学校学位评定委员会章程执行。

第四节 民主管理

第三十二条 学校教职工代表大会是教职工依法参与学校民主管理

和监督的基本形式。教职工代表大会依据规定开展活动，行使职权。

第三十三条 学校学生代表大会是学生自主管理、参与学校民主管理和监督的基本形式。学生代表大会按照其章程开展工作。

第三十四条 学校工会、共青团、学生会、研究生会按照各自章程开展活动，参与学校民主管理和民主监督，维护师生员工的合法权益。

第三十五条 学校各民主党派在学校党委的领导下按照各自章程开展活动，参与学校民主管理和民主监督。

第三十六条 学校建立法律顾问制度。法律顾问对学校在办学过程中签署的重要合同及校内制定的章程草案或规章制度草案等提供法律咨询，协助处理对外法律纠纷，维护学校合法权益。

第三十七条 下列重大事项，学校应当在决策前征求教职工意见，组织专家论证，进行风险评估和合法性审查，最终由集体讨论决定：

（一）关系学校发展的重大事项；

（二）专业性较强的事项；

（三）涉及学校重大权益的事项；

（四）涉及教职工和学生重大权益的事项。

第三十八条 学校设立理事会。理事会是学校面向社会、开放办学的咨询、协商、审议与监督机构。理事会由政府、学校、企事业、校友、社会知名人士等各方代表组成。

理事会的主要职责是，参与学校重要事项的讨论咨询，对办学质量进行监督评议，推动学校与社会合作，拓展学校办学资源，支持学校事业发展。

理事会依据其章程组成并开展活动。

第五节 教学科研机构

第三十九条 学校根据人才培养和学科建设的需要设置若干院（部），并根据发展需要适时予以调整。具有独立建制的学系、研究机构，享有与院（部）同等的职权。

第四十条 院（部）是人才培养、科学研究、社会服务、文化传承与创新的具体组织实施单位。

院（部）在学校授权范围内实行自主管理。院（部）行使以下职权：

（一）制订院（部）事业发展规划，报学校审定后实施；

（二）根据专业建设和教学、科研工作需要，可设立、变更、撤销无行政级别的学系（教学部）、教研室、实验室等教学科研机构，并报学校备案；

（三）制定和执行院（部）工作制度和工作程序，履行目标管理责任；

（四）监督院（部）教职工履行聘任合同，对院（部）教职工进行考核管理；

（五）教育、管理和服务学生；

（六）管理并合理使用学校核拨的办学经费、设备和其他资产；

（七）学校授予的其他职权。

第四十一条 院（部）党政联席会议是院（部）管理决策的基本形式。党政联席会议成员由院（部）党政负责人、党政副职组成，院（部）分工会负责人列席会议；必要时，可根据议题由院（部）党政负责人研究确定其他参加人员。

第四十二条 院（部）根据工作需要和党员人数，经学校党委批准，设立党的委员会或总支部委员会。其主要职责是：

（一）宣传、执行党的路线方针政策及学校各项决定，并为其贯彻落实发挥保证监督作用。

（二）通过党政联席会议，讨论和决定本单位重要事项。支持本院（部）行政领导班子和负责人在其职责范围内独立负责地开展工作。

（三）加强党组织的思想建设、组织建设、作风建设、制度建设和反腐倡廉建设，具体指导党支部开展工作。

（四）领导院（部）的思想政治工作。

（五）做好院（部）党员干部的教育和管理工作。

（六）领导院（部）教职工代表大会和工会、共青团、学生会等群众组织。

（七）学校党委赋予的其他职责。

第四十三条 院（部）党的委员会或总支部委员会会议由院（部）党委（党总支部）书记召集并主持，全体党委（党总支部）委员参加，院（部）非党员行政领导列席会议；根据议题需要，有关人员可列席会议相关议题。

第四十四条 院（部）院长（主任）是院（部）行政负责人，对本院（部）的行政事务行使管理权。院（部）设副院长（副主任）若干人，协助院长（主任）履行职责。

院长（主任）定期向本院（部）教职工代表大会或教职工大会报告工作。

第四十五条 院（部）可根据需要设立教授委员会，为院（部）制订各类规划和重大改革方案、确定重大建设项目等提供决策咨询。

教授委员会依据其章程开展工作。

第四十六条 院（部）实行教职工代表大会或教职工大会制度。院（部）教职工代表大会按照有关规定和办法行使其职权。设立院（部）工会，在院（部）党的委员会或总支部委员会和学校工会的领导下开展工作。坚持院（部）务公开，实行民主监督。

第五章 教职工

第四十七条 学校教职工由教师、其他专业技术人员、管理人员、工勤人员等组成，教师是学校办学的主体。学校按照国家有关规定对教职工实行相应的聘用制度，依法履行对离退休人员的责任。

第四十八条 教职工享有下列权利：

（一）依法从事教育教学活动，开展科学研究、学术交流和社会服务，按工作职责和实际需要，合理使用学校的公共资源；

（二）公平获得自身发展所需的相应工作机会和条件；

（三）在品德、能力和业绩等方面获得公正评价；

（四）公平获得各种奖励和荣誉称号；

（五）知悉学校改革、建设和发展及其他涉及切身利益的重大事项；

（六）参与学校民主管理，对学校工作提出意见、建议和批评；

（七）就职务聘任、福利待遇、评优评奖、纪律处分等事项表达异议和提出申诉；

（八）依法享有的其他权利。

第四十九条　教职工应履行下列义务：

（一）遵守宪法、法律，不断提高思想道德素养和业务水平；

（二）珍惜和维护学校名誉，维护学校正当利益；

（三）尊重、爱护学生和其他受教育者，维护其合法权益，促进其全面发展；

（四）爱岗敬业，忠于职守，完成岗位要求的工作任务；

（五）恪守职业道德，遵守学术规范；

（六）遵守学校规章制度以及合同约定的职责与义务；

（七）依法应当承担的其他义务。

第五十条　学校对教职工定期进行考核，考核结果作为聘用、晋升、流动、奖惩的依据。

学校建立表彰奖励和处分制度，对为国家及学校做出突出贡献的教职工给予表彰奖励，对违反学校纪律的教职工给予相应的处分。

第五十一条　学校建立健全各类进修、培训制度。

第五十二条　学校根据国家政策和办学实际，稳步提高教职工的福利待遇，改善教职工的生活与工作条件。

第五十三条　学校规范教师及其他专业技术人员的学术行为，引领教学科研人员树立良好的学术道德风尚。

第五十四条　学校建立教职工权利保护和救济机制，维护教职工合法权益。

第六章　学生与学员

第五十五条　学生是指被学校依法录取、取得入学资格，具有学校学籍的受教育者。

第五十六条 学生享有下列权利：

（一）公平接受学校教育，参加学校教育教学计划安排的各项活动，使用学校提供的教育教学资源；

（二）参加社会服务、勤工助学，在校内组织、参加学生社团及学术、科技、文化、艺术、体育等活动，获得就业指导和职业生涯规划指导；

（三）按规定申请奖学金、助学金及国家助学贷款或学校学生资助体系的其他帮助；

（四）在思想品德、学业成绩等方面获得公正评价，完成学校规定的学业后获得相应的学历证书、学位证书；

（五）知悉学校改革、建设和发展及其他涉及个人切身利益的事项；

（六）对教学活动及管理、校园文化、后勤服务、校园安全等工作提出意见和建议；

（七）对学校给予的处理或者处分有异议，向学校或者教育行政部门提出申诉；对学校、教职工侵犯其受教育权、人身权、财产权等合法权益的行为，提出申诉或者依法提起诉讼；

（八）依法享有的其他权利。

第五十七条 学生应履行下列义务：

（一）尊师爱校，团结同学，努力学习，完成规定学业；

（二）遵守学校的规章制度；

（三）维护学校名誉和学校利益；

（四）按规定缴纳学费和有关费用，履行获得助学金和助学贷款的相应义务；

（五）爱护并合理使用教学仪器设备和生活设施；

（六）遵守学生行为规范，养成良好的思想品德和行为习惯；

（七）依法应当承担的其他义务。

第五十八条 学生可依法向学校申请成立学生团体。学生团体在法律、法规和其章程规定的范围内开展活动，接受学校的指导和管理。

第五十九条　学校建立学生权利保护和救济机制，维护学生合法权益。

第六十条　学校对取得突出成绩和为学校赢得荣誉的学生集体和个人进行表彰奖励；对有违纪行为的学生，依法给予相应纪律处分。

第六十一条　学员是指依照有关规定在学校注册、接受非学历教育培训、没有本校学籍的受教育者。

学员入学应当与学校签订教育服务协议。

学员按照法律和学校的规定、或者教育服务协议的约定，享有相应的权利，履行相应的义务。

学校按照有关规定发给学员相应的结业证书或学习证明。

第七章　校友与校友会

第六十二条　凡在学校学习、进修或工作过的人士，以及学校聘请的兼职教授、客座教授、名誉教授和兼职研究生指导教师等，均为学校校友。

第六十三条　校友是推动学校发展的重要力量。学校就重大改革发展举措征询校友意见和建议。定期或不定期向校友通报学校重大事项。

第六十四条　学校设立校友总会。校友总会依法注册成立，依据法律法规及其章程开展活动。学校鼓励和支持校友成立具有地域、行业、届别等特点的校友分会。

第六十五条　校友总会以多种方式联系和服务校友，凝聚校友资源和社会各界力量，为学校、校友和社会的发展提供支持。学校对做出杰出贡献的校友予以表彰。

第八章　财务、资产、后勤

第六十六条　学校办学经费来源主要包括财政拨款、事业收入和其他收入。

学校积极拓展办学经费来源渠道，筹措办学资金；鼓励和支持校内各单位面向社会筹措教学、科研经费及各类奖助基金。

第六十七条 学校实行统一领导、集中管理的财务管理体制,建立健全财务预决算、经济责任、审计监督等财务管理制度,提高资金使用效益,保证资金运行安全。

第六十八条 学校资产是指学校占有、使用,依法确认为国家所有并能以货币计量的各种经济资源的总称,其表现形式为流动资产、固定资产、在建工程、无形资产和对外投资等。学校对占有、使用的国有资产依法自主管理和使用。

第六十九条 学校建立健全资产管理制度,合理配置资源,提高资源使用效益,确保资产的保值增值。学校保护并合理利用校名、校誉、知识产权等无形资产,维护学校合法权益和良好形象。

第七十条 学校建立并不断完善公共服务与后勤保障体系,为教学科研和师生员工服务。

第九章 学校标识

第七十一条 学校校训:明德、积学、砺志、笃行。

第七十二条 学校徽志为双圆套形,内环中央图案以"书本"为元素,整体抽象成"工"字图案,下方为建校年份"1951";外环上部是毛泽东行书中文校名"武汉轻工大学",外环下部是英文校名大写"WUHAN POLYTECHNIC UNIVERSITY",字体为 Times New Roman。徽志主要色彩是蓝色(C:100 M:20 Y:0 K:0)。

学校徽章为印有毛泽东行书中文校名的长方形证章。教职工徽章底色为红色,校名文字颜色为白色;研究生佩戴的徽章底色为蓝色,校名文字颜色为白色;本(专)科学生和学员佩戴的徽章底色为白色,校名文字颜色为红色。

第七十三条 学校校旗为蓝底白字的长方形旗帜,中央印有毛泽东行书中文校名,旗面颜色为轻工大蓝(C:100 M:0 Y:0 K:0)。校旗通用国旗标准所有尺寸。

第七十四条 学校官方网址是 www.whpu.edu.cn。

第十章　附　则

第七十五条　本章程的制定须经学校教职工代表大会讨论、校长办公会审议、学校党委会审定，报湖北省教育厅核准。

第七十六条　学校章程具有下列情形之一时应予修订：

（一）章程制定所依据的法律、法规发生重大变化；

（二）学校发生合并、分立、更名等变化；

（三）学校办学宗旨、发展目标和管理体制等发生重大变化；

（四）其他应修订章程的情形。

章程的修订由校长办公会议提出，修订程序与章程制定程序相同。

第七十七条　学校教职工代表大会监督本章程的执行，受理对违反本章程行为的举报。

第七十八条　本章程是学校运行的基本规范，校内其他规章应依据本章程进行制定和修改，不得与章程相抵触。

第七十九条　本章程由学校党委常委会负责解释。

第八十条　本章程自湖北省教育厅核准发布之日起生效。

资料来源：武汉轻工大学官网．［EB/OL］．［2022－02－02］．https：//www.whpu.edu.cn/xxgk/xxzc.htm.

南通大学章程
（2021年修订稿）

序　言

南通大学始建于1912年近代著名实业家、教育家张謇创办的私立南通医学专门学校和南通纺织专门学校。1928年合并成立私立南通大学。1930年更名为私立南通学院。新中国成立后，历经高等教育院系调整等变迁。2004年，经教育部批准，原南通医学院、南通工学院、南通师范学院合并组建新的南通大学。1981年成为全国首批硕士学位授予权院校，2013年成为博士学位授权单位。2009年成为江苏省人民政府与交通运输部共建高校，2017年成为江苏高水平大学建设培育支持高校。

学校秉持"祈通中西，力求精进"的校训，始终坚持育人为本，服务国家和社会，致力建设特色鲜明的国内一流大学。

第一章 总 则

第一条 为推进依法治校，规范办学行为，建立现代大学制度，根据《中华人民共和国高等教育法》《高等学校章程制定暂行办法》等法律法规，结合学校实际，制定本章程。

第二条 学校中文名称为南通大学，简称"通大"，英文名称为NantongUniversity，简称"NTU"，网址为http://www.ntu.edu.cn。

第三条 学校法定住所为江苏省南通市啬园路9号。目前设有啬园校区、启秀校区、钟秀校区和启东校区。

第四条 学校是由江苏省人民政府举办的全日制普通本科高等学校，主管部门为江苏省教育厅。经批准，可以根据发展需要分立、合并、更名及终止。

第五条 学校是实施高等教育的公益性事业单位，具有独立法人资格，依法自主办学和管理，独立承担法律责任，接受政府监管和社会监督。

第六条 学校高举中国特色社会主义伟大旗帜，坚持党的全面领导，坚持社会主义办学方向，以马克思列宁主义、毛泽东思想、邓小平理论、"三个代表"重要思想、科学发展观、习近平新时代中国特色社会主义思想为指导，坚守为党育人、为国育才，以立德树人为根本，培养"道德优美，学术纯粹"的民族精英和社会栋梁；承继百年来勇立潮头、敢为人先的优良传统，以"祈通中西"的世界眼光和"力求精进"的卓越精神，推进科学研究、社会服务、文化传承创新和国际交流合作争先领先；以师生为本，营造尊重知识、尊重人才、尊重劳动、尊重创造的浓厚氛围，打造和谐进取、共生共荣的命运共同体，立足江苏、服务全国、走向世界，全力把学校建设成为推动知识创造、引领社会进步的国内一流大学。

第七条 学校遵循"学必期于用，用必适于地"等办学理念，弘扬"有远见卓识、有创新精神、有责任担当、有文化品位"的新时代通大精神，履行人才培养、科学研究、社会服务、文化传承创新、国际交流合作等职能，全面提高办学水平，加快建成特色鲜明的国内一流大学。

第八条 学校面向国家和区域经济社会发展需求，坚持德育为先、能力为重，培养德智体美劳全面发展、具有家国情怀、国际视野和社会责任感，不断追求卓越的高素质创新创业人才。

第九条 积极提升协同创新能力，促进科技成果转化，服务地方经济社会发展，推动文化传承创新，努力提高教育教学的社会贡献度和人民满意度。

第十条 实施国际化发展战略，依法与境外友好学校等广泛开展多样化的合作与交流，不断提高国际化水平。

第十一条 依照法律法规要求，设置经济学、法学、教育学、文学、历史学、理学、工学、医学、管理学、艺术学等学科门类。根据社会需要和办学条件，合理确定办学规模，适时调整学科和专业结构。

第十二条 根据国家和地方经济社会发展以及自身发展需要，以精简、科学和高效为原则，设立、变更或撤销内设管理、服务和学术机构。

第十三条 学校实施高等学历教育和非学历教育。学历教育包括本科教育和研究生教育等。非学历教育包括专业技术培训等。学校以本科教育为主，大力发展研究生教育，积极发展留学生教育，稳步开展继续教育。

第十四条 学校依法根据受教育者完成学业情况颁发相应学业证书。学校执行国家学位制度，依法授予受教育者相应学位。

第十五条 实行信息公开制度，依法及时公开办学、管理信息。

第二章　举办者与学校

第十六条　举办者按照规定任免学校负责人，依法为学校提供办学经费和资源支持，保障办学条件，支持学校依据法律和学校章程独立自主办学，并依法对学校进行监管和考核。

第十七条　学校依法享有下列权利：

（一）按照章程自主管理；

（二）自主制定教学计划、选编教材、组织实施教学活动；

（三）自主设置和调整学科、专业；

（四）自主开展科学研究、技术开发和社会服务；

（五）自主开展与境外高等学校之间的科学技术文化交流与合作；

（六）自主确定教学、科学研究、行政职能部门等内部组织机构的设置和人员配备；

（七）按照国家有关规定，评聘教师和其他专业技术人员的职务，调整津贴及工资分配；

（八）根据社会需求、办学条件和国家核定的办学规模，制定招生方案；

（九）对受教育者进行学籍管理，实施奖励或者处分；

（十）对受教育者颁发相应的学业证书；

（十一）管理、使用本单位的设施和经费；

（十二）拒绝任何组织和个人对教育教学活动的非法干涉；

（十三）法律、法规、规章规定的其他权利。

第十八条　学校应当履行下列义务：

（一）遵守法律、法规；

（二）贯彻党的教育方针，执行国家教育教学标准，保证教育教学质量；

（三）维护受教育者、教师及其他职工的合法权益；

（四）以适当方式为受教育者及其监护人了解受教育者的学业成绩及其他有关情况提供便利；

（五）遵照国家有关规定收取费用并公开收费项目；

（六）依法接受监督；

（七）法律、法规、规章规定的其他义务。

第三章 治理体系

第十九条 学校实行党委领导下的校长负责制。学校党委全面领导学校工作，支持校长依法独立负责地开展工作，保证教学、科研、行政管理等各项任务的完成。

第二十条 学校党委承担管党治党、办学治校主体责任，把方向、管大局、作决策、抓班子、带队伍、保落实。学校党委实行民主集中制，健全集体领导和个人分工负责相结合的制度。凡属重大问题都应当按照集体领导、民主集中、个别酝酿、会议决定的原则，由党委集体讨论，作出决定；党委成员应当根据集体的决定和分工，切实履行职责。主要职责：

（一）宣传和执行党的路线方针政策，宣传和执行党中央以及上级党组织和本组织的决议，紧紧围绕"四个全面"战略布局，坚持社会主义办学方向，落实立德树人根本任务，深化改革，依法治校，依靠全校师生员工推动学校科学发展，培养德智体美劳全面发展的中国特色社会主义事业合格建设者和可靠接班人。坚持马克思主义指导地位，组织党员认真学习马克思列宁主义、毛泽东思想、邓小平理论、"三个代表"重要思想、科学发展观、习近平新时代中国特色社会主义思想，学习党的路线方针政策和决议，学习党的基本知识，学习业务知识和科学、历史、文化、法律等各方面知识。

（二）讨论决定事关学校改革发展稳定及"三重一大"事项（指重大决策事项、重要人事任免事项、重大项目安排事项和大额度资金使用事项），审定学校章程草案及其他基本管理制度。

（三）按照党要管党、从严治党的方针，履行全面从严治党主体责任，不断加强学校党委自身建设，全面推行党的思想、组织、作风、反腐倡廉和制度建设。加强对学校院（系）、党政工作部门等基层党组织的领导，做好发展党员和党员教育、管理、服务工作，发展党内民主，充分发挥基层党组织的战斗堡垒作用和党员的先锋模范作用。

（四）坚持党管干部原则，按照干部选拔任用工作有关规定和干部管理权限，负责干部的选拔、教育、培养、考核和监督，讨论决定学校内部组织机构的设置及其负责人人选，依照有关程序推荐校级领导干部和后备干部人选。做好老干部工作。

（五）坚持党管人才原则，讨论决定学校人才工作规划和重大人才政策，创新人才工作体制机制，优化人才成长环境，统筹推进学校各类人才队伍建设。

（六）领导学校思想政治工作和德育工作，坚持用中国特色社会主义理论体系武装师生员工头脑，培育和践行社会主义核心价值观，牢牢掌握学校意识形态工作的领导权、管理权、话语权。维护学校安全稳定，促进和谐校园建设。

（七）加强大学文化建设，突出校风校训校歌等载体教育功能，传承弘扬大学精神，发挥文化育人作用，培育良好校风学风教风。

（八）领导学校党的纪律检查工作，履行党风廉政建设主体责任，推进惩治和预防腐败体系建设。

（九）领导学校工会、共青团、学生会等群团组织和教职工代表大会。

（十）做好学校统一战线工作。加强对校内民主党派基层组织的政治领导，支持其依法按照各自章程开展活动。

（十一）讨论决定其他事关师生员工切身利益的重大事项。

第二十一条 学校党委全体委员会议（简称"校党委全委会"）在党代会闭会期间领导学校工作，决定涉及学校改革发展稳定和师生切身利益及党的建设等全局性重大问题。校党委全委会由校党委常务委员会召集。校党委常务委员会（简称"校党委常委会"）主持校党委经常工作，主要对学校党的建设，事关学校改革发展稳定及教学、科研、行政管理工作，干部选拔任用和干部队伍建设以及人才工作等方面的重要事项作出决定。校党委常委会会议由党委书记召集并主持。校党委常委会由校党委全委会选举产生，对校党委负责并定期报告工作。

第二十二条 学校党委书记主持党委全面工作，负责组织党委重要活动，协调党委领导班子成员工作，督促检查党委决议贯彻落实，主动协调党委与校长之间的工作关系，支持校长开展工作。

第二十三条 学校纪律检查委员会在学校党委和上级纪委双重领导下进行工作，是党内监督专责机关，职责是监督、执纪、问责。主要任务是：维护党的章程和其他党内法规，检查党的路线、方针、政策和决议的执行情况以及学校党委重大决策部署执行情况，协助党委推进全面从严治党、加强党风建设和组织协调反腐败工作。学校纪委同时根据上级监委的授权，履行"监督、调查、处置"职责，对所有行使公权力的党员干部、公职人员进行监督，对违纪的进行查处，对涉嫌违法犯罪的进行调查处置。

第二十四条 校长是学校的法定代表人，在学校党委领导下，贯彻执行党的教育方针，坚持依法治校和民主管理，认真贯彻落实上级指示决定和学校党委决议，依法行使各项职权，全面负责学校人才培养、教学科研、社会服务、文化传承创新和行政管理等工作。

第二十五条 校长主要职责：

（一）组织拟订和实施学校发展规划、基本管理制度、重要行政规章制度、重大教学科研改革措施、重要办学资源配置方案；组织制定和实施具体规章制度、年度工作计划；

（二）组织拟订和实施学校内部组织机构的设置方案；按照国家法律和干部选拔任用工作有关规定，推荐副校长人选，任免内部组织机构的负责人；

（三）组织拟订和实施学校人才发展规划、重要人才政策和重大人才工程计划；负责教师队伍建设，依据有关规定聘任与解聘教师以及内部其他工作人员；

（四）组织拟订和实施学校重大基本建设、年度经费预算等方案；加强财务管理和审计监督，管理和保护学校资产；

（五）组织开展教学活动和科学研究，创新人才培养机制，提高人才培养质量，推进文化传承创新，服务国家和地方经济社会发展，把学校办出特色、争创一流；

（六）组织开展思想品德教育，负责学生学籍管理并实施奖励或处分，开展招生和就业工作；

（七）做好学校安全稳定和后勤保障工作；

（八）组织开展学校对外交流与合作，依法代表学校与各级政府、社会各界和境外机构等签署合作协议，接受社会捐赠；

（九）向党委报告重大决议执行情况，向教职工代表大会报告工作，组织处理教职工代表大会、学生代表大会、工会会员代表大会和团员代表大会有关行政工作的提案；支持学校各级党组织、民主党派基层组织、群众组织和学术组织开展工作；

（十）履行法律、法规、规章和学校章程规定的其他职权。

第二十六条 校长办公会议是学校行政议事决策机构，主要研究提出拟由党委常委会讨论决定的重要事项方案，具体部署落实党委常委会决议的有关措施，研究处理教学、科研、行政管理等工作。会议由校长召集并主持，校领导参加，实行集体领导，保证决策的民主化、科学化、规范化。

第二十七条 学校行政工作实行校长全面负责、副校长分工负责、职能部门组织实施的工作机制。学校行政工作坚持民主集中制、集体领导与个人分工负责相结合的原则。

第二十八条 设立学术委员会，作为校内最高学术机构，统筹行使学术事务的决策、审议、评定和咨询等职权。其职责主要有：

（一）下列事务决策前，应当提交学术委员会审议，或者交由学术委员会审议并直接做出决定：学科、专业及教师队伍建设规划，以及科学研究、对外学术交流合作等重大学术规划；自主设置或者申请设置学科专业；学术机构设置方案，交叉学科、跨学科协同创新机制的建设方案、学科资源的配置方案；教学科研成果、人才培养质量的评价标准及考核办法；学位授予标准及细则，学历教育的培养标准、教学计划方案、招生的标准与办法；学校教师职务聘任的学术标准与办法；学术评价、争议处理规则，学术道德规范；学术委员会专门委员会组织规程，学术分委员会章程；学校认为需要提交审议的其他学术事务。

（二）实施以下事项，涉及对学术水平做出评价的，应当由学术委员会或者其授权的学术组织进行评定：学校教学、科学研究成果和奖励，对外推荐教学、科学研究成果奖；高层次人才引进岗位人选、名誉（客座）教授聘任人选，推荐国内外重要学术组织的任职人选、人才选拔培养计划人选；自主设立各类学术、科研基金、科研项目以及教学、科研奖项等；需要评价学术水平的其他事项。

（三）做出下列决策前，应当通报学术委员会，由学术委员会提出咨询意见：制订与学术事务相关的全局性、重大发展规划和发展战略；学校预算决算中教学、科研经费的安排和分配及使用；教学、科研重大项目的申报及资金的分配使用；开展中外合作办学、赴境外办学，对外开展重大项目合作；学校认为需要听取学术委员会意见的其他事项。学术委员会对上述事项提出明确不同意见的，学校应做出说明、重新协商研究或者暂缓执行。

（四）按照有关规定及学校委托，受理有关学术不端行为的举报并进行调查，裁决学术纠纷。

第二十九条 学术委员会根据需要可下设若干专门委员会和学术分委员会。各专门委员会和学术分委员会根据法律规定、学术委员会的授权及各自章程开展工作，向学术委员会报告工作，接受学术委员会的指导和监督。

第三十条 设立教学工作委员会，负责审议本校教学计划方案，评定教学成果、教学质量，检查、指导教学管理和教学队伍建设等重要事项，对教育教学改革和人才培养工作提出咨询建议。

第三十一条 根据《中华人民共和国学位条例》成立校学位评定委员会，依法开展学位事务工作。校学位评定委员会履行以下职责：

（一）在国家授权范围内，审议硕士和博士学位授权学科的设置与调整；

（二）审定并推荐申请硕士、博士学位授予权的学科、专业名单；

（三）审议学位申请、授予工作的规章制度，审定各学科专业的研究生培养方案；

（四）审定研究生指导教师的遴选标准，审批研究生指导教师增列名单；

（五）审批博士研究生指导教师年度上岗招生名单；

（六）受理有关人员对相应学位的申请，审查并作出授予学位或者不授予学位的决定；

（七）作出撤销违反规定所授予学位的决定；

（八）审议学位授予中有争议的问题，处理与学位有关的其他问题；

（九）通过授予名誉博士学位的提名；

（十）上级文件规定需要审议的有关事宜；

（十一）校学位评定委员会主席认为需要审议的其他有关事宜。

第三十二条 实行教职工代表大会制度，依法保障教职工参与学校民主管理和监督，维护教职工合法权益。教职工代表大会行使下列职权：

（一）听取学校章程及其他基本制度的制定和修订情况报告，听取学校重大改革和重大问题解决方案的报告，听取学校年度工作、财务工作以及其他专项工作报告等，提出意见和建议；

（二）审议通过学校提出的与教职工利益直接相关的福利、校内分配实施方案以及相应的教职工聘任、考核、奖惩办法；

（三）讨论审议学校上一届（次）教职工代表大会提案办理情况报告；监督学校章程、规章制度和决策的落实，提出整改意见和建议；

（四）听取和讨论相关法律法规政策规定的以及学校与学校工会商定的其他事项。工会是教职工代表大会的工作机构。

第三十三条 学生会、研究生会是由校党委和上级学联组织领导，校党委学生工作部、研究生工作部分别统筹负责，校团委具体指导的学生组织，依照国家的法律、法规和学校的规章制度开展工作。校学生代表大会、研究生代表大会是学生会、研究生会组织最高权力机构。校学生代表大会、研究生代表大会的职权：

（一）听取和审议学生会、研究生会工作报告；

（二）讨论和决定学生会、研究生会工作方针和任务；

（三）制定及修订学生会、研究生会章程；

（四）选举产生学生会、研究生会主席团；

（五）讨论、决定应当由学代会、研代会决定的其他重大事项。校学生会、研究生会分别是学生代表大会、研究生代表大会的执行机构。

第三十四条 学校设立学院，学院是组织实施人才培养、科学研究、社会服务和文化传承创新的二级办学单位，在学校授权范围内实行自主管理。学院主要职责是：

（一）制定并组织实施学科专业建设、人才培养方案及教学计划、课程建设、教材建设等方案；提出本学院所办专业年度招生计划建议；

（二）制定内部工作规则和办法，组织实施学院教师的考核工作；

（三）根据学校政策，提出学院师资队伍建设的规划和实施方案；

（四）负责学生的教育与管理，就学生的奖惩提出意见；

（五）管理和使用学校核拨的办学经费和资产；

（六）行使学校授予的其他职权。

第三十五条 学院实施党政共同负责制。党政联席会议是学院党政共同负责制的主要决策形式。凡列入学院党政共同负责的主要事项，须由党政联席会议集体讨论决定。学院党委（党总支）负责学院思想政治和党建工作，保证并监督党和国家的路线、方针、政策和学校各项决定在本学院的贯彻执行。学院院长全面负责本院行政工作，明确行政职责分工。学院实行院长行政工作统一领导、副院长分工负责制。院长定期向本学院全体教职工或教职工代表大会报告工作。学院根据需要设立学术分委员会，学术分委员会根据法律规定、校学术委员会的授权及其章程开展工作，向学术委员会报告工作，接受学术委员会的指导和监督。学院设立教职工代表大会和工会组织，作为教职工参与学院民主管理、民主监督，维护自身合法权益的重要渠道。学院根据需要可设系、实验教学中心、研究所、教研室等机构，组织落实各项教学、科研和社会服务任务。

第三十六条 学校根据实际运行和发展需要,依法设置、调整职能部门、直属单位等机构,职能部门和直属单位根据学校授权,履行相应职责。

第三十七条 学校根据发展需要,设立、调整重点实验室、研究院(所、中心)、基地等研究机构,独立建制的科研机构根据学校授权或有关规定,承担人才培养等相应职能。

第三十八条 大学附属医院是学校的直属单位,是医学教育和医学研究任务的承担者,面向社会提供优质医疗服务。附属医院的发展应以符合学校整体利益为前提,维护和促进学校发展大局。

第三十九条 设立南通大学校友会,加强校友之间及校友和学校之间的联系,促进学校与社会的合作。校友会根据章程开展活动。

第四十条 设立南通大学教育发展基金会,接受社会捐赠,管理捐赠项目和基金,支持学校事业发展。基金会根据章程开展活动。

第四十一条 学校可单独或者与社会共同举办具有法人资格的组织,依法依规享有权利。未经授权,任何单位和个人不得以学校名义订立合同。

第四十二条 设立工会、共青团等群众组织。各群众组织在学校党委的领导下,履行各自职责。

第四十三条 校内民主党派基层组织依照法律和各自章程开展活动。

第四章 教职工

第四十四条 教职工包括教师、其他专业技术人员、管理人员和工勤人员等。对教职工实行岗位管理制度。按照科学管理、精简高效的原则设置岗位,明确岗位名称、职责任务、工作标准和任职条件。

第四十五条 教职工依法享有下列权利:

(一)按规定使用学校的公共资源;

(二)公平获得自身发展所需的相应工作机会和条件;

（三）在品德、能力和业绩等方面获得公正评价；

（四）公平获得劳动报酬、各级各类奖励及各种荣誉称号；

（五）知悉学校改革、建设和发展及关涉切身利益的重大事项；

（六）参与民主管理和民主监督，对学校工作提出意见和建议；

（七）就职务评聘、福利待遇、评优评奖、处分等事项表达异议和提出申诉；

（八）法律、法规、规章规定或者聘任合同约定的其他权利。

第四十六条 教职工依法履行下列义务：

（一）遵守宪法、法律法规和职业道德，遵守《高等学校教师职业道德规范》《新时代高校教师职业行为十项准则》，遵守学校各项规章制度；

（二）珍惜爱护学校声誉，维护学校利益，自觉为学校事业发展建言献策；

（三）勤奋工作，恪尽职守，完成规定的教学、科研、管理和服务岗位要求的工作任务；

（四）尊重和爱护学生，保护学生权益，促进学生全面发展；

（五）爱护学校教育教学设施，合理使用学校资源；

（六）法律、法规、规章规定或者聘任合同约定的其他义务。

第四十七条 对教职工实行全员聘用制度，教职工竞聘上岗、按岗聘用、合同管理。

第四十八条 学校在授权范围内自主开展专业技术职务评聘工作。设立专业技术职务评聘委员会，负责教职工专业技术职务评聘的组织领导、评审、评议或推荐工作。

第四十九条 坚持办学以教师为本，尊重教师的创造性劳动，为教师开展教学和科学研究活动、进行学术创新、职业发展、个人成长提供必要的条件和保障。坚持严谨治学，规范教师的学术行为，引导教师树立良好的学术道德风尚。学校对教师实行资格认证和职务聘任制度。

第五十条 制定人事管理制度，依法依规对教职工进行聘用、考核、培训、奖惩、办理退休等。

第五十一条 按照国家和江苏省统一规定的事业单位人员岗位绩效工资制度,全面落实包括基本工资、绩效工资和津贴补贴在内的各项政策。工作人员享受国家和江苏省规定的福利待遇。根据发展水平和实际条件,努力改善教职工工作和生活条件。

第五十二条 尊重、关心离退休人员,发挥离退休老同志在学校事业发展中的作用。

第五十三条 对取得突出成绩或者为学校争得荣誉的教职工集体和个人进行表彰;对违反法律、法规以及学校规定的教职工进行相应处理。

第五十四条 依法建立权利保护和救济机制,设立教职工申诉委员会,依法处理教职工申诉,维护教职工合法权益。

第五章 学 生

第五十五条 学生是指被学校依法录取、取得入学资格并报到注册后取得学籍的受教育者。

第五十六条 学生在校期间依法享有下列权利:

(一)参加学校教育教学计划安排的各项活动,使用学校提供的教育教学资源;

(二)参加社会实践、志愿服务、勤工助学、文娱体育及科技文化创新等活动,获得就业创业指导和服务;

(三)申请奖学金、助学金及助学贷款;

(四)在思想品德、学业成绩等方面获得科学、公正评价,完成学校规定学业后获得相应的学历证书、学位证书;

(五)在校内组织、参加学生团体,以适当方式参与学校管理,对学校与学生权益相关事务享有知情权、参与权、表达权和监督权;

(六)对学校给予的处理或者处分有异议,向学校、教育行政部门提出申诉,对学校、教职员工侵犯其人身权、财产权等合法权益的行为,提出申诉或者依法提起诉讼;

(七)法律、法规及学校章程规定的其他权利

第五十七条 学生在校期间依法履行下列义务：

（一）遵守宪法和法律、法规；

（二）遵守学校章程和规章制度；

（三）恪守学术道德，完成规定学业；

（四）按规定缴纳学费及有关费用，履行获得贷学金及助学金的相应义务；

（五）遵守学生行为规范，尊敬师长，养成良好的思想品德和行为习惯；

（六）法律、法规及学校章程规定的其他义务。

第五十八条 学校为学生全面发展提供必要条件，鼓励学生参加校园文化、科学研究、学科竞赛、创新创业、社会实践等活动。

第五十九条 交换生、进修生等其他在校学习或者接受继续教育的学员，在学校从事学术活动期间，根据法律、政策和学校的规定，享受相应权利，履行相应义务，学校为其提供必要的条件和帮助。

第六十条 成立学生会和研究生会等学生组织，支持其按照各自章程开展活动，支持学生参与学校民主管理。

第六十一条 对取得突出成绩和为学校争得荣誉的学生集体或个人进行表彰、奖励。

第六十二条 对违规、违纪学生给予相应的处理。学校给予学生处分，应当坚持教育与惩戒相结合，与学生违法、违纪行为的性质和过错的严重程度相适应，做到证据充分、依据明确、定性准确、程序正当、处分适当。

第六十三条 健全学生权利保护机制，依法设立学生申诉处理委员会，按照规定的条件和程序处理学生申诉，维护其合法权益。申诉委员会由主管领导、职能部门负责人、教师代表、学生代表和法律专家组成。

第六章 财务与资产

第六十四条 按照《会计法》《预算法》《政府会计制度》《高等

学校财务制度》及有关法规，建立健全内部财务管理制度，加强财务管理，实行统一领导、集中核算、分级管理的财务管理制度和经济责任制度。成立财经工作领导小组，具体协调和处理全校有关财经工作。

第六十五条 学校经费来源主要包括财政拨款收入、事业收入、上级补助收入、经营收入、附属单位上缴收入、接受社会捐赠等其他收入。学校积极拓展办学经费来源，筹集办学资金。

第六十六条 学校收支实行预算管理。坚持"统筹兼顾、勤俭节约、量力而行、讲求绩效和收支平衡"的原则，合理编制年度财务预算。财务预算方案须经财经工作领导小组讨论，校长办公会审议，校党委常委会审定后实施。

第六十七条 学校财务实行年终决算制度。按要求向主管部门及相关部门提供财务报告。依法公开关系学校和教职工经济利益的有关财务事项，每年向教职工代表大会报告财务收支情况。

第六十八条 建立健全财务监督机制。财务工作由内部审计部门具体负责审计，同时接受上级有关部门的审计和监督。

第六十九条 学校资产为国家所有，由学校依法依规占有、使用、收益和处置。国有资产包括流动资产、对外投资、固定资产、无形资产和其他资产。

第七十条 健全资产配置、日常管理、出租出借、对外投资和资产处置等管理制度，建立统一领导、归口管理、分级负责、责任到人的国有资产管理体系。

第七章　学校标识

第七十一条 学校标识系统包括题名、徽志、校旗、校徽等。题名中文"南通大学"为先校长张謇先生手迹。徽志是内外两圈双圆相套的圆形徽标，圆形上方是中文"南通大学"字样，下方为英文名称"NANTONG UNIVERSITY"字样，内圆中间自下而上、由短到长、对称排列次第舒展的五根曲线，第一根曲线中间有一圆孔；内圆下方为建校年份"1912"。校旗是印有题名旗帜，为红底白字或白底红字的长方形旗帜（红色 C：0 M：100 Y：100 K：0），长宽比例为 3∶2，中央印有题名"南通大学"，左上角配以学校徽志。校徽为教职工和学生佩戴的印有题名"南通大学"的长方形证章。教职工为红底白字，本科生为白底红字，研究生为黄底红字。

第七十二条　学校校训为"祈通中西，力求精进"。学校校歌为《南通大学校歌》。学校校庆日为每年 5 月 28 日，校庆月为每年 5 月。

第八章　附　则

第七十三条　本章程的制定与修改，须经学校教职工代表大会讨论、校长办公会审议、党委常委会和党委全委会审定，由学校法定代表人签发，报省教育厅核准后发布，并报教育部备案。

第七十四条　本章程具有下列情形之一时可修改：

（一）章程依据的教育政策或法律法规发生变化；

（二）学校举办与管理体制发生变化；

（三）学校的办学理念、办学目标发生变化；

（四）其他应修改章程的情形。

第七十五条　本章程是学校运行的基本规范，校内其他规章制度应依据本章程制定、修改。

第七十六条　本章程由学校党委常委会负责解释。

第七十七条　本章程自发布之日起施行。

资料来源：南通大学官网．[EB/OL]．[2022-02-02]．https：//www.ntu.edu.cn/70/list.htm.

西安工业大学章程

序　言

西安工业大学创建于 1955 年，前身为西安第二工业学校，是国家

"一五"计划156个重点建设项目的军工配套项目之一,具有鲜明的军工特色。1960年升格为西安仪器工业专科学校,1965年升格为西安工业学院,1969年原第五机械工业部将西安工业学院改为陕西光学仪器厂(国营5218厂),1978年教育部批准恢复西安工业学院,同年开始招生。2006年学校经教育部批准更名为西安工业大学,2011年被列为陕西省重点建设的高水平教学研究型大学,2012年成为陕西省人民政府、中国兵器工业集团公司共建高校。

学校曾隶属于国家第二、一、三、五机械工业部、兵器工业部、国家机械工业委员会、机械电子工业部、中国兵器工业总公司。1999年实行中央与地方共建,以陕西省管理为主。

为推进依法治校,建立和完善现代大学制度,根据《教育法》、《高等教育法》等法律法规,结合学校实际,制定本章程。

第一章 总 则

第一条 学校名称为西安工业大学,简称西安工大;英文名称是Xi'an Technological University,缩写为XATU。

第二条 学校法定住所地为陕西省西安市金花北路4号。学校分校区办学,主校区为未央校区,地址是西安市未央大学园区学府中路2号。学校互联网域名为https://www.xatu.edu.cn。

第三条 学校为中央与地方共建,以陕西省管理为主的全日制普通高等学校。坚持社会主义办学方向,致力于人才培养、科学研究、社会服务和文化传承创新。

第四条 学校是公办非营利性事业单位,具有独立法人资格,依法享有办学自主权,独立承担法律责任。校长为学校法定代表人。

第五条 学校全面贯彻党的教育方针,以人为本,依法办学;坚持人才强校和创新兴校发展战略;以人才培养为中心,走学产研结合之路;夯实基础,科学管理,把学校办成特色鲜明、影响广泛的高水平教学研究型大学。

第六条 学校以本科教育为主,大力发展研究生教育,培养创新型高级专门人才，为区域经济和国防工业服务。

第二章 举办者与学校

第七条 学校的举办者是陕西省人民政府。

第八条 举办者享有下列权利：

（一）依法决定学校的设立、变更和终止，核准学校章程；

（二）指导学校的改革发展，并实行监督管理；

（三）评价监督学校的办学水平和教育质量；

（四）法律法规规定的其他权利。

第九条 举办者应当履行下列义务：

（一）指导学校工作，为学校改革发展提供必要保障；

（二）按照国家规定，保证学校办学经费，逐步增加办学投入；

（三）支持学校开展人才培养、科学研究、社会服务和文化传承创新等活动；

（四）维护学校合法权益；

（五）法律法规规定的其他义务。

第十条 学校享有下列权利：

（一）依法自主办学，依照章程自主管理；

（二）根据社会需求和办学条件，依法自主设置和调整学科、专业；

（三）自主制定人才培养方案，组织实施教育教学活动；

（四）自主开展科学研究、社会服务和文化传承创新活动；

（五）评聘教职工的职务，调整其收入分配；

（六）对举办者提供的财产、国家财政性资助、受捐赠财产及其他财产依法自主管理和使用；

（七）法律法规规定的其他权利。

第十一条 学校应当履行下列义务：

（一）保证教育教学质量达到国家规定标准；

（二）接受教育行政部门及其委托的其他机构对学校办学水平、教育质量的监督评估；

（三）尊重和保障教职工和学生依法享有的学术自由；

（四）围绕国家和区域发展需求，开展多种形式的社会服务；

（五）依法建立健全财务管理制度，合理使用、严格管理学校经费，学校的财务活动依法接受监督；

（六）积极改善教职工和学生在校学习、工作和生活条件，为其提供良好服务；

（七）尊重和维护教职工和学生的合法权益；

（八）法律法规规定的其他义务。

第三章 学科门类与教育形式

第十二条 学校的主要教育形式是全日制本科教育和研究生教育，同时可具有高等职业教育、继续教育，积极拓展留学生教育、中外合作办学等其他教育形式。

第十三条 学校以工学为重点、文理为支撑，多学科协调发展，学科专业主要分布在工学、理学、管理学、经济学、法学、文学、教育学、艺术学等学科门类。

第十四条 学校学科门类、学科、专业的设置和调整，应经过学术委员会等的商讨与论证，并报上级管理部门批准。

第十五条 学校根据社会需要和办学实际，拟订招生计划和招生章程，按照公开、公平、公正、择优的原则录取学生。

第十六条 学校自主确定人才培养目标、模式，制定培养方案、计划，组织实施教育教学活动，不断提高教育质量，并自觉接受社会监督。

第十七条 学校依法自主授予学士、硕士及博士学位，依法向社会知名人士、校友、卓越学术成就的人员等授予名誉学位。

第四章 管理体制

第一节 一般规定

第十八条 学校实行中国共产党西安工业大学委员会领导下的校长

负责制。

第十九条 学校根据需要设置内部组织机构，建立权责明确、决策科学和运转协调的工作机制。设置的各级各类组织根据学校授权履行管理和服务职责。学校可根据需要，向校区派出管理委员会，履行管理与服务职责。

第二十条 学校实行校、院（部）两级管理体制。

第二十一条 学校设立图书馆、档案馆等公共服务机构，为教职工和学生提供服务，保障教育教学、科学研究、行政管理等各项工作的开展，并提供社会服务。

第二十二条 具有独立法人资格的学校附属单位，依照法律规定，自主独立运营与管理。

第二十三条 学校依据法律、法规的规定，通过教职工代表大会、学生代表大会、学术委员会、学位评定委员会、校友会等实行民主管理、科学管理。

第二十四条 对于学校改革、发展、稳定中重大事项的决策，须广泛听取党员干部和教职工的意见与建议，保障和实现教职工参与学校民主管理和民主监督的权利。

第二节 学校党委

第二十五条 中国共产党西安工业大学委员会按照《中国共产党章程》和《中国共产党普通高等学校基层组织工作条例》开展活动，统一领导学校工作，支持校长独立负责地行使职权。

第二十六条 中国共产党西安工业大学委员会主要职责范围是：

（一）组织学习、宣传党的路线、方针、政策，执行上级组织决定；

（二）领导思想政治工作和德育工作，保证社会主义办学方向，维护政治稳定和校园安全；

（三）领导制定学校发展规划，讨论决定改革、发展、稳定中的重大问题；

（四）讨论决定学校内部组织机构设置和内部组织机构负责人的人

选；按照干部管理权限，负责干部的选拔、教育、培养、考核和监督；

（五）负责统一战线工作，充分发挥各民主党派和无党派人士在学校发展中的参与作用；

（六）领导学校教职工代表大会和工会，领导共青团、学生会、研究生会等学生群团组织。

第二十七条 中国共产党西安工业大学委员会议事规则如下：

（一）会议由党委书记（或其委托的副书记）主持。

（二）会议必须有三分之二以上的委员参加方能举行。

（三）议事按以下程序进行：主持人或由主持人指定的委员就议题作扼要说明；委员就议题发表意见；主持人归纳讨论情况，提出初步意见；到会委员进行表决。

（四）会议要充分发扬民主，按照少数服从多数的原则做出决定，每项决定须应到会半数以上成员通过方为有效。

（五）会议讨论的问题、表决的形式和通过的决议，以会议纪要、文件或其他适当形式，在一定范围内公布。

第二十八条 中国共产党西安工业大学纪律检查委员会是学校的党内监督机构，在学校党委和上级纪委的领导下，围绕学校中心工作，检查党的路线、方针、政策、决议及学校重大决策的执行情况，保障和促进学校事业健康发展。

第三节 校　长

第二十九条 校长是学校主要行政负责人，全面负责学校的教学、科学研究和其他行政管理工作。

第三十条 校长的主要职权范围是：

（一）拟订发展规划，制定具体规章制度和年度工作计划并组织实施；

（二）组织开展教学活动、科学研究、学科建设、师资队伍建设和国际合作与交流，部署协调全校行政工作；

（三）拟订校内行政管理机构、各专门委员会及非常设机构的设置或调整方案，推荐副校长人选，按干部任免权限任免校内组织机构的负责人；

（四）聘任与解聘教职工，对学生实施学籍管理，依照法律和学校规定对教职工和学生实施奖励或者处分；

（五）拟订和执行年度经费预算方案，保护和管理学校资产，筹措办学经费，维护学校的合法权益；

（六）法律法规规定的其他职权和职责。

第三十一条 学校行政实行校长统一领导、副校长分工负责、职能部门组织实施的工作机制。学校实行校务公开，校长向教职工代表大会报告工作。

第三十二条 学校设立校长办公会议。校长主持校长办公会议，处理学校行政工作中的重要事项。

第三十三条 校长办公会议议事规则如下：

（一）校长办公会由校长（或其委托的副校长）主持。

（二）校长办公会讨论的议题，由分管校领导提出，校长办公室收集汇总，经提前商榷后确定。

（三）校长办公会实行一事一议，一般先由提出议题的会议成员单位负责人就议题作简要说明，参加会议的人员根据具体情况充分发表自己的意见；在充分讨论的基础上由会议主持人进行归纳集中，形成会议决定。

（四）校长办公会如对重要事项意见分歧较大时，应暂缓做出决定，待进一步调查研究、交换意见后再行讨论，必要时提交校党委会决定。

第四节 学术机构

第三十四条 学校依法设立学术委员会，根据《高等学校学术委员会规程》及有关规定，结合学校实际情况，制定学术委员会工作规程。学术委员会作为校内最高学术机构，统筹行使学术事务的决策、审议、评定和咨询等职权。

第三十五条 学术委员会的主要职责如下：

（一）审议与学术相关的重大发展规划和发展战略；

（二）审议和决定学校自主设置或者申请设置的学科、专业；

（三）审议和评定学校教学、科研成果的奖励和推荐；

（四）审议教学、科研重大项目的申报及资金的分配使用；

（五）审议学位授予标准及细则，学历教育的培养标准、招生的标准与办法；

（六）审议或决定校内涉及到的学术评价、争议处理规则以及学术道德规范等相关事宜；

（七）审议学校教师职务聘任的学术标准与办法，高层次人才培养、引进管理办法。

第三十六条 学校设立学位评定委员会。学位评定委员会由校领导、院（部）及相关职能部门负责人和教学、科研人员组成。委员会主席由校长（或其委托的副校长或专家）担任。学位评定委员会依其章程开展工作。

第三十七条 学位评定委员会履行以下职责：

（一）制定、修改学位授予条例和研究生指导教师任职的有关规定；

（二）审批硕士生指导教师、博士生指导教师任职资格；

（三）按年度审核申请学士、硕士和博士学位学生情况，授予相应学位；

（四）做出撤销学位的决定；

（五）研究和处理学位授予和导师认定工作中的争议和其他事项。

第五节 教职工代表大会

第三十八条 学校教职工代表大会是教职工依法参与学校民主管理和监督的基本形式，在学校党委的领导下按照《学校教职工代表大会规定》和相关制度，履行职责，行使职权。学校在学院（部）和有关单位实施和推行二级教职工代表大会（教职工大会）制度。

第三十九条 学校工会委员会在学校党委、上级工会组织领导下，按照国家有关法律法规和工会章程，维护教职工合法权益，组织教职工参与民主管理、民主监督，提高教职工思想道德素质和科学文化素质。

工会是教职工代表大会的工作机构,承担与教职工代表大会相关的工作职责,并完成教职工代表大会委托的其他任务。

第五章 学院(部)

第四十条 学院(部)是以单一学科或相近学科为单位组成的学校基层教学与科研组织。学院(部)是人才培养、科学研究和社会服务的具体实施单位,在学校授权范围内实行自主管理。

第四十一条 学院(部)履行以下职责:

(一)根据自身发展目标,制订发展规划,并组织实施;

(二)根据需要,按照学校规定程序设置内部机构,并负责内部机构运行;

(三)制订并组织实施本单位学科建设、队伍建设、教育教学和科学研究活动;

(四)负责本单位教职工与学生的教育与管理;

(五)负责本单位的资产和经费管理;

(六)学校赋予的其他职责。

第四十二条 院长(主任)全面负责学院(部)教学、科研、学科建设、国际交流合作和其他行政管理工作。

第四十三条 学校党委设立的学院(部)基层党组织按照《中国共产党普通高等学校基层组织工作条例》开展工作。

第四十四条 学院(部)党政联席会议是学院(部)管理决策的基本形式,研究决定本单位重大事项和重大问题。

第四十五条 学院(部)设立学术委员分会、学位评定委员分会,在学校相应委员会的指导下开展工作。

第四十六条 学院(部)建立教职工代表大会(教职工大会)制度,保障本单位教职工依法参与民主管理与民主监督。

第四十七条 具有独立建制的教学科研单位和重点实验室等机构,享有与学院(部)同样的权利和义务。

第六章 教职员工

第四十八条 学校教职员工指学校在职的正式职工,由教师和其他专业技术人员、管理人员、工勤人员等组成,学校按规定对教职员工实行相应的聘用制度。

第四十九条 学校教职员工享有下列权利:

(一)公平使用学校的公共资源;公平获得自身发展所需的进修、培训、相应工作机会;

(二)在品德、能力和业绩等方面获得公正评价,公平获得各级各类奖励及各种荣誉称号;

(三)知悉学校改革、建设和发展及涉及切身利益的重大事项;

(四)对学校教育教学和管理工作提出意见和建议,参与民主管理;

(五)学校规章或者聘任合同规定的其他权利。

第五十条 学校教职员工应履行下列义务:

(一)尽职尽责,为人师表,维护学校秩序与利益;

(二)履行岗位职责,遵守规章制度;

(三)尊重和爱护学生,维护学生利益;

(四)树立良好的职业道德;

(五)学校规章制度或聘任合同规定的其他义务。

第五十一条 教职员工通过工会、教职工代表大会、学术委员会、学位评定委员会等组织参与学校管理。

第五十二条 学校设立教职工申诉专门机构,健全教职工权利保护和救济机制,维护教职工合法权益。

第七章 学 生

第五十三条 学生是指被学校依法录取,取得入学资格,具有学校学籍的受教育者。

第五十四条 学生享有下列权利:

(一)合理使用学校公共教育资源,公平接受学校教育,并获得相应学习、深造和参加学术交流的机会;

(二)在思想品德、学业成绩、体质健康等方面获得公正评价,公平获得荣誉和奖励,按学校规定获得相应的学历和学位;

(三)依照法律和学校规定组织和参加学生社团;

(四)参与民主管理,维护自身合法权益,享有监督权、建议权和申诉权;

(五)学校规定的其他权利。

第五十五条 学生应履行下列义务:

(一)珍惜和维护学校声誉,维护学校秩序与利益;

(二)遵守学校规章制度和学生行为规范;

(三)按规定缴纳学费及有关费用,履行获得资助所承诺的相关义务;

(四)爱护并合理使用教育设备和生活设施;

(五)学校规定的其他义务。

第五十六条 学校设立学生申诉专门机构,健全学生权利保护和救济机制,维护学生合法权益。

第五十七条 学生代表大会是学生在学校党委领导下依法行使民主权利、参与学校民主管理的基本形式。学生委员会是学生代表大会选举产生的常设机构,是学生的自治组织;学生会是学生代表大会的执行机构和学生委员会的日常工作机构,依其章程开展活动。

第八章 校友会

第五十八条 凡在学校学习或工作过的师生员工、获得学校授予的荣誉称号者、曾经或正在受聘于学校的兼职工作者,均是学校的校友。

第五十九条 校友会是由校友自愿组成的联谊性、学术性、非营利性的社团组织。校友会在学校指导下,依其章程自主开展工作。

第六十条 学校设立校友总会。其宗旨是团结、依靠和凝聚海内外校友的力量,为学校建设发展和广大校友服务。学校以多种方式联系和服务校友，鼓励校友参与学校建设和发展。学校为校友在教育培训、文化服务、科技成果转让、推荐毕业生和使用教育教学资源等方面提供条件。

第六十一条 校友总会依照国家有关规定及其章程开展活动。学校鼓励和支持校友成立具有届别、行业、地域特点的校友分会。各校友分会作为校友总会的分支机构，接受校友总会的指导。

第九章 资产、经费及其管理制度

第六十二条 学校资产属国家所有，包括固定资产、流动资产、无形资产和对外投资等。

第六十三条 学校代表国家行使国有资产管理权。学校对拥有的资产享有法人财产权，依法自主管理、保护和使用，并自觉接受政府职能部门的监督、检查、审计。

第六十四条 学校的经费来源主要包括财政拨款、事业收入及其他收入。学校积极拓展办学经费来源渠道，积极争取财政投入，鼓励和支持校内各单位面向社会筹措教学、科研经费及各类奖助基金。

第六十五条 学校经费使用依据"量入为出、收支平衡"的原则，坚持勤俭办学，合理编制收支预算，科学配置资源，提高经费使用效益。

第六十六条 学校财务工作实行校长负责制。学校实行统一领导、集中管理的财务管理体制。财务工作按照国家财政部、教育部制定的《高等学校财务制度》，建立、健全财务管理制度，严格财经纪律，依法接受监督。

第六十七条 学校实行审计监督制度，建立完善的财务监督体系，保证学校资产安全。

第十章 校徽、校风、校训、校庆日

第六十八条 学校的校标是双圆套圆形徽标，中间是学校简称"西安工大"篆书字体图案，下方有"1955"字样，代表学校建校时间；外环上方是"西安工业大学"的英文大写。

第六十九条　学校的徽章是印有校标的圆形金属证章。

第七十条　学校的校风是"忠诚进取，精工博艺"。

第七十一条　学校的校训是"敦德励学，知行相长"。

第七十二条　学校校庆日为4月21日。

第十一章　附　则

第七十三条　本章程由教职工代表大会讨论，校长办公会议审议，校党委会审定，陕西省教育厅核准，学校发布。

第七十四条　章程的修订由校长提出，修订程序与制定程序相同。

第七十五条　学校规章制度与本章程不一致的，以本章程为准。校内各部门、各单位可根据本章程制定具体管理制度。

第七十六条　本章程由学校党委会负责解释。

第七十七条　本章程自发布之日起施行。

资料来源：西安工业大学官网．[EB/OL]．[2022-02-02]．https://www.xatu.edu.cn/xygk/xxzc.htm.

青岛农业大学章程

序　言

青岛农业大学肇始于1951年创立的莱阳农业学校，1958年经国务院批准，创办莱阳农学院，开展本科教育，1963年改为莱阳农业学校，开展中专教育。1976年经山东省政府批准，改为莱阳农业大学。1978年经国务院批准，恢复莱阳农学院和本科教育。2001年，学校经山东省人民政府批准开始创办青岛科教园。2007年，学校经教育部和山东省人民政府批准更名为青岛农业大学，办学地址由莱阳市变更为青岛市城阳区。学校设青岛校区和莱阳校区，在胶州市设现代农业科技示范园。

学校校训为"厚德、博学、笃行、致远",校风主题词为"勤奋、严谨、求实、创新"。

第一章 总 则

第一条 为保障学校依法办学和自主管理,促进科学发展,依据《中华人民共和国教育法》《中华人民共和国高等教育法》等法律,制定本章程。

第二条 学校的中文名称为青岛农业大学,简称为"青岛农大",英文名称为 Qingdao Agricultural University,缩写为"QAU"。学校法定住所为青岛市城阳区长城路 700 号。学校网址是 http://www.qau.edu.cn。学校可根据办学需要,对校区布局进行规划和调整。

第三条 学校遵循教育规律,面向经济发展和社会需求,以人才培养为根本任务,以教学、科学研究、社会服务和文化传承创新为基本职能。

第四条 学校坚持社会主义办学方向,全面贯彻党和国家的教育方针,坚持立德树人,加强大学生社会主义核心价值观教育,培养德智体美全面发展的社会主义事业的合格建设者和可靠接班人。

第五条 学校以建设高水平多科性大学为目标,坚持以人才培养为核心,以学科建设为龙头,坚持质量立校、人才兴校,注重特色,倡导创新,不断提高办学水平和人才培养质量。

第六条 学校立足山东,面向全国,放眼世界,以服务"三农"为重点,致力于为经济社会发展培养高水平人才,提供高水平科技支持和服务。

第七条 学校着力培养价值追求高尚、专业精神执着、作风严谨扎实、富有创新创业精神、实践能力和社会责任感强的高素质专门人才。

第八条 学校实行中国共产党青岛农业大学委员会(以下简称学校党委)领导下的校长负责制。

第九条 学校依法实行信息公开制度,及时向社会发布办学信息,接受社会监督和评价。

第二章　学校与举办者

第十条　学校是由山东省人民政府举办的全日制普通高等学校,由山东省教育厅主管。

第十一条　举办者依法决定学校的设立、变更和终止,确定学校管理体制;按干部管理权限遴选、考察、推荐、选举、任命校级领导;检查学校贯彻执行国家政策情况,指导学校制定改革、发展规划和依法自主办学,规范、监督学校办学行为。

第十二条　举办者为学校提供必要的办学条件和经费投入,维护学校利益,保障学校的办学自主权和独立开展法人活动的权利。

第十三条　学校具有独立法人资格,独立承担法律责任。校长是学校的法定代表人。

第十四条　学校依据国家法律法规及本章程自主管理学校内部事务,面向社会独立办学,不受任何组织和个人的非法干涉。

第十五条　学校依法享有以下办学自主权:

(一) 自主制定学校发展规划并组织实施;

(二) 自主开展教育教学、科学研究、技术开发、社会服务和对外合作与交流;

(三) 根据社会需要、办学条件和国家核定的办学规模,自主调整学科专业设置,依法制定招生方案;

(四) 自主制定人才培养方案、教学计划、选用教材和组织教学活动;

(五) 自主对学生进行学籍管理、实施奖惩,依法确定本科生、研究生学历标准和颁发学历证书,依法确定学士、硕士及博士学位标准和授予学位;

(六) 依据有关规定设置内部机构、任免机构负责人、确定岗位设置方案、聘任和解聘工作人员、制定和实施分配与奖励办法,按规定权限评审教职工职务等级;

（七）自主管理、使用和经营学校资产和经费；

（八）法律规定的其他办学自主权。

第三章　治理结构

第十六条　学校党委是学校的领导核心，坚持民主集中制原则，实行集体领导与个人分工负责相结合。学校党委由全校党员代表大会选举产生，每届任期五年。学校党委履行党章规定的各项职责，把握学校发展方向，决定学校重大问题，监督重大决议执行，支持校长依法独立负责地行使职权，保证以人才培养为中心的各项任务完成。其主要职责是：

（一）宣传和执行党的路线方针政策，加强学校党组织的思想建设、组织建设、作风建设、制度建设和反腐倡廉建设；

（二）坚持社会主义办学方向，领导学校思想政治工作、德育工作和大学文化建设，培育良好的校风学风教风；

（三）讨论决定学校改革发展稳定及教学、科研、行政管理中的重大事项；

（四）领导制定学校发展规划和基本管理制度；

（五）按照干部管理权限，负责干部的选拔、教育、培养、考核和监督，决定学校内部组织机构设置和负责人人选，负责统筹推进学校各类人才队伍建设；

（六）领导教职工代表大会、学生代表大会及工会、共青团、学生会等群众组织，对校内民主党派及无党派人士实行政治领导。

（七）法律、法规、党内法规和其他规范性文件规定的其他职责。

第十七条　校党委会在学校党员代表大会闭会期间是学校最高决策机构。党委会必须有半数以上委员到会方能召开。讨论干部任免时，必须有2/3以上的党委委员参加。会议进行表决时，同意人数超过委员半数方为通过。党委会由党委书记召集并主持，党委书记不能出席时，可委托副书记主持。会议议题由党委书记汇总有关意见后确定，重要议题要在会前听取校长意见。

第十八条 学校设校长一人。校长在学校党委领导下，贯彻党的教育方针，组织实施学校党委有关决议，行使高等教育法等规定的各项职权，全面负责教学、科研、行政管理工作。校长的主要职权是：

（一）拟订学校发展规划和年度工作计划并组织实施；

（二）组织开展教育教学、科学研究、社会服务和对外交流等活动，制定相关规章制度，管理日常行政工作；

（三）拟订学校内部行政机构设置与调整方案，任免行政机构和学术机构负责人；

（四）聘任与解聘教师以及内部其他工作人员，对学生进行学籍管理并实施奖励或者处分；

（五）拟订和执行学校年度经费预算方案，保护和管理学校资产，维护学校合法权益；

（六）法律、法规和学校章程规定的其他职权。学校行政工作实行校长领导、副校长分工负责、职能部门负责人组织实施的工作机制。

第十九条 校长办公会是学校行政议事决策机构，主要研究提出拟由党委讨论决定的重要事项方案，具体部署落实党委决议的有关措施，研究处理教学、科研、行政管理工作。

第二十条 校长办公会由校长召集并主持。会议成员一般为学校行政领导班子成员。会议议题由学校领导班子成员提出，校长确定。重要议题应在会前听取党委书记意见。会议必须有半数以上成员到会方能召开。校长在广泛听取与会人员意见基础上，对讨论研究的事项作出决定。党委书记、副书记、纪委书记等可视议题情况参加会议，其他人员经校长同意可列席会议。

第二十一条 中国共产党青岛农业大学纪律检查委员会是学校的党内监督机构，在上级纪委和学校党委的领导下，全面履行党章赋予的职责，保障和促进学校各项事业健康发展。

第二十二条 学校依法设立学术委员会。学术委员会是校内最高学术机构，统筹行使学术事务的审议、评定和咨询等职权，发挥其在学科建设、学术评价、学术发展和学风建设等领域的重要作用。

（一）以下事项决策前，提交学术委员会审议：1. 学科建设、专业建设、师资队伍建设、科技发展、对外学术交流与合作等重要学术规划；2. 学科与专业设置方案、学术机构设置方案、学科平台建设方案、学科资源配置方案；3. 教学、科研、成果推广考核办法，教师职务聘任学术标准与办法，招生标准与办法；4. 学校认为需要提交审议的其他学术事项。

（二）以下事项交由学术委员会或其授权的专门委员会审定：1. 教学科研成果评价标准、人才培养质量评价标准、学位授予标准及细则、学历教育培养标准、学术评价与争议处理规则以及学术道德规范；2. 学术委员会专门委员会组织规程、学术分委员会章程；3. 学校认为需要审定的其他学术事项。

（三）以下事项的学术水平由学术委员会或其授权的专门委员会做出评价：1. 教学科研项目及成果；2. 高层次人才引进计划与人才选拔培养计划人选；3. 国内外重要学术组织任职推荐人选；4. 学校需要评价学术水平的其他事项。

（四）以下事项决策前，由学术委员会提出咨询意见：1. 学校中长期发展战略规划；2. 与学术相关事项的经费预算、决算；3. 教学、科研重大项目的申报及资金的分配使用；4. 国际合作办学及对外重大合作项目；5. 学校认为需要听取意见的其他事项。

（五）按照有关规定及学校委托，受理学术不端行为的举报并进行调查，裁决学术纠纷或提出处理意见。

第二十三条 学术委员会人数应当与学校的学科、专业设置相匹配，并为不低于15人的单数。其中，担任学校及职能部门党政领导职务的委员，不超过委员总人数的1/4；不担任党政领职务及院系主要负责人的专任教授，不少于委员总人数的1/2。校学术委员会一般由学校各学科、专业的教授及其他具有正高级专业技术职务的人员组成，并有一定比例的青年教师。学校可以根据需要聘请校外专家及有关方面代表，担任专门学术事项的特邀委员。特邀委员在校学术委员会内议事，享有与校内委员同等权利。特邀委员由校长、校学术委员会主任委员或者1/3以上学术委员会委员提名,经校学术委员会同意后确定。

第二十四条 校学术委员会委员实行任期制,由校长聘任,每届任期4年,可连选连任,但连任不超过2届。校学术委员会每次换届,连任的委员人数应不高于委员总数的2/3。

第二十五条 校学术委员会设主任委员1名,副主任委员若干名。主任委员、副主任委员由校长提名,全体委员选举产生。

第二十六条 校学术委员会可以根据需要设置专门委员会和学术分委员会。专门委员会和学术分委员会根据法律规定、校学术委员会的授权及各自章程开展工作,向校学术委员会报告工作,接受校学术委员会的指导和监督。

第二十七条 校学术委员会实行例会制度,每学期至少召开1次全体会议。根据工作需要,经学术委员会主任委员或者校长提议,或者1/3以上委员联名提议,可以临时召开学术委员会全体会议,商讨、决定相关事项。

第二十八条 校学术委员会议事决策实行少数服从多数的原则,重大事项应当以与会委员的2/3以上同意,方可通过。

第二十九条 学校设立学位评定委员会,作为学校学位事务的决策机构。

第三十条 校学位评定委员会成员包括学校主要负责人、相关部门负责人和具有副教授、教授或相当职称的教学、研究人员,任期3年。学位评定委员会主席由校长担任,副主席由分管教学、科学研究和研究生工作的副校长担任。校学位评定委员会日常办事机构设在研究生处和教务处,分别负责处理相应学位的日常工作。

第三十一条 学校建立教职工代表大会制度,学校工会为教职工代表大会的工作机构。教职工代表大会的主要职责是:

(一)听取学校章程草案的制定和修订情况报告,提出修改意见和建议;

(二)听取学校发展规划、教职工队伍建设、教育教学改革、校园建设以及其他重大改革和重大问题解决方案的报告,提出意见和建议;

（三）听取学校年度工作、财务工作、工会工作报告以及其他专项工作报告，提出意见和建议；

（四）讨论通过学校提出的与教职工利益直接相关的福利、校内分配实施方案以及相应的教职工聘任、考核、奖惩办法；

（五）审议学校上一届（次）教职工代表大会提案的办理情况报告；

（六）按照有关工作规定和安排评议学校领导干部；

（七）通过多种方式对学校工作提出意见和建议，监督学校章程、规章制度和决策的落实，提出整改意见和建议；

（八）决定和处理其他属于教职工代表大会职责范围内的有关事项。教职工代表大会的意见和建议，以会议决议的方式做出。

第三十二条 学校教职工代表大会是在学校党委的领导下教职工依法参与学校民主管理和监督的基本形式，每学年至少召开1次。遇有重大事项，经学校党委、校长、工会或1/3以上教职工代表大会代表提议，可以临时召开教职工代表大会。教职工代表大会的组织原则是民主集中制。

第三十三条 学校教职工代表大会代表由教职工依法选举产生，每4年为1届。期满应当进行换届选举。教职工代表大会在教职工代表中推选人员，组成主席团主持会议。主席团应当由学校各方面人员组成，其中包括学校、学校工会主要领导，教师代表应占多数。

第三十四条 教职工代表大会的议题，由学校工会提出并报校党委研究确定，提请教职工代表大会表决通过。

第三十五条 教职工代表大会的选举和表决，须经教职工代表大会代表总数半数以上通过方为有效。

第三十六条 学校支持各民主党派的基层组织，按照各自章程开展活动，参与学校民主管理与监督。

第三十七条 学校支持依法设立的群众组织在学校党委的领导下，按照各自章程履行职责，参与学校民主管理和监督。

第三十八条 学生代表大会、研究生代表大会是全体学生在校党委领导、校团委指导下行使民主权利和参与学校民主管理的基本形式,学校保障学生代表大会和研究生代表大会选举产生的学生委员会和研究生委员会按照其章程开展活动,参与学校管理,维护自身权益。

第三十九条 学校根据学科专业发展需要设置学院(部、系),实行校、院(部、系)两级管理体制。学院(部、系)是学科专业建设、人才培养、科学研究、社会服务和国际交流的组织实施单位,在学校授权范围内实行自主管理。

第四十条 学院实行党政联席会议制度,学院工作中的重要事项由党政联席会议讨论决定。

第四十一条 党政联席会议成员由学院分党委(党总支)书记、副书记和院长、副院长组成,必要时可由学院分党委(党总支)书记、学院院长商定有关列席会议人员。

第四十二条 学院分党委(党总支)在学校党委领导下开展工作,在本单位发挥政治核心作用,落实党的路线、方针、政策和上级党委的重要决策,参与本单位重大事项的决策,支持院长在其职责范围内开展工作,领导本单位党的建设和思想政治工作。

第四十三条 院长是学院行政主要负责人,对学院的行政事务行使管理权。院长定期向本学院教职工大会或教职工代表大会报告工作。副院长按照分工协助院长开展工作。

第四十四条 学院设立教授委员会。教授委员会按照其章程开展活动,并作为校学术委员会及其专业委员会在学院的分支机构,承担相关职责。其主要职责是:

(一)依据学校总体规划,讨论、审议学院发展规划,讨论、决定学院学科建设规划、专业建设规划和教师队伍建设规划;

(二)讨论、决定学院教学计划和人才培养方案;

(三)对学院学风、院风进行定期评估,提出学风、院风建设的意见和建议;

(四)讨论、研究学院教学、科研、社会服务工作中的重大问题;

(五)组织科研课题的论证和咨询;

（六）讨论确定学院开展学术交流与合作的内容和形式；

（七）参与引进人才的业务评价，讨论决定本学院专业技术人员的考核、成果评价具体标准，为学术骨干、学科带头人的选聘、专业技术职务聘任和研究生导师遴选提供依据；

（八）讨论、审议或决定院长或教授委员会委员提请审议或议决的其他重大问题、重要事项。

第四十五条 教授委员会以教学学院为单位组成。其人员视学院学科情况和教授队伍状况而定，每个学科方向原则上只设一名教授委员会委员。在教授委员会中，学院党政领导不得超过总人数的1/2。教授委员会委员和主任委员产生办法：

（一）教授委员会委员候选人由学院民主推荐，党政联席会研究产生；学院班子成员可作为教授委员会委员候选人，但不得超过教授委员会委员候选人人数的1/2；

（二）学院组织具有讲师及以上职称的教师选举，产生教授委员会委员；

（三）教授委员会选举产生主任委员，学院书记、院长原则上不得担任教授委员会主任委员；

（四）教授委员会委员报学校备案，由校长聘任。教授委员会实行任期制，每届任期3年，届中因工作需要和人员变动，可按程序进行调整。教授委员会委员经考核合格和选举通过可连任，但原则上不超过3届。

第四十六条 教授委员会实行集体决策制度，执行少数服从多数原则。讨论事项原则上要求达到教授委员会委员人数的半数以上、重大事项达到教授委员会委员人数的2/3表示赞成方能通过。必要时也可以实行票决制。

第四十七条 学校根据发展需要设立科研机构和科研辅助机构，使其相对独立的开展科学研究和科研服务活动，并按学校规定承担人才培养和社会服务任务。

第四十八条 学校举办的具有独立法人资格的单位和其他组织，依照法律法规及其章程管理，独立承担法律责任。学校与校外单位或组织签订协议所成立的机构，按照法律规定和协议约定开展活动。

第四十九条 学校内部机构的设立、变更、撤并，由学校编制管理部门在广泛听取意见的基础上提议，经校长办公会审议，提交校党委会决定。

第四章 办学活动

第五十条 学校以全日制本科生教育和研究生教育为主，积极发展留学生教育，适度发展继续教育，根据学校办学资源和社会需求确定办学规模。

第五十一条 学校通过中外合作办学、留学生教育、国际科技文化交流等，多渠道开展国际教育合作，推进学校国际化发展。

第五十二条 学校依法依规自主制定招生方案和招生章程，按照公平、公正、公开、择优的原则进行录取。

第五十三条 学校坚持全员、全过程、全方位育人，坚持产学研相结合，办学资源优先保障教育教学。

第五十四条 学校根据需要，自主设置和调整学科专业。学科专业设置和调整由学院提出意见或由教务处根据专业评估结果提出意见，学术委员会进行审议，校长办公会确定方案，并报上级主管部门进行备案或审批。

第五十五条 学校发挥学科引领作用，统筹学科规划布局，打造优势和特色学科，促进学科交叉融合，培育新兴学科，推动学科协调发展。

第五十六条 学校建立健全有效的教学质量标准和质量保障体系，完善校内评估制度，建立校内自我评估、主管部门评估和社会评估相结合的评估体系，不断提高教学质量，定期公布教学质量报告。

第五十七条 学校依法确定和调整学历教育修业年限，实行学分制和弹性学制。

第五十八条 学校依法对完成学历教育修业年限、考核合格的学生颁发学历证书，并依法对符合条件的申请者授予相应学位。

第五十九条 学校注重和鼓励符合国家经济社会发展需求科学研究活动，尊重基于个人兴趣的自由探索活动。

第六十条 学校坚持学术自由，鼓励学术争鸣，推进学术创新，加强学术道德建设，倡导严谨的学术风气，反对学术不端行为。

第六十一条 学校以社会需求为导向，开展社会服务工作。

第六十二条 学校坚持以学术文化为导向推进大学文化建设，以社会主义核心价值观为引领，传承和弘扬中华民族的优秀传统，借鉴和吸收人类文明的优秀成果，培育先进的大学文化，彰显大学精神，推进文化传承与创新。

第五章 学 生

第六十三条 学生是指被学校依法录取、取得入学资格、具有学校学籍的普通高等教育受教育者。

第六十四条 学生享有下列权利：

（一）参加学校教育教学计划安排的各项活动，获得就业指导与服务，使用学校提供的教育教学资源；

（二）参加社会服务、勤工助学，在校内组织、参加学生团体及文娱体育等活动；

（三）按照国家及学校规定的标准和程序申请奖学金、助学金及助学贷款；

（四）在思想品德、学业成绩等方面获得公正评价并获得相应奖励和荣誉称号；

（五）达到学校规定的学业要求后，获得相应的学历证书、学位证书；

（六）知悉学校改革、建设和发展及其他涉及切身利益的事项；参与学校民主管理，对学校发展和教育、教学改革提出意见和建议；

（七）对学校给予的处分或者处理有异议，向学校、教育行政部门提出申诉；对学校、教职工侵犯其人身权、财产权等合法权益的行为，提出申诉或者依法提起诉讼；

（八）法律、法规规定的其他权利。

第六十五条 学生依法履行下列义务：

（一）遵守宪法、法律、法规和学校规章制度；

（二）维护学校声誉和利益；

（三）完成规定学业；

（四）按规定缴纳学费及有关费用，履行获得贷学金及助学金的相应义务；

（五）遵守学生行为规范，尊敬师长，养成良好的思想品德和行为习惯；

（六）爱护并合理使用学校教育教学设备和生活设施；

（七）法律、法规规定的其他义务。

第六十六条 学校建立学生奖惩制度，设立奖学金对品学兼优的学生予以奖励，对取得突出成绩和为学校争得荣誉的学生集体和个人进行表彰，对违纪学生给予相应的纪律处分。

第六十七条 学校为学生的学习、生活提供必要的条件和服务保障。学校按规定为学生提供国家助学贷款、勤工助学、研究生"助研、助教、助管"等形式的助学项目。

第六十八条 学校积极营造宽松的学术环境，尊重并保障学生在学习和研究方面依法享有学术自由的权利。

第六十九条 学校支持并组织学生依法依规成立学生团体，支持和保障其按照法律和学校规定开展活动。

第七十条 学校成立学生申诉处理委员会，受理学生的申诉。学校依法保护学生申辩、申诉的权利，保障学生的合法权益。

第七十一条 非普通高等教育受教育者，由学校或学校授权相关职能部门依法另行制定相关规定，受教育者依其规定享有权利、履行义务。

第六章 教职工

第七十二条 学校教职工是指具有国家事业编制的教师及其他专业

技术人员、管理人员和工勤人员。

第七十三条 学校教职工享有下列权利：

（一）依法从事教学科研、管理、服务等岗位要求的工作，获得相应报酬；教师享有进行教育教学活动、从事科学研究、开展学术交流、指导学生学习发展、评定学生品行和学业成绩的权利。

（二）在思想品德、工作业绩、工作能力等方面获得公正评价，公平地获得奖励及荣誉称号；

（三）公平使用岗位工作和个人发展需要的学校公共资源，获得自身职业发展所需要的进修、培训等机会和条件；

（四）知悉学校改革、建设和发展及其他涉及切身利益的事项，参与民主管理，对学校事务提出意见和建议；

（五）对职务聘用、福利待遇、评优评奖、纪律处分等涉及其切身利益的相关决定表达异议，提出申诉；

（六）国家法律规定或合同约定的其他权利。

第七十四条 学校教职工应履行下列义务：

（一）忠诚教育事业，立德树人，为人师表，教书育人，管理育人，服务育人，促进学生全面健康发展；

（二）遵守学校规章制度，认真履行聘约，完成岗位任务，不断提高职业素质和业务水平，接受学校考核；

（三）遵守职业道德和行业规范，自觉接受监督；

（四）关心爱护学生，尊重学生人格，制止有害于学生的行为和侵犯学生合法权益的行为；

（五）珍惜学校名誉，维护学校权益；

（六）国家法律规定或合同约定的其他义务。

第七十五条 教师是学校办学的主体力量，学校尊重和关心教师，为教师履行职责提供必要的条件和保障。

第七十六条 学校建立教职工发展制度，重视教职工职业生涯发展规划，构建教师发展培训体系。

第七十七条 学校建立统一的奖惩和荣誉制度体系，对为国家和学校做出突出贡献的教职工给予表彰、奖励，对违纪违规教职工进行责任追究和相应的处理、处分。

第七十八条 学校建立考核制度，对教职工定期进行考核，提供与学校发展水平相适应的工资与福利待遇。

第七十九条 教职工符合国家规定的退休（退职）条件的，应当退休（退职），退休（退职）后享受相应待遇；学校对离退休人员按照国家和学校有关规定进行管理，提供服务。

第八十条 名誉教授、客座教授、讲座教授、兼职教授、访问学者、进修教师等其他人员，依据法律、政策、学校规定和合同约定，享受相应的权利，履行相应的义务，学校为其提供必要的条件和帮助。

第八十一条 学校成立教职工申诉处理委员会，受理教职工的申诉。学校依法保护教职工的申辩、申诉权利，保障教职工的合法权益。教职工有关学术问题的争议，由校学术委员会裁定。

第七章　经费、财务和资产管理

第八十二条 学校的经费收入指开展教学、科研及其他活动依法取得的非偿还性资金，包括财政补助收入、事业收入、上级补助收入、附属单位上缴收入、经营收入和其他收入。学校全方位拓展办学经费来源渠道，筹措事业发展资金；鼓励和支持校内各单位面向社会筹措办学经费，获取社会支持。

第八十三条 学校依法设立教育发展基金会，接受社会各界、企事业单位和个人的捐赠。

第八十四条 学校实行"统一领导、集中管理"的财务管理体制，坚持依法管理，规范财务决策程序，建立健全预决算制度、经济责任制度、财务信息披露制度、审计监察制度，完善监督机制，依法接受外部审计，保证财务运行安全。

第八十五条 学校依法对所拥有的或者占有、使用的资产进行自主管理和合理使用。学校依法保护并合理利用校名、自有知识产权等无形资产。

第八十六条 学校实行统一领导、归口管理、分级负责、责任到人的资产管理体制，健全资产使用绩效评价机制和对离任者资产审计机制。

第八章 学校与社会

第八十七条 学校设立青岛农业大学理事会，作为支持学校发展的咨询、协商、审议与监督机构，推进科学决策、民主监督、社会参与。理事会由政府、学校、企业、科研机构负责人和校友、社会知名人士等各方面代表组成。各方面代表在理事会所占的比例应当有利于理事会充分、有效地发挥作用。理事会按照其章程开展活动。

第八十八条 学校成立校友总会，依照法律和自身章程开展活动。学校鼓励和支持各地校友成立校友分会，在校友总会的指导下依法开展有益于社会、学校和校友的活动。

第八十九条 学校积极开展与地方政府、社会经济组织和其他机构的合作，积极开展科技成果转化和技术推广工作，服务区域经济社会建设，不断提高社会贡献度。

第九章 学校文化标识

第九十条 学校校名中文标准字为毛体，英文标准字字体为"Arial"加粗。

第九十一条 学校校旗为红色长方形旗帜，中央印黄色、标准字体的青岛农业大学中英文校名。

第九十二条 学校校标整体为圆形，中间部分由校名英文缩写"QAU"和建校时间"1951"等设计元素组合而成，周围排列成圆形环绕在上方的是中文标准字"青岛农业大学"，下方为英文标准字。

第九十三条 学校校徽为题有校名的长方形徽章和圆形徽章，供教职工和学生佩戴。在长方形校徽中，教职工校徽为红底白字，本科生校徽为绿底白字，研究生校徽为蓝底白字。

第九十四条 学校校歌为《播种希望》，夏仁胜作词，印青作曲。

第九十五条 学校确定每年的 10 月 6 日为校庆日。

第十章 附 则

第九十六条 本章程是学校运行的基本规范,是校内规章制度的基本依据。学校制定的规章制度不得与本章程相抵触。

第九十七条 本章程在征求校内外意见的基础上经学校教职工代表大会讨论、校长办公会审议、党委会审定后,报山东省教育厅核准。章程的修改动议应经学校党委会确定,章程修改程序与章程制定程序相同。

第九十八条 本章程的解释权归学校党委。

第九十九条 本章程自发布之日起实施。

青岛农业大学党政办公室 2016 年 1 月 6 日印发。

资料来源:青岛农业大学官网. [EB/OL]. [2022-02-02]. https://www.qau.edu.cn/channel/dxzhangcheng.

武汉纺织大学章程

序 言

武汉纺织大学初建于 1958 年,始称武汉纺织工学院,是原中国纺织工业部所属的行业院校。1998 年经国家教育管理体制调整,划转为湖北省管理。1999 年更名为武汉科技学院,2002 年湖北省对外贸易学校并入。2010 年更名为武汉纺织大学,2011 年湖北财经高等专科学校正式并入武汉纺织大学。2018 年学校入选湖北省"国内一流学科"建设高校。

第一章 总 则

第一条 为规范学校内部管理体制和运行机制,建立现代大学制度，实现学校办学目标，根据《中华人民共和国教育法》、《中华人民共和国高等教育法》、《高等学校章程制定暂行办法》等法律法规，制定本章程。

第二条 学校中文名称为武汉纺织大学，中文简称纺大，英文名称为 Wuhan Textile University，英文缩写 WTU。学校法定住所地为武汉市江夏区阳光大道特1号。学校设有阳光校区、南湖校区、东湖校区。学校网址是 https://www.wtu.edu.cn。

第三条 学校是湖北省人民政府举办的全日制普通高等学校，业务主管部门是湖北省教育厅。学校的分立、合并与终止，须经举办者同意，并报经教育部批准。

举办者为学校提供必要的办学条件，对学校实行宏观管理，支持学校依照法律、法规和高等教育规律自主办学，保护学校的合法权益。

第四条 学校为国家非营利性事业单位，具有独立法人资格，依法享有办学自主权，履行法律规定的各项义务，独立承担民事责任。

第五条 学校以马克思列宁主义、毛泽东思想、邓小平理论、"三个代表"重要思想、科学发展观和习近平新时代中国特色社会主义思想为指导，坚持党的全面领导，全面贯彻党的教育方针，坚持社会主义办学方向，以人才培养、科学研究、社会服务、文化传承创新、国际交流合作为基本职能，立足湖北，辐射全国，放眼世界，努力建设特色鲜明的高水平大学，从而实现建成"学术实力强"、"培养质量高"、"育人环境美"、"文化氛围浓"、"办学声誉好"的美好纺大愿景。

第六条 学校实行中国共产党武汉纺织大学委员会（简称学校党委）领导下的校长负责制，完善内部治理结构，推进依法治校。

第七条 学校校标以汉字偏旁部首"纟"结合六边形同构而成。学校徽章为教职工和学生佩戴的含有校标、中英文校名的长方形证章。学校校训为：崇真尚美。学校精神为：自强不息，经天纬地。学校校歌为杨洪林、王生宁作词、刘思远作曲的《武汉纺织大学校歌》。校庆纪念日为10月18日。

第二章　功能与教育形式

第八条　学校坚持教育为社会主义现代化建设服务、为人民服务，必须与生产劳动和社会实践相结合，培养德智体美劳全面发展的社会主义建设者和接班人。学校坚持以人才培养为中心工作，优先保障教育教学，致力于培养知识、能力、品格协调发展，具有创新精神和实践能力的高素质复合型、应用型创新人才。

第九条　学校坚持"现代纺织、大纺织、超纺织"的特色发展方向和"一元领先、多元并进、突出特色、协同发展"的学科建设思路，打造"一主、两翼、三擎、四群"学科格局，以理工科为"主体"，人文艺术、经济管理为"两翼"，打造技术研究院、管理与经济研究院、设计创新与纤维科学研究院"三大引擎"，做强纺织新材料与绿色制造、纺织装备与智能制造、创意设计与精美制造、智慧管理与效益制造"四大学科群"，根据经济社会发展需要，依法自主设置和调整学科专业。

第十条　学校以开展全日制本科和研究生学历教育为主，适当开展其他形式的办学活动，在国家核定范围内合理确定办学规模。学校依法确定和调整办学层次和学历教育修业年限，实行学分制。

第十一条　学校依法对符合条件者颁发学业证书和学位证书，依法并经特别程序，向为社会进步和学校事业发展做出特殊贡献的知名人士授予名誉学位。

第十二条　学校大力开展基础研究、应用研究和技术开发，实现知识创新、技术创新和成果转化，促进行业科技进步、服务创新型国家建设。

第十三条　学校实行开放办学，利用自身优势和条件，大力推进校地合作、校企合作、国际合作，主动服务纺织行业和地方发展战略，为纺织行业高质量发展提供智力支撑和人才支持，为促进湖北经济社会发展发挥重要支撑作用。

第十四条　学校坚持文化育人，继承优秀传统文化，吸纳世界先进文化，培育纺大特色文化，弘扬社会主义核心价值观，推动社会文明与进步。

第十五条 学校建立健全教学质量保障体系、科研创新体系、学术评价体系和社会服务体系，不断提高人才培养质量和办学水平。

第三章 内部治理结构

第一节 学校党委、纪委及机构

第十六条 学校党委是学校的领导核心，承担管党治党、办学治校主体责任，把方向、管大局、作决策、抓班子、带队伍、保落实。支持校长依法独立负责地开展工作，保证教学、科研、行政管理等各项任务的完成。

第十七条 学校党委实行集体领导与个人分工负责相结合的制度，坚持民主集中制，集体讨论决定学校重大问题和重要事项。其主要职责是：

（一）宣传和执行党的路线方针政策，宣传和执行党中央以及上级党组织和本组织的决议，坚持社会主义办学方向，依法治校，依靠全校师生员工推动学校科学发展，培养德智体美劳全面发展的社会主义建设者和接班人。

（二）坚持马克思主义指导地位，组织党员认真学习马克思列宁主义、毛泽东思想、邓小平理论、"三个代表"重要思想、科学发展观、习近平新时代中国特色社会主义思想，学习党的路线方针政策和决议，学习党的基本知识，学习业务知识和科学、历史、文化、法律等各方面知识。

（三）审议确定学校基本管理制度，讨论决定学校改革发展稳定以及教学、科研、行政管理中的重大事项。

（四）讨论决定学校内部组织机构的设置及其负责人的人选。按照干部管理权限，负责干部的教育、培训、选拔、考核和监督。加强领导班子建设、干部队伍建设和人才队伍建设。

（五）按照党要管党、全面从严治党要求，加强学校党组织建设。

落实基层党建工作责任制,发挥学校基层党组织战斗堡垒作用和党员先锋模范作用。

(六)履行学校党风廉政建设主体责任,领导、支持内设纪检组织履行监督执纪问责职责,接受同级纪检组织和上级纪委监委及其派驻纪检监察机构的监督。

(七)领导学校思想政治工作和德育工作,落实意识形态工作责任制,维护学校安全稳定,促进和谐校园建设。

(八)领导学校群团组织、学术组织和教职工代表大会。

(九)做好统一战线工作。对学校内民主党派的基层组织实行政治领导,支持其依照各自章程开展活动。支持无党派人士等统一战线成员参加统一战线相关活动,发挥积极作用。加强党外知识分子工作和党外代表人士队伍建设。加强民族和宗教工作,深入开展铸牢中华民族共同体意识教育,坚决防范和抵御各类非法传教、渗透活动。

(十)讨论决定其他事关师生员工切身利益的重要事项。

第十八条 学校党委由中国共产党武汉纺织大学党员代表大会(简称学校党代会)选举产生,党委常委由党委全委会选举产生。

第十九条 学校党委全委会在学校党代会闭会期间领导学校工作,每学期至少召开一次。学校党委全委会闭会期间,党委常委会行使其职权,对学校重大问题和重要事项进行决策。党委常委会对学校党委全委会负责并定期报告工作。党委常委依据学校党政工作分工,对党委常委会负责。

第二十条 党委常委会由党委书记或其委托的党委副书记召集并主持,一般每两周召开一次,遇有重要情况经党委书记同意可以随时召开。

党委常委会会议议题由党委书记提出,也可以由党委常委会其他委员或学校领导班子其他成员提出建议,经党委书记综合考虑后确定。党委常委会须有半数以上成员到会方可召开。讨论决定干部任免等重要事项时,必须有三分之二以上常委到会方能召开。表决事项时,赞成票超过应到会常委人数的半数为通过。

第二十一条 中国共产党武汉纺织大学纪律检查委员会（简称学校纪委）是学校的党内监督专责机构，在学校党委和上级纪委双重领导下进行工作。其主要职责是：

（一）维护党章和其他党内法规，维护宪法、监察法和法律的尊严，经常对党员进行遵守纪律的教育，对学校公职人员开展廉政教育，作出关于维护党纪和法律的决定。

（二）协助校党委推进全面从严治党、加强党风廉政建设和组织协调反腐败工作。加强对学校落实中央八项规定精神情况和巡视反馈问题整改的监督检查，严肃纠治"四风"，推动整改落地见效。

（三）检查党组织、党员干部贯彻执行党的路线方针政策和决议的情况，对学校各级党组织、党员领导干部履行职责、行使权力情况进行监督；对监察对象依法履职、秉公用权、廉洁从业以及道德操守情况进行监督检查。

（四）检查和处理党组织、党员和监察对象违反党章党规党纪和国家法律法规的案件，并按职权范围决定或改变对这些案件中的党员、监察对象的处分。

（五）受理处置党员群众检举举报、受理党员的控告和申诉、监察对象的复审复核申请，保障当事人的合法权益。

第二十二条 学校党委根据工作需要，本着精简、高效和有利于加强党的建设的原则，设立工作机构，配备工作人员。

第二节　校长及行政机构

第二十三条 校长是学校的法定代表人，在学校党委领导下，贯彻党的教育方针，组织实施学校党委有关决议，行使高等教育法等规定的各项职权，全面负责教学、科研、行政管理工作。其主要职责是：

（一）组织拟订和实施学校发展规划、基本管理制度、重要行政规章制度、重大教学科研改革措施、重要办学资源配置方案。组织制定和实施具体规章制度。

（二）组织拟订和实施学校内部组织机构的设置方案。

（三）组织拟订和实施学校人才发展规划、重要人才政策和重大人才工程计划。负责教师队伍建设，依据有关规定聘任与解聘教师以及内部其他工作人员。

（四）组织拟订和实施学校重大基本建设、年度经费预算等方案。加强财务管理和审计监督，管理和保护学校资产。

（五）组织开展教学活动和科学研究，创新人才培养机制，提高人才培养质量，推进文化传承创新，服务国家和地方经济社会发展，把学校办出特色、争创一流。

（六）组织开展思想品德教育，负责学生学籍管理并实施奖励或处分，开展招生和就业工作。

（七）做好学校安全稳定和后勤保障工作。

（八）组织开展学校对外交流与合作，依法代表学校与各级政府、社会各界和境外机构等签署合作协议，接受社会捐赠。

（九）向学校党委报告重大决议执行情况，向教职工代表大会报告工作，组织处理教职工代表大会、工会会员代表大会、学生代表大会和团员代表大会有关行政工作的提案。支持学校各级党组织、民主党派基层组织、群众组织和学术组织开展工作。

（十）履行法律法规和本章程规定的其他职权。

第二十四条　学校行政工作实行校长领导、副校长分工负责、职能部门组织实施的工作机制。

第二十五条　校长办公会议是学校行政议事决策机构，主要研究提出拟由学校党委讨论决定的重要事项方案，具体部署落实学校党委决议的有关措施，研究决定教学、科研、行政管理工作。校长办公会由校长或校长授权的副校长召集并主持，一般每两周召开一次，遇有重要情况经校长同意可以随时召开。

校长办公会议成员一般为学校领导班子成员。会议必须有半数以上成员到会方能召开。会议主持人可根据会议内容和需要确定列席人员。

校长办公会议议题由校长提出，也可以由学校领导班子其他成员提出，校长综合考虑后确定。按照集体讨论、校长决定的方式，对学校行政管理中的重要问题进行决策。

第二十六条 学校按照精简、高效的原则和服务教学科研的要求，自主设置职能部门及直属附属单位，明确职能部门及直属附属单位的职责与权限，健全制约和监督管理机制。

第三节 学术组织

第二十七条 学校设立学术委员会。

校学术委员会是学校最高学术机构，统筹行使学术事务的决策、审议、评定和咨询等职权。

校学术委员会委员实行定额席位制，经学院（部）、重点研究机构学术委员会选举推荐后校长聘任，或由校长直接聘任产生，校长直接聘任的校学术委员会成员不超过总数的五分之一。在校学术委员会委员组成中，担任职能部门领导职务及院部主要负责人的专任教授，不大于委员总人数的二分之一，其中，担任职能部门主要负责人的委员总数不大于担任院部主要负责人的委员总数。校领导不担任学术委员会委员。校学术委员会设委员25～31人，设主任委员1人，副主任委员若干人，根据工作需要可设常务副主任委员1人。主任委员和副主任委员由校长提名，经校学术委员会全体委员选举产生。校学术委员会委员每届任期4年，可连选连任，但连任最长不超过2届，连任委员人数不超过上届委员总数的三分之二。

学校根据《高等学校学术委员会规程》制定学术委员会章程。校学术委员会依据其章程履行职责，设立秘书处，负责处理学术委员会的日常事务。

校学术委员会实行例会制度，每学期至少召开一次全体会议。根据工作需要，经学术委员会主任委员或者校长提议，或者三分之一以上委员联名提议，可以临时召开学术委员会全体会议，商讨、决定有关事项。

第二十八条 学校设立学位评定委员会。学位评定委员会是学校学位工作的咨询、审议和评定机构。校学位评定委员会依照有关法律和规定，制定学校学位授予办法，负责学位评定、授予和撤销，处理学位授予的争议和其他事项。

第二十九条 学校设立教学指导委员会。教学指导委员会是学校教学工作的咨询与审议机构。教学指导委员会依照其工作条例及有关规定，审议学校人才培养规划、教学经费预算、专业设置、师资队伍建设、教学改革等重要事项，审议教学奖励评定标准和办法、教学改革项目管理办法和教学管理制度，评审各类教学奖和重要教学研究项目。根据工作需要或受学校委托，对相关教学事项进行论证并接受咨询。

第三十条 学校设立专业技术职务评审委员会。专业技术职务评审委员会根据评审条件和评审规则，负责专业技术职务的评定或评审推荐工作。评审委员会会议实行封闭式管理，须有三分之二及以上委员到会方可举行，评审表决须有三分之二及以上实到委员投票赞成视为通过。

第三十一条 学校根据学科布局设立学部，可根据学科建设和发展的需要适时调整。学部的主要职能是推进学科交叉和融合，协调跨学科研究，统筹学部内学术事务，其职能由学部委员会及各专门委员会承担。

第四节 民主管理

第三十二条 教职工代表大会是教职工参与学校民主管理和监督的基本形式。

学校教职工代表大会行使下列职权：

（一）听取学校章程草案的制定和修订情况报告，提出修改意见和建议。

（二）听取学校发展规划、教职工队伍建设、教育教学改革、科研创新、校园建设以及其他重大改革和重大问题解决方案的报告，提出意见和建议。

（三）听取学校年度工作报告、财务工作报告、工会工作报告以及其他专项工作报告，提出意见和建议。

（四）讨论通过学校提出的与教职工利益直接相关的福利、校内分配实施方案以及教职工聘任、考核、奖惩办法。

（五）审议学校上一届（次）教职工代表大会提案的办理情况报告。

（六）按照有关工作规定和安排评议学校领导干部和各职能部门的工作。

（七）通过多种方式对学校工作提出意见和建议，监督学校章程、规章制度和决策的落实，提出整改意见和建议。

（八）讨论法律、法规、规章规定的以及学校与教职工代表大会商定的其他事项。

学校教职工代表大会依据国家规定，制定学校《教职工代表大会章程》。学校教职工代表大会设执行委员会，由学校教职工代表大会选举产生。学校教职工代表大会闭会期间，执行委员会根据教职工代表大会的授权，履行教职工代表大会的职责。

第三十三条 各民主党派在学校的基层组织按照各自章程开展活动，参与学校民主管理与民主监督。

第三十四条 学生代表大会、研究生代表大会是学生依法参与学校民主管理和监督，维护学生合法权益的重要组织形式。学生代表大会、研究生代表大会在学校党委领导下，依据《中华全国学生联合会章程》等开展工作，闭会期间由学生会（研究生会）代为行使职权。

第三十五条 学校其他群众组织和社会团体依各自章程开展活动，学校充分保障其参与学校民主管理的合法权益。

第四章　教学科研机构

第三十六条 学校设置学院、科研院所（实验室、中心）等教学科研机构，组织实施办学活动。

第三十七条 学校实行校院两级管理体制，明确学校和学院的权限，赋予学院相应的办学自主权。

第三十八条 学院作为学生管理、人才培养、教学科研、国际交流和社会服务等工作的具体组织实施单位，在学校授权范围内实行自主管理。其主要职权是：

（一）根据工作需要，设置和调整学院内部教学、科研及行政管理等机构（不定行政级别），聘任内部机构负责人。

（二）在学校核定的编制内，按校、院两级管理程序引进教师及其他人员，统筹安排学院内部各类人员。

（三）按照学校的总体发展规划，制定学院的学科建设、师资队伍建设、专业建设规划，制定教育教学改革计划和年度招生计划，并组织实施。

（四）加强师德师风建设，负责学院教职工的年度考核和聘期考核。

（五）负责学院学生的思想政治教育与管理，对学生的奖惩提出具体意见。

（六）依法依规管理使用学校划拨的经费，管理学院科研经费及其他各项资金，管理学院各类资产。

（七）负责学院教职工的工作酬金和奖金的分配。

（八）负责学院教师及其他专业技术人员职务评审的评议推荐工作。

（九）组织开展学院对外学术交流。

（十）行使学校赋予的其他权力和职能。

第三十九条 学院党政联席会议负责学院事务管理的决策。学院党政联席会议成员为学院党政领导班子成员。

学院党政联席会议主要讨论决定关于学院改革发展稳定、教师队伍建设、学生培养、科学研究、学科建设、人才队伍建设和行政管理、经费预决算、对外合作办学等方面的重要事项。重大事项必须由学院党政联席会议讨论决定。

学院党政联席会议讨论和决定的事项，按照其议事规则执行。

第四十条 学院院长（部主任）全面负责本学院教学、科学研究、学科建设、师资队伍建设和其他行政管理工作。院长（部主任）每年定期向本学院全体教职工或教职工代表大会报告工作。

第四十一条 学院党委（总支）在学校党委的领导下开展工作，全面负责学院党的建设，履行政治责任，保证监督党的路线方针政策及上级党组织决定的贯彻执行，把握好教学科研管理等重大事项中的政治原则、政治立场、政治方向，在干部队伍和教师队伍建设中发挥主导作用，把好政治关。支持学院行政领导班子和行政负责人依规履行职责。

学院党委会讨论和决定的事项，按照其议事规则执行。

第四十二条 学院设立教授委员会。学院教授委员会是学院学科建设和学术管理等重要事项的审议、审定机构，是学院重大改革和建设的咨询机构。学院教授委员会由学院七名及以上具有高级专业技术职务人员组成，教授委员会委员由学院全体教师或教师代表投票选举产生，主任由全体委员投票选举产生，实行任期制。

学院根据实际情况，制定《教授委员会工作条例》，经学院教职工代表大会审议，学院党政联席会议审定，报学校核准，予以实施。

第四十三条 学院设立教学指导委员会。学院教学指导委员会是学院教学工作的咨询与审议机构。

第四十四条 学院建立二级单位教职工代表大会制度，涉及学院改革和发展的重大问题以及与教职工切身利益相关的重大事项，需经学院教职工代表大会讨论通过后方可实施。

第四十五条 学院建立学生代表大会制度，支持和保障学生依法参与学院民主管理。

第四十六条 学校根据科学研究和社会服务等需要，设立和调整独立建制的研究中心（院、所）、工程中心和重点实验室等科研机构，并按照机构性质实现分类管理。

第五章　教职工

第四十七条 学校教职工由教师及其他专业技术人员、管理人员和工勤人员组成。教师是学校办学的主要依靠力量。学校根据事业发展需要合理确定教职工总量和各类教职工比例。

第四十八条 学校教职工除享有宪法、法律、法规及规章规定的各项权利之外，还享有下列权利：

（一）按工作职责使用学校的公共资源。

（二）获得各级各类奖励及各种荣誉称号。

(三) 在品德、能力和业绩等方面获得公正评价。

(四) 知悉学校改革、建设和发展及关涉切身利益的重大事项。

(五) 参与民主管理,对学校工作提出意见和建议。

(六) 就职务晋升、福利待遇、评优评奖、纪律处分等事项表达异议和提出申诉。

(七) 学校规章或者聘约规定的其他权利。

第四十九条 学校教职工应履行宪法、法律、法规及规章规定的义务,同时还应履行下列义务:

(一) 珍惜和维护学校名誉,维护学校利益。

(二) 履行岗位职责,勤奋工作。

(三) 尊重和爱护学生,教书育人,管理育人,服务育人。

(四) 遵守学校规章制度和职业道德规范。

(五) 学校规章或者聘约规定的其他义务。

第五十条 学校对教职工实行岗位聘用与岗位管理制度。学校按照精简、效能原则设置岗位,依据岗位职责及任职条件公开招聘,竞聘上岗,择优聘用。

第五十一条 学校对教师实行资格认证和专业技术岗位聘任制度,对其他专业技术人员实行专业技术岗位聘任制度,对管理人员实行职员制度和岗位聘任制度,对工勤人员实行技术等级聘任制度。

第五十二条 学校实施岗位绩效工资制度,稳步提高教职工收入。

第五十三条 学校实行教职工年度考核和聘期考核,考核结果作为对各类人员聘用、晋升和奖惩的依据。

第五十四条 学校依法规范教师的学术行为,倡导良好的学术道德风尚,坚决抵制不良学术行为。

第五十五条 学校尊重和爱护人才,引进和培养学科领军人物、学术骨干和教学名师,保障学术民主与学术自由,为教师开展教学和科学研究活动提供必要条件。

第五十六条 学校坚持对教职工进行培养和培训,加强师德建设,不断提升教职工的综合素质和业务能力。

第五十七条　学校依法建立教职工权利救济机构及相应的权利保护机制，维护教职工合法权益。

第五十八条　学校依法保障教职工的申诉权，按照申诉受理、事实调查、审议决定的程序处理教职工的申诉。

第六章　学　生

第五十九条　学生是指被学校依法录取、取得入学资格，具有学校学籍的受教育者。

第六十条　学校设立招生委员会，遵循国家的招生政策，根据社会需求和办学条件，编制和调整招生计划。按照"公平、公正、公开"原则选拔学生，接受教育行政机关和社会的监督。

第六十一条　学生在校学习期间依法享有下列权利：

（一）公平接受学校教育，使用学校公共教育资源。

（二）按规定条件和程序选择专业、选修课程，对任课教师教学作出客观评价。

（三）公平获得在国内外深造学习和参加学术文化交流活动的机会。

（四）满足学历及学位条件后，取得学历证书及学位证书。

（五）依照法律和学校规定，组织和参加学生社团。

（六）根据规定申请国家和学校的资助。

（七）公平获得各种奖励和荣誉称号。

（八）知悉学校改革、建设和发展及关涉切身利益的重大事项。

（九）参与民主管理，对学校工作提出意见和建议。

（十）对纪律处分和涉及自身利益的相关决定表达异议和提出申诉。

（十一）宪法、法律、法规、规章及学校规定的其他权利。

第六十二条　学生在校学习期间应依法履行下列义务：

（一）努力学习，完成学业。

（二）遵守学校规章制度和学生行为规范。

（三）按规定缴纳各种费用，履行获得资助所承诺的相关义务。

（四）爱护并合理使用教育设备和生活设施。

（五）珍惜和维护学校声誉，维护学校利益。

（六）遵守宪法、法律、法规、规章及学校规定，依法承担相应的法律责任。

第六十三条　学校坚持以学生为中心，引导学生自我服务、自我管理、自我教育，培养学生爱国、敬业、诚信、友善的品行。

第六十四条　学校建立健全学生奖惩制度。学校对学生实行学年综合考评，考评结果作为对学生进行奖励的依据。

学校设立奖学金，对品学兼优的学生予以奖励。学校对取得突出成绩或为学校赢得荣誉的学生集体或个人予以表彰和奖励。

学校对有违法、违规、违纪的学生，依法依规给予相应的处理。

第六十五条　学校支持学生依法成立学生社团并依照法律、法规、规章及其章程开展活动。

第六十六条　学校支持学生开展学术、科技、文化、艺术、体育等活动，鼓励学生参加社会实践、志愿服务和其他公益活动。

第六十七条　学校按照国家政策，通过奖、助、补、贷、减等方式资助家庭经济困难学生。学校为学生提供创业、就业指导，提供心理健康教育和咨询，促进学生成长成才。

第六十八条　学校通过听证会、座谈会等制度和形式，鼓励和支持学生参加学校民主管理，对学校的工作提出意见或建议。

第六十九条　学校建立学生权利保护机制，维护学生合法权益。学校依法保障学生行使申诉权。学生对学校的处理或处分决定有异议，有权提起申诉。学校按照申诉受理、事实调查、审议决定的程序处理学生申诉事宜。

第七章　经费、资产与保障

第七十条　学校的经费来源主要包括财政拨款（补助）、事业收入、经营收入、上级补助收入和其他收入。

学校经政府物价部门核准,依法收取学费。

学校依照政府规定和合同约定,通过教育服务、科技成果转化等渠道获取合法收入。

第七十一条 学校积极拓展办学经费来源渠道,筹措事业发展资金。鼓励和支持校内各单位面向社会筹措教学、科研经费及各类奖助基金。

第七十二条 学校实行"统一领导、分级管理、集中核算"的财务管理体制,坚持勤俭办学,提高资金使用效益和财务工作效率。

第七十三条 学校实行财务预决算制度、经费使用管理制度、经费使用绩效评价制度、经济责任审计制度等财务审计管理制度,健全自我约束与外部监督相结合的财务监管体系。

第七十四条 学校资产包括固定资产、流动资产、无形资产。学校的各类资产均为国有资产。学校对拥有的资产享有法人财产权,依法自主管理和使用。

第七十五条 学校实行统一领导、归口管理、分级负责、责任到人的资产管理体制,健全资产计划、采购、配置、使用、处置等制度,建立资产使用绩效评价制度,合理配置资源,实现资产保值增值,提高资产使用效率。

第七十六条 学校建立健全经营性资产管理制度,依法行使投资者权利,履行投资者义务,保障投资者和经营者的合法权益。

第七十七条 学校建立和完善校内公共服务体系,加强公共服务平台建设,为教学、科研提供强有力的支撑。

第七十八条 学校建立和完善突发事件应急处理机制,维护校园和谐稳定,建设生态文明校园。

第八章 外部关系

第七十九条 学校密切与社会、行业和企业的联系,开展全方位合作,大力推动协同创新,强化教育服务、科技服务、信息服务、文化服务、咨政服务能力。

第八十条 学校通过中外合作办学、留学生教育和国际科技文化交流、师生交流等,加快人才培养的国际化进程,提升学校办学国际化水平。

第八十一条 学校成立理事会。理事会成员由相关政府部门和行业协会代表,学校相关负责人,教师、学生代表,相关企事业单位代表,校友代表和社会知名人士组成。理事会依据其章程开展活动,加强社会合作,参与民主管理。

第八十二条 学校设立校友会。凡在学校学习、进修或工作过的人士、以及学校聘请的兼职教授、客座教授、名誉教授等,均为学校校友。

学校通过校友会及其他多种形式联系和服务校友,鼓励校友参与学校的建设与发展,支持校友按照有关规定组建地区、行业等校友分会。

第八十三条 学校设立教育发展基金会,鼓励境内外社会组织和个人捐资助学。

第八十四条 学校依据国家有关法律、法规、规章,向社会公开信息,保障公民、法人和其他组织依法获取学校基本办学信息。

第八十五条 学校建立健全自我约束、自我规范、自我监督的内部管理机制,主动接受社会监督。

第九章　附　则

第八十六条 本章程是学校建设、发展、管理的根本规则,是制订其他规章制度的基本依据。

第八十七条 本章程的制定和修改需提交教职工代表大会讨论并征求意见,由校长办公会研究审议,由学校党委常委会审定后,报湖北省教育厅核准。

第八十八条 本章程由学校党委负责解释。

第八十九条 本章程经核准自发布之日起实施。

资料来源:武汉纺织大学官网. [EB/OL]. [2022-02-02]. https://www.wtu.edu.cn/xxgk/xxzc.htm.

附 录

台州学院章程

序 言

台州学院（以下简称学校）是一所经教育部批准设立的全日制普通本科高校。前身是 1978 年经国务院批准建立的台州师范专科学校，办学源头可上溯至 1907 年成立的三台中学堂简易师范科。台州地区教师进修学院、临海师范学校、台州卫生学校、温岭师范学校先后并入。2002 年学校升格为本科高校，并更名为台州学院。

学校坚持党的全面领导，高举中国特色社会主义伟大旗帜，坚持以马克思列宁主义、毛泽东思想、邓小平理论、"三个代表"重要思想、科学发展观、习近平新时代中国特色社会主义思想为指导，以政治建设为统领，全面加强党的建设，全面贯彻党的教育方针，把党的领导贯穿办学治校、教书育人全过程。

学校秉承"澡身浴德、修业及时"的校训精神，致力于培养"专业的人、文化的人、世界的人"，努力建设国内一流、国际上有良好声誉的高水平应用型大学。

第一章 总 则

第一条 为完善学校内部管理体制、规范办学行为，逐步建立现代大学制度，依据《中华人民共和国教育法》《中华人民共和国高等教育法》及《高等学校章程制定暂行办法》等法律、法规和规章，结合学校实际，制定本章程。

第二条 学校名称为台州学院，英文译名为 Taizhou University，英文缩写为 TU。

第三条 学校法定住所为浙江省台州市市府大道 1139 号。学校设有椒江、临海、广文三个校区，椒江校区地址为台州市市府大道 1139

号，临海校区地址为临海市东方大道 605 号，广文校区地址为临海市广文路 146 号。学校网址为 https：//www.tzc.edu.cn。

第四条 学校是台州市人民政府举办的非营利性教育事业单位。举办者依法保障学校办学自主权，支持和发展学校办学特色，保证学校办学经费来源，维护学校办学环境和办学利益，为学校事业发展提供应有保障。举办者和上级主管部门按干部管理权限遴选、考察、推荐、选举、任命学校党政领导。学校接受举办者管理、监督和评估。

第五条 学校坚持社会主义办学方向，以人才培养、科学研究、社会服务和文化传承创新为基本职能，实施高等教育，不断拓展继续教育，积极开展中外合作办学。

第六条 学校以地方性、应用性、综合性为办学定位，以立德树人为根本任务，以高素质、应用型、复合型人才为培养目标。

第七条 学校具有独立法人资格，独立承担法律责任，根据国家有关规定，依法享有下列办学自主权：

（一）根据社会需求、办学条件和国家核定的办学规模，制订招生方案；

（二）依法设置和调整学科、专业；

（三）根据人才培养需要，制订人才培养计划，开展课程建设、教材建设和教学设施建设；

（四）按照国家学位制度的规定授予学位；

（五）根据自身条件，开展科学研究、技术开发和社会服务；

（六）根据实际需要和精简、效能的原则，确定教学、科学研究、行政职能部门等内部组织机构的设置和人员配备。按照国家有关规定，评聘教师和其他专业技术人员的职务，调整收入分配方案；

（七）依法开展和海内外大学、研究机构的交流与合作；

（八）依法管理和使用举办者提供的财产、财政性资助以及受捐赠财产；

（九）依法获得的其他办学自主权。

第八条 学校以全日制本科教育为主体，以非全日制学历教育和非学历教育为补充,适度发展研究生与留学生教育。

第九条 学校依法实行中国共产党台州学院委员会(以下简称学校党委)领导下的校长负责制,坚持"党委领导、校长负责、教授治学、民主管理"的要求,实行依法治校。校长是学校的法人代表。

第二章 管理体制

第一节 领导体系

第十条 学校党委是学校的领导核心,总揽学校改革发展稳定全局,履行管党治党、办学治校的主体责任,发挥把方向、管大局、作决策、抓班子、带队伍、保落实的领导作用,支持校长依法独立负责地行使职权,保证以人才培养为中心的各项任务完成。学校党委的主要职责是:

(一)全面贯彻执行党的路线方针政策,贯彻执行党的教育方针,坚持社会主义办学方向,坚持立德树人,依法治校,依靠全校师生员工推动学校科学发展,培养德智体美劳全面发展的中国特色社会主义事业建设者和接班人;

(二)讨论决定事关学校改革发展稳定及教学、科研、行政管理中的重大事项和基本管理制度;

(三)坚持党管干部原则,按照干部管理权限负责干部的选拔、教育、培养、考核和监督,讨论决定学校内部组织机构的设置及其负责人的人选,依照有关程序推荐校级领导干部和后备干部人选;做好老干部工作;

(四)坚持党管人才原则,讨论决定学校人才工作规划和重大人才政策,创新人才工作体制机制,优化人才成长环境,统筹推进学校各类人才队伍建设;

(五)领导学校思想政治工作和德育工作,坚持用习近平中国特色社会主义思想武装师生员工头脑,培育和践行社会主义核心价值观,牢牢掌握学校意识形态工作的领导权、管理权、话语权;维护学校安全稳定,促进和谐校园建设;

（六）加强大学文化建设，发挥文化育人作用，培育良好校风、学风、教风；

（七）加强对学校基层党组织的领导，做好发展党员和党员教育、管理、服务工作，发展党内基层民主，充分发挥基层党组织的战斗堡垒作用和党员的先锋模范作用；加强学校党委自身建设；

（八）领导学校党的纪律检查工作，履行全面从严治党主体责任，加强党的纪律建设，履行党风廉政建设主体责任，支持学校纪检监察机构履行监督责任，一体推进不敢腐、不能腐、不想腐，深化清廉校园建设；

（九）领导学校工会、共青团、学生会等群众组织和教职工代表大会；做好学校统一战线工作；

（十）讨论决定其他事关学校发展、师生员工切身利益的重要事项。

第十一条 党委会是学校党委实行民主决策的主要形式。党委会由党委书记召集并主持，必须有半数以上成员到会方能召开；讨论决定干部任免等重要事项时，应有2/3以上成员到会方能召开。表决事项时，以超过应到会成员人数的半数同意为通过。学校党委实行集体领导与个人分工负责相结合，坚持民主集中制，集体讨论决定学校重大问题和重要事项，领导班子成员按照分工履行职责。党委书记主持党委全面工作，负责组织党委重要活动，协调党委领导班子成员工作，督促检查党委决议贯彻落实，主动协调党委与校长之间的工作关系，支持校长开展工作。

第十二条 中国共产党台州学院纪律检查委员会是学校党内监督专责机关，由党员代表大会选举产生，在学校党委和上级纪委双重领导下开展工作，协助学校党委推进全面从严治党、加强党风建设和组织协调反腐败工作，履行监督、执纪、问责职责。浙江省监察委员会驻台州学院监察专员办公室、监察专员根据授权，按照管理权限依法对学校公职人员进行监督，提出监察建议，依法对学校公职人员进行调查、处置。

第十三条 校长主持学校行政工作，在学校党委领导下，贯彻党的教育方针，组织实施学校党委有关决议，行使高等教育法等规定的各项职权，全面负责教学、科研、行政管理工作。校长的主要职责是：

（一）组织拟订和实施学校发展规划、基本管理制度、重要行政规章制度、重大教学科研改革措施、重要办学资源配置方案；组织制订和实施具体规章制度、年度工作计划；

（二）组织拟订和实施学校内部组织机构的设置方案；

（三）组织拟订和实施学校人才发展规划、重要人才政策和重大人才工程计划；负责教师队伍建设，依据有关规定聘任与解聘教师以及内部其他工作人员；

（四）组织拟订和实施学校重大基本建设、年度经费预算等方案；加强财务管理和审计监督，管理和保护学校资产；

（五）组织开展教学活动和科学研究，创新人才培养机制，提高人才培养质量，推进文化传承创新，服务国家和地方经济社会发展，把学校办出特色；

（六）组织开展思想品德教育，负责学生学籍管理并实施奖励或处分，开展招生和就业工作；

（七）做好学校安全稳定和后勤保障工作；

（八）组织开展学校对外交流与合作，依法代表学校与各级政府、社会各界和境外机构等签署合作协议，接受社会捐赠；

（九）向党委报告重大决议执行情况，向教职工代表大会报告工作，组织处理教职工代表大会、学生代表大会、工会会员代表大会和团员代表大会有关行政工作的提案；支持学校各级党组织、民主党派基层组织、群众组织和学术组织开展工作；

（十）履行法律法规和学校章程规定的其他职权。副校长协助校长开展各项行政工作。

第十四条 校长办公会议（校务会议）是学校行政议事决策机构，由校长主持，依议事规则讨论处理学校行政工作中的重要事项，校长应在广泛听取与会人员意见的基础上，对讨论研究的事项作出决定。

第二节 二级管理

第十五条 学校设置学院、部，实行二级管理。学校根据办学需要,可以增设、调整、撤销学院、部。

第十六条 学院是学校教学实施、科研管理、学生管理的基层单位;学院在学校规定的职权范围内享有人权、财权、物权、事权。学院院长负责学院行政工作,副院长协助院长开展工作。学院党组织发挥政治核心作用,负责学院思想政治和党的建设工作,履行管思想、管干部、管人才、管政策的职责,保证党和国家的各项方针、政策和有关规章在学院的贯彻执行,支持院长履行职责;党组织书记负责学院党的工作,副书记协助书记开展工作。学院实行党政共同负责制,执行党政联席会议制度;学院党政联席会议是学院重要事项集体决策的主要组织形式,是学院的最高决策机构;学院党政联席会议成员,由学院院长、书记、副院长、副书记等人员组成。学院建立教职工代表大会制度。学校内设的部参照学院进行管理。

第十七条 学校设置职能部门,负责学校决策的组织、实施、协调、管理。学校根据办学需要,可以增设、调整、撤销职能部门。

第三节 治学机构

第十八条 学校依法设立学术委员会;学术委员会是学校最高的学术机构,统筹行使学术事务的决策、审议、评定和咨询等职权。学术委员会由学校不同学科、专业的教授及具有正高级专业技术职务的人员组成,并应有一定比例的青年教师;学校可根据需要聘请2－3名校外专家及有关方面代表,担任专门学术的特邀委员;学术委员会委员每届任期四年。学术委员会的主要职责是:

(一)在学校做出决策前,审议以下事项:学科、专业及教师队伍建设规划,以及科学研究、对外学术交流合作等重大学术规划;设置或申请设置学科专业;学术机构设置方案,交叉学科、跨学科协同创新机制的建设方案、学科资源的配置方案;教学科研成果、人才培养质量的评价标准及考核办法;学校教师职务聘任的学术标准与办法;学校认为需要提交审议的其他学术事务;

(二)对学校实施的以下事项进行评定:学校教学、科学研究成果和奖励,对外推荐教学、科学研究成果奖;高层次人才引进岗位人选、名誉（客座）教授聘任人选，推荐国内外重要学术组织的任职人选、人才选拔培养计划人选；需要评价学术水平的其他事项；

（三）在学校做出决策前，对以下事项提出咨询意见：制订与学术事务相关的全局性、重大发展规划和发展战略；学校预算决算中教学、科研经费的安排和分配及使用；教学、科研重大项目的申报及资金的分配使用；开展中外合作办学、赴境外办学，对外开展重大项目合作；学校认为需要听取学术委员会意见的其他事项；

（四）按照有关规定及学校委托，受理有关学术不端行为的举报并进行调查，裁决学术纠纷。学术委员会依其章程履行职责。

第十九条 学术委员会下设教学委员会、学术道德与伦理科学规范委员会等专门委员会。教学委员会负责指导、监督学校教学工作；教学委员会依其规程履行职责。学术道德与伦理科学规范委员会负责学校学术道德建设；学术道德与伦理科学规范委员会依其规程履行职责。

第二十条 学校设立学位评定委员会，负责学校学位授予工作。学位评定委员会依其章程履行职责。

第二十一条 学校设立教学督导委员会，对学校教学活动进行监督、检查、评估和指导；教学督导委员会依其工作条例履行职责。

第四节　民主管理

第二十二条 学校教职工代表大会是教职工依法参与民主管理和监督的基本形式；教职工代表大会代表以教师为主体，凡与学校签订聘任聘用合同、具有聘任聘用关系的教职工，均可当选为教职工代表大会代表。教职工代表大会的主要职责是：

（一）听取学校章程制定和修订情况报告，提出修改意见和建议；

（二）听取学校发展规划、教职工队伍建设、教育教学改革、校园建设以及其他重大改革和重大问题解决方案的报告，提出意见和建议；

（三）听取学校年度工作、财务工作、工会工作报告以及其他专项工作报告，提出意见和建议；

（四）讨论通过学校提出的与教职工利益直接相关的福利、校内分配实施方案以及相应的教职工聘任、考核、奖惩办法；

（五）审议学校上一届（次）教职工代表大会提案的办理情况报告；

（六）按照有关工作规定和安排评议学校领导干部；

（七）通过多种方式对学校工作提出意见和建议，监督学校章程、规章制度和决策的落实，提出整改意见和建议；

（八）讨论法律、法规、规章规定的以及学校与学校工会商定的其他事项。教职工代表大会的意见和建议，应以会议决议的方式做出。

第二十三条 学校工会是学校党委和上级工会组织领导下的教职工自愿参加的群众组织，按照《中华人民共和国工会法》和《中国工会章程》开展工作，履行职责，参与学校管理与监督。

第二十四条 学校内民主党派的基层组织，按照各自章程开展活动，参与学校管理与监督。

第二十五条 学校学生代表大会在学校党委领导、学校团委指导下开展活动，代表全校学生参与学校民主管理与监督。

第二十六条 学校共青团、学生会等校内其他群众组织在学校党委领导下，依各自章程开展活动，参与学校管理与监督。学校建立学生议事会制度，促进学生参与学校民主管理。

第三章 教职工

第二十七条 学校教职工由教师、其他专业技术人员、管理人员和工勤人员等组成。

第二十八条 学校实行岗位聘用与岗位管理制度，依法自主聘用各类人员。实行公开招聘制度、竞聘上岗制度和考核奖惩制度，开展人事管理和人力资源配置工作。

第二十九条 学校根据事业发展需要和上级主管部门编制管理的规定，合理确定教职工编制总量和各类岗位的结构比例，其中教师岗位是专业技术主体岗位。学校按照科学合理、精简效能的原则设置各类岗位，依据岗位职责及任职条件公开招聘、择优聘用。

第三十条 学校的教师及其他专业技术人员实行专业技术职务制

度，学校的管理人员实行职员制度。

第三十一条 学校实施岗位津贴制度，建立向教学、科研及管理岗位上承担重要责任的学科带头人、骨干教师和管理骨干倾斜的分配激励机制，稳步提高教职工收入。

第三十二条 学校对教职工有计划地进行培养与培训，提升教职工综合素质和业务能力。

第三十三条 学校对教职工进行考核，考核结果作为聘任或解聘、晋升、奖励或处分的依据。

第三十四条 学校建立各类表彰奖励制度，对在办学活动中做出突出成绩与贡献的教职工给予表彰和奖励。对违反法律法规、学校规章制度和聘用合同规定的教职工，依法依规进行处理。

第三十五条 学校教职工享有下列权利：

（一）依法从事教育教学活动，开展人才培养、科学研究、社会服务、学校管理和保障服务，按工作职责和需要使用学校的公共资源；

（二）依照法律、法规、规章规定和聘用合同约定，享受工作报酬、福利和社会保险等待遇；

（三）公平获得自身发展的机会和条件；

（四）在德、能、勤、绩、廉等方面获得公正评价；

（五）知悉学校改革、建设和发展以及关系切身利益的重大事项，参与民主管理和监督，对学校工作提出意见和建议；

（六）依据相关规定和合同约定合理流动；

（七）就处理或处分等事项表达异议和提出申诉；

（八）法律、法规、规章规定与聘用合同约定的其他权利。学校依法维护教职工的合法权利。

第三十六条 学校教职工依法履行下列义务：

（一）遵守法律、法规、规章，贯彻国家教育方针；

（二）遵守职业道德，履行岗位职责；

（三）珍惜学校名誉，维护学校利益；

（四）法律、法规、规章规定与聘用合同约定的其他义务。

第四章 学 生

第三十七条 学生指被学校依法录取、取得入学资格,具有学校学籍的受教育者;学生是学校教育教学活动的主体。

第三十八条 学生在校学习期间依法享有下列权利:

(一)参加学校教育教学计划安排的各项活动,使用学校提供的教育教学资源;

(二)在校期间,根据有关规定享有转专业的权利;

(三)参加社会服务、勤工助学,在校内组织、参加学生团体及文娱体育等活动;

(四)申请奖学金、助学金及助学贷款;

(五)在思想品德、学业成绩等方面获得公正评价,完成学校规定学业后获得相应的学历证书、学位证书;

(六)对学校给予的处分或处理有异议,向学校、教育行政部门提出申诉;对学校、教职员工侵犯其人身权、财产权等合法权益,提出申诉或依法提起诉讼;

(七)法律、法规、规章和学校规定的其他权利。学校依法维护学生的合法权利。

第三十九条 学生在校学习期间依法履行下列义务:

(一)遵守法律、法规、规章;

(二)遵守学校管理制度;

(三)参加学校教育教学计划安排的各项活动,完成学业;

(四)按规定缴纳学费及有关费用,履行偿还助学贷款的义务;

(五)遵守学生行为规范,尊敬师长,养成良好的思想品德和行为习惯;

(六)珍惜和维护学校名誉,维护学校利益;

(七)法律、法规、规章和学校规定的其他义务。

第四十条 学校坚持开展全员育人、全过程育人、全方位育人,引导学生自我管理、自我服务、自我教育、自我监督,培养学生爱国、敬业、诚信、友善的品行。

第四十一条 学校对学生实行综合考评，考评结果作为对学生评奖评优和进行奖励的依据。

第四十二条 学校建立学生奖惩制度。学校对取得突出成绩和为学校赢得荣誉的学生集体或个人进行表彰和奖励。学校设立奖学金对品学兼优的学生予以奖励。学校对违法、违规、违纪的学生，进行批评教育或纪律处分。

第四十三条 学校关心家庭经济困难的学生，通过奖、助、贷、勤、减、补等方式予以资助。

第四十四条 学校关怀学生成长，为学生提供心理健康教育和咨询以及创业、就业指导等服务。

第四十五条 学校对学生课外活动进行指导和管理，鼓励学生参加社会实践、志愿服务和其他公益活动。

第四十六条 学生社团是学生自愿组织的群众性团体，经学校批准成立，接受学校指导和统一管理，依其章程开展活动。

第四十七条 学校设立学生申诉处理委员会，按规定程序受理学生申诉，维护学生合法权益。

第五章 经费、资产与后勤

第四十八条 学校经费来源包括财政拨款收入、事业收入、上级补助收入、附属单位上缴收入、经营收入和其他收入。

第四十九条 学校积极拓展办学经费来源渠道，建立以政府投入为主、受教育者合理分担培养成本、接受社会捐赠等多渠道筹措经费的机制。

第五十条 学校财务实行统一领导、集中核算、分级管理的财务管理制度，建立健全经济责任制度和审计监察制度，完善监督机制，保证资金规范合理运用。

第五十一条 利用学校资源所获得的收入纳入学校预算，并统一核算管理。

第五十二条 学校资产为国家所有，由学校依法依规占有、使用和处置；学校实行统一领导、归口管理的资产管理体制，推动资源的优化配置和资产的保值增值，切实维护学校的权益，确保国有资产的安全、完整。

第五十三条 学校依法管理、保护、合理使用专利权、商标权、著作权、土地使用权、非专利技术、校名校誉等无形资产。

第五十四条 学校积极创造条件，为学生和教职工的学习、工作和生活提供后勤保障。

第五十五条 学校保障校园安全与稳定，维护信息与网络安全，倡导校园文明，加强节能管理，建设和谐校园。

第六章 学校与社会

第五十六条 学校依据法律、法规、规章及本章程自主管理学校内部事务，不受任何社会组织和个人的非法干涉。

第五十七条 学校实行信息公开制度，及时向社会发布办学信息，主动接受社会监督和评价。

第五十八条 学校利用自身优势和办学条件，通过多种方式服务社会，推动协同创新，并积极争取各方面的支持和帮助。

第五十九条 学校积极开展与政府部门、社会团体、行业组织、科研院所、企业单位等的交流与合作。

第六十条 校友指曾在学校参加各种形式学习的毕业生和曾在学校工作的教职工、名誉教授、客座教授、访问学者等。

第六十一条 校友会是学校和校友发起设立、校友自愿组成、联谊性的群众组织。学校依法成立台州学院校友会，校友会依章程开展活动。学校支持在校友比较集中的区域成立校友分会；校友分会在校友会的支持和指导下开展活动。学校依法设立教育基金会，制订基金会章程，依章程募集资金，接受社会各界捐赠，促进学校教育事业的发展。

第六十二条 学校发挥校友会的桥梁和纽带作用，联系和服务校友，关心校友发展，为校友的工作和学习提供帮助。学校鼓励校友关心学校发展、支持和参与学校建设。

第七章　学校标识与校庆日

第六十三条　学校校标的整体形式为圆形，象征团结协作、向心力和凝聚力；外圈上端"台州学院"校名，为著名书法家沙孟海题词集字；中间左右两侧为英文校名；圈底"1907"，表示学校办学起始的年份；校标中间图案以学校广场的红色雕塑为主要设计元素，由抽象的英文大写字母"T""U"和"F"构成，"T""U"为学校英文校名的缩写，"F"为英语单词"Fly"的缩写，寓意为腾飞的台州学院；双层叠加的菱形基座，既象征书本和学位帽，又寓意不断跨上新台阶，蓝色代表知识的海洋；图案中央三道灵动的线条，寓意培养学生成为"专业的人""文化的人""世界的人"，红色寓意青年学子和新兴的台州学院朝气蓬勃、热烈奔放，不断创造新的辉煌。

第六十四条　学校校徽为题有校名的长方形证章；教职工用校徽底色为红色，文字为金色；学生用校徽底色为白色，文字为金色。

第六十五条　学校校歌为《台州学院校歌》。

第六十六条　学校校庆日为每年的12月12日。

第八章　附　则

第六十七条　本章程是学校依法自主办学、实施管理和履行公共职能的基本准则；学校其他规范性文件和管理制度应依据本章程制订、修订，不得与本章程相抵触。

第六十八条　学校成立章程编制工作领导小组，负责组织、指导、协调章程编制工作；章程在广泛听取各方面意见后，提交学校教职工代表大会审议通过，经校长办公会议（校务会议）审议、校党委会审定、台州市人民政府同意，报浙江省教育厅核准、教育部备案；经核准后，学校予以发布。

第六十九条　章程的修订，由校长办公会议（校务会议）提议，修订程序与制定程序相同。

第七十条 学校根据本章程制订相应的规章制度,保障本章程实施。

第七十一条 本章程由学校党委会负责解释。

第七十二条 本章程自发布之日起开始施行。

资料来源:台州学院官网. [EB/OL]. [2022-02-02]. https://www.tzc.edu.cn/xygk/xxzc.htm.